Die Verhinderung von Verfahrenskollisionen nach deutschem und europäischem Zivilprozessrecht

Europäische Hochschulschriften
Publications Universitaires Européennes
European University Studies

Reihe II
Rechtswissenschaft

Série II Series II
Droit
Law

Bd./Vol. 4339

PETER LANG
Frankfurt am Main · Berlin · Bern · Bruxelles · New York · Oxford · Wien

Eike Christian Mittenzwei

Die Verhinderung von Verfahrenskollisionen nach deutschem und europäischem Zivilprozessrecht

PETER LANG
Europäischer Verlag der Wissenschaften

Bibliografische Information Der Deutschen Bibliothek
Die Deutsche Bibliothek verzeichnet diese Publikation in der Deutschen Nationalbibliografie; detaillierte bibliografische Daten sind im Internet über <http://dnb.ddb.de> abrufbar.

Zugl.: Bonn, Univ., Diss., 2005

D 5
ISSN 0531-7312
ISBN 3-631-54882-6

www.peterlang.de

Vorwort

Die vorliegende Untersuchung ist im Sommersemester 2005 von der Rechtswissenschaftlichen Fakultät der Rheinischen Friedrich-Wilhelms-Universität Bonn als Dissertation angenommen wurde.

Die Veröffentlichung der Arbeit gibt mir Gelegenheit, denjenigen zu danken, die in unterschiedlicher Weise zum Entstehen und Gelingen beigetragen haben. Mein ganz besonders herzlicher Dank gilt zunächst meinem verehrten Doktorvater Herrn Prof. Dr. Eberhard Schilken dafür, dass er die Arbeit mit viel Geduld betreut und mir dabei erheblichen Freiraum ebenso wie verständnisvolle Unterstützung gewährt hat. Ebenso möchte ich dem Zweitgutachter Herrn Prof. Dr. Diederich Eckardt für seine kritischen Anregungen danken. Persönlich schulde ich großen Dank meinen Eltern, die mich stets unterstützt und ermutigt haben.

Inhaltsverzeichnis

Einleitung

Ziel des Zivilverfahrens ist es, vornehmlich bürgerlich-rechtliche Rechte oder Rechtsverhältnisse im Erkenntnis- oder Urteilsverfahren festzustellen oder zu gestalten, die festgestellten Ansprüche im Zwangsvollstreckungsverfahren zu verwirklichen oder gefährdete Ansprüche durch Arrest oder einstweilige Verfügung zu sichern. Die Verhinderung von Verfahrenskollisionen gehört zu den wichtigsten Aufgaben des Zivilprozessrechts. Entscheidungen mehrerer Gerichte über identische oder teilidentische Streitgegenstände führen unweigerlich zum Konflikt.

Dieser Konflikt entsteht erstens auf der Ebene der Verfahrenszuständigkeit. Auf dieser Ebene gilt es, Parallelverfahren als Quelle widersprüchlicher Entscheidungen zu verhindern oder zu koordinieren. Zuständigkeit ist die Befugnis des Gerichts, im Einzelfall die ihm zustehende Gerichtsbarkeit auszuüben. Sie setzt im Allgemeinen voraus, dass das Gericht sowohl sachlich, funktionell, örtlich als auch international zuständig ist. Die sachliche Zuständigkeit der Amts- und Landgerichte in bürgerlichen Rechtsstreitigkeiten richtet sich nach §§ 23 bis 23 b, 71 GVG i. V. m. § 1 ZPO, der Arbeitsgerichte nach §§ 2 Abs. 1 Nr. 1 bis 3, 3 ArbGG. Die funktionelle Zuständigkeit betrifft die Abgrenzung nach der Art der Tätigkeit (Rechtspflegefunktion), die das Gericht entfalten soll, beispielsweise als Familien- oder Vollstreckungsgericht. Die örtliche Zuständigkeit, für welche das Gesetz auch den Begriff Gerichtsstand verwendet[1], bezeichnet die Abgrenzung der erstinstanzlichen Zuständigkeit nach der örtlichen Beziehung der beteiligten Personen oder der Streitsache. Die internationale Zuständigkeit betrifft die Abgrenzung der deutschen Gerichte überhaupt gegenüber derjenigen der ausländischen Gerichte bei Streitigkeiten mit Auslandsbeziehung. Eine besondere gesetzliche Regelung in der ZPO mit Ausnahme der §§ 23 a, 606a und 641a fehlt, diese Zuständigkeit ergibt sich jedoch nach allgemeiner Ansicht aus den Vorschriften über den Gerichtsstand, §§ 12 ff. ZPO. Insbesondere in der örtlichen Zuständigkeitsregelung hat der Gesetzgeber eine allgemeine, an der Natur der Sache und dem Gerechtigkeitsgedanken orientierte prozessuale Lastenverteilung vorgenommen[2]. Die Koordination der Verfahrenszuständigkeit erfolgt aber auch über die Einrede der Rechtshängigkeit gem. § 261 ZPO und die Aussetzung des Verfahrens gem. § 148 ZPO. Diese beiden Rechtsinstitute stellen einen Komplex dar, über den es hier zu berichten gilt.

Die Koordination von Zivilverfahren über identische oder teilidentische Streitgegenstände erfolgt zum Zweiten auf der Ebene der Urteilswirkungen, §§ 322

[1] Vgl. amtliche Überschrift vor § 12 ZPO.
[2] BayObLG MDR 1996, 850.

ff., 325 ZPO. Die Ausgestaltung des Zivilverfahrens und insbesondere die Koordination paralleler Zivilverfahren mit Auslandsbezug ist schon lange nicht mehr dem autonomen deutschen Zivilverfahrensrecht und der Zivilprozessordnung allein überlassen. Zwei multilaterale Staatsverträge waren für das Zivilrecht und Zivilprozessrecht auf europäischer Ebene von besonderer Bedeutung: Bezüglich des internationalen Zivilprozessrechts (IZPR) regelte das Brüsseler EWG-Übereinkommen über die gerichtliche Zuständigkeit und die Vollstreckung gerichtlicher Entscheidungen in Zivil- und Handelssachen vom 27. September 1968 i. d. F. des 3. Beitrittsübereinkommens vom 26. Mai 1989 (EuGVÜ) die Zuständigkeitsfragen. Der EuGH hat gemäß dem Luxemburger Protokoll betreffend die Auslegung des Übereinkommens vom 27. September 1968 über die gerichtliche Zuständigkeit und die Vollstreckung gerichtlicher Entscheidungen in Zivil- und Handelssachen durch den Gerichtshof vom 3. Juni 1971 und den nachfolgenden Protokollen die Auslegungskompetenz für das EuGVÜ[3]. Das auf transnationale Sachverhalte anwendbare Schuldrecht wird durch das Römische EWG-Übereinkommen über das auf vertragliche Schuldverhältnisse anzuwendende Recht vom 19. Juni 1980 i.d.F. vom 2. Beitrittsübereinkommen vom 18.5.1992 (EVÜ) bestimmt, welches in die Art. 27 ff. EGBGB inkorporiert wurde. Dieses Abkommen soll gewährleisten, dass jedes Gericht der Vertragsstaaten bei Sachverhalten, die unter den Anwendungsbereich des Abkommens fallen, zur Anwendung desselben Sachrechts gelangt. Der EuGH hat nach dem Brüsseler Protokoll betreffend die Auslegung des am 19. Juni 1980 in Rom zur Unterzeichnung aufgelegten Übereinkommens über das auf vertragliche Schuldverhältnisse anzuwendende Recht durch den Gerichtshof der Europäischen Gemeinschaften die Auslegungs-kompetenz für das EVÜ.

Der Vertrag von Amsterdam brachte im europäischen Zivilverfahrensrecht einen "Säulenwechsel": Die ursprünglich in Art. K des Vertrages über die Europäische Union vom 7.2.1992 (Maastrichter Vertrag)[4] vereinbarte justizielle Zusammenarbeit in Zivilsachen wurde in Art. 61 lit. c i. V. m. Art. 65 EGV transferiert. Ermächtigt wurde die Europäische Union zur Rechtsetzung betreffend die

(a) Verbesserung und Vereinfachung des Systems für die grenzüberschreitende Zustellung gerichtlicher und außergerichtlicher Schriftstücke,
(b) Zusammenarbeit bei der Erhebung von Beweismitteln,
(c) Anerkennung und Vollstreckung gerichtlicher und außergerichtlicher Entscheidungen in Zivil- und Handelssachen,
(d) Förderung der Vereinbarkeit der in den Mitgliedsstaaten geltenden Kollisionsnormen und Vorschriften zur Vermeidung von Kompetenzkonflikten,

---

[3] BGBl. 1972 II, 846 i. d. F. des 4. Beitrittsübereinkommens (BGBl. 1998 II, 1411); vgl. v. Hoffmann: IPR, § 3, Rz. 188.
[4] BGBl. 1992 II, 1253.

(e) Beseitigung der Hindernisse für eine reibungslose Abwicklung von Zivilverfahren, erforderlichenfalls durch die Förderung der Vereinbarkeit der in den Mitgliedstaaten geltenden zivilrechtlichen Verfahrensvorschriften.

Der Rat erließ daraufhin fünf wichtige Verordnungen:

(1) Verordnung (EG) Nr. 44/2001 vom 22.12.2000 über die gerichtliche Zuständigkeit und die Anerkennung und Vollstreckung von Entscheidungen in Zivil- und Handelssachen (Brüssel I)[5], welche das EuGVÜ zum 01.03.2002 ersetzt hat, ergänzend
(2) Verordnung (EG) Nr. 1347/2000 über die Zuständigkeit und die Anerkennung und Vollstreckung von Entscheidungen in Ehesachen und in Verfahren betreffend die elterliche Verantwortung für die gemeinsamen Kinder der Ehegatten (Brüssel II)[6],
(3) Verordnung (EG) Nr. 1348/2000 über die Zustellung gerichtlicher und außergerichtlicher Schriftstücke in Zivil- und Handelssachen in den Mitgliedsstaaten[7] sowie
(4) Verordnung (EG) Nr. 1346/2000 vom 29.05.2000 über das Insolvenzverfahren[8],
(5) Verordnung (EG) Nr. 1206/2001 vom 28.05.2001 über die Zusammenarbeit zwischen den Gerichten der Mitgliedsstaaten auf dem Gebiet der Beweisaufnahme in Zivil- und Handelssachen[9].

Für die Auslegung der EG-Verordnungen ist - da es sich um sekundäres Gemeinschaftsrecht handelt - der Gerichtshof der Europäischen Gemeinschaften (EuGH) nach Art. 68 EGV zuständig. Das Vereinigte Königreich Großbritannien, Irland und Dänemark haben sich bezüglich der in Art. 65, 69 EGV genannten Materien vorbehalten, sich nicht an der dort vorgesehenen justiziellen Zusammenarbeit zu beteiligen, können sich jedoch freiwillig anschließen. Dies haben das Vereinte Königreich und Irland getan, nicht jedoch Dänemark, so dass das EuGVÜ im Verhältnis zu Dänemark auch nach dem 01.03.2002 in Kraft

---

[5] ABl. EG Nr. L 12 vom 16.01.2001, S. 1.
[6] ABl. EG Nr. L 160 vom 30.06.2000, S. 19; hierzu Bergerfurt, FF 2001, 15; Hau, FamRZ 1999, 484 ff.; Hohloch, FF 2001, 45 ff; Gruber, FamRZ 2000, 1129; Kohler, NJW 2001, 10; Pirrung, ZEuP 1999, 834; Puszkajler IPRax 2001, 81 ff.; Vogel, MDR 2000, 1045 ff.; Wagner, IPRax 2001, 73 ff.
[7] ABl. EG Nr. L 160 vom 30.06.2000, S. 37; hierzu Gregor Geimer: Neuordnung des internationalen Zustellungsrechts, S. 208 ff.; Heß, NJW 2001, 15 ff.; Lindacher, ZZP 114 (2001), 179 ff..
[8] ABl. EG Nr. L 160 vom 30.06.2000, S. 1; vgl. hierzu Eidenmüller, IPRax 2001, 2 ff.; Peter Huber, ZZP 114 (2001), 133 ff.
[9] ABl. EG Nr. L 174 vom 27.06.2001, S. 1.

bleibt[10]. Die Brüssel-I-VO trifft bezüglich der Verfahrenskoordination Regelungen in den Art. 27-30 (Art. 21-23 EuGVÜ), bezüglich der Anerkennung von Entscheidungen in den Art. 33 ff. (Art. 26 ff. EuGVÜ) und Vollstreckung in den Art. 38 ff. (Art. 31 ff EuGVÜ).

Die Regelungen lauten im einzelnen wie folgt:

Art. 27 Brüssel-I-VO (früher: Art. 21 EuGVÜ)
(1) Werden bei Gerichten verschiedener Mitgliedsstaaten Klagen wegen desselben Anspruchs zwischen denselben Parteien anhängig gemacht, so setzt das später angerufene Gericht das Verfahren von Amts wegen aus, bis die Zuständigkeit des zuvor angerufenen Gerichts feststeht.
(2) Sobald die Zuständigkeit des zuerst angerufenen Gerichts feststeht, erklärt sich das später angerufene Gericht für unzuständig.

Art. 28 Brüssel-I-VO (früher Art. 22 EuGVÜ)
(1) Sind bei Gerichten verschiedener Mitgliedsstaaten Klagen, die im Zusammenhang stehen, anhängig, so kann jedes später angerufene Gericht das Verfahren aussetzen.
(2) Sind diese Klagen in erster Instanz anhängig, so kann sich jedes später angerufene Gericht auch für unzuständig erklären, wenn das zuerst angerufene Gericht für die betreffenden Klagen zuständig ist und die Verbindung der Klagen nach seinem Recht zulässig ist.
(3) Klagen stehen im Sinne dieses Artikels im Zusammenhang, wenn zwischen ihnen eine so enge Beziehung gegeben ist, dass eine gemeinsame Verhandlung und Entscheidung geboten erscheint, um zu vermeiden, dass in getrennten Verfahren widersprechende Entscheidungen ergehen könnten.

Art. 34 Brüssel-I-VO (früher Art. 27 EuGVÜ)
Eine Entscheidung wird nicht anerkannt, wenn ...
(3) sie mit einer Entscheidung unvereinbar ist, die zwischen denselben Parteien in dem Mitgliedsstaat, in dem die Anerkennung geltend gemacht wird, ergangen ist; ...

Art. 27 f. Brüssel-I-VO (Art. 21 f. EuGVÜ) betrifft die Koordination paralleler Verfahren auf der Ebene der Verfahrenszuständigkeit, Art. 34 Abs. 1 Brüssel-I-VO (Art 27 Abs. 3 EuGVÜ) regelt die Anerkennung ausländischer Entscheidungen auf der Ebene der Urteilswirkungen. Bei der Anerkennung und Vollstreckung ausländischer Urteile stellt sich auf der Ebene der Urteilswirkungen zum einen die Frage, welche Wirkungen einem ausländischen Urteil beigelegt wer-

[10] Vgl. R. Geimer: IZPR, Rn. 245 d, 246, 1874a.

den sollen, wenn es im Inland anzuerkennen ist. Sollten diese Wirkungen mit denen einer inländischen Entscheidung kollidieren, steht dies einer Anerkennung des ausländischen Urteils entgegen. Nur durch die Bestimmung, in welchem Umfang der Entscheidungsinhalt des ausländischen Urteils in Rechtskraft erwächst und in welchem Verhältnis er zu kollidierenden, inländischen Entscheidungen steht, lässt sich ermitteln, ob zwei in- und ausländische Entscheidungen unvereinbar i. S. d. Art. 34 Abs. 3 Brüssel-I-VO sind.

Welche Unterschiede ergeben sich zu Begriff und Funktion von Rechtshängigkeit und Rechtskraft im autonomen deutschen Zivilprozessrecht? In der Judikatur traten die Unterschiede zur herrschenden Meinung im autonomen deutschen Zivilprozessrecht auf der Ebene der Verfahrenszuständigkeit nach den Entscheidungen des Europäischen Gerichtshofs "Gubisch/Palumbo"[11] und "Tatry"[12] zunächst bezogen auf das Verhältnis von Leistungs- und Feststellungsklage in Erscheinung. Während sich im autonomen deutschen Zivilverfahrensrecht zumindest die Konturen einer herrschenden Meinung abzeichneten, waren diese nach den vorgenannten Entscheidungen im europäischen Zivilverfahrensrecht wieder fließend. Die Problematik bezieht sich im Kern auf die Definition des Streitgegenstandes. Der Zündstoff, den die Entscheidungen "Gubisch/Palumbo" und "Tatry" liefern, kann nur vor dem Hintergrund des Streitgegenstandsbegriffs verstanden werden. Während zahlreiche nationale europäische Zivilprozessordnungen den Streitgegenstandsbegriff an formalen Kriterien - insbesondere dem Klageantrag - ausrichten[13], knüpft der EuGH den Streitgegenstand in stärkerem Maße an das materielle Rechtsverhältnis an. Die Gerichte der Vertragsstaaten folgen "Gubisch/Palumbo", ohne den Bruch mit der eigenen formalen Streitgegenstandslehre aufzulösen[14]. Im Verlauf der Arbeit sollen jedoch nur die Auswirkungen auf das deutsche Zivilprozessrecht beleuchtet werden. Während im autonomen deutschen Zivilprozessrecht der Streitgegenstand am Rechtsschutzziel festgemacht wird, rückt nunmehr das Rechtsverhältnis wieder in den Vordergrund. Eine Übernahme dieser "Kernpunkttheorie" in das nationale Recht ist

---

[11] EuGH Urt. v. 8.12.1987- Rs 144/86 Slg. 1987, S. 4871 ff. = NJW 1989, 655 f. = RIW 1988, 818 = IPRax 1989, 159, m. zust. Anm. Schack, IPRax 1989, 139 ff; abl. Tiefenthaler, ZfRV 1997, 67, 71-74; Huet, Clunet 1988, 537 f.

[12] EuGH Urt. v. 6.12.1994 - Rs C-406/92 Slg. 1994 I-5439 = JZ 1995, 615 = EuZW 1995, 309 ff. m. abl. Anm. C. Wolf, EuZW 1995, 365 ff.; Otte, EWiR 1995, 463 f.; zust. P. Huber, JZ 1995, 603; Schack, IPRax 1996, 80 ff.

[13] Isenburg-Epple: Die Berücksichtigung ausländischer Rechtshängigkeit nach dem EuGVÜ, S. 157 ff.

[14] Nachweise bei Otte: Umfassende Streitentscheidung durch Beachtung von Sachzusammenhängen, S. 405 f.

bereits mehrfach angeregt worden[15]. Während sich eine Vielzahl von Arbeiten den Grenzen der Rechtshängigkeit aus Art. 27 ff. Brüssel-I-VO (Art. 21 ff. EuGVÜ) sowie der Unvereinbarkeit von Entscheidungen widmet, wurden die Auswirkungen der Verschiebung des Streitgegenstandsbegriffs durch den EuGH auf das nationale Recht bislang nur am Rande untersucht.

In einem ersten Teil soll zunächst die Bestimmung des Verfahrensgegenstandes im europäischen Zivilprozessrecht nach der Rechtsprechung des EuGH dargestellt und mit den Strömungen im autonomen deutschen Zivilprozessrecht verglichen werden. In diesem Teil soll aufgezeigt werden, ob und in welchem Umfang der Verfahrensgegenstand nach der Rechtsprechung des EuGH mit den im autonomen deutschen Zivilverfahrensrecht entwickelten verschiedenen Streitgegenstandsbegriffen übereinstimmt. Ein vorläufiger Vergleich zwischen autonomem deutschen und europäischen Prozessrecht ebnet den Blick, welche Auswirkungen die Bestimmung des Streitgegenstandes auf die bekannten Mittel der Verfahrenskoordination hat.

Vor diesem Hintergrund können sodann in einem zweiten und dritten Teil die Auswirkungen der Verschiebung des Streitgegenstandsbegriffs auf die Fragen der Rechtskraft und Rechtshängigkeit beleuchtet werden. Hier sollen zunächst die Grenzen der Rechtskraft im autonomen deutschen und europäischen Zivilverfahrensrecht dargestellt und miteinander verglichen werden. Ferner soll die Funktion von Rechtskraft, Rechtshängigkeit und Aussetzung bestimmt und untersucht werden, wie die Koordination paralleler Verfahren durch den Einwand der Rechtshängigkeit und die Aussetzung des Verfahrens im autonomen deutschen und im europäischen Zivilverfahrensrecht erfolgt. Ferner ist der Frage nachzugehen, welchen Einfluss der Streitgegenstandsbegriff auf das Verhältnis von Rechtshängigkeit und Aussetzung hat.

Ein abschließender vierter Teil versucht neue Lösungsansätze für die aufgezeigten Kollisionen zu entwickeln. In diesem wird sich die Frage stellen, ob und in welchem Umfang im Rahmen des europäischen Zivilverfahrensrechts eigene Regelungen, die neben dem EuGVÜ und der Brüssel-I-VO anzuwenden sind, den europäischen Gegebenheiten angepasst werden müssen. Dabei ist auch zu untersuchen, welchen Einfluss der Justizgewährungsanspruch auf eine Anpassung der eigenen, neben den europäischen geltenden Rechtsätze hat.

---

[15] Grunsky, Anm. zu BGH, LM Nr. 195 zu 256 ZPO, Bl. 5 R; Hess/G. Vollkommer, Anm. zu BGH Urt. v. 11.12.1996, WuB 1997, 707, 709; Leipold: Wege zur Konzentration von Zivilprozessen, S. 14 ff.; Rüßmann, ZZP 111(1998), 399 ff; Zeuner, FS Lüke, S. 1003, 1016.

1. Teil: Die Identität des Verfahrensgegenstandes nach dem EuGH und nach deutschem Recht

I. Die Rechtsprechung des EuGH zur Kernpunkttheorie

Manche aus dem nationalen Recht lange bekannte Fragen haben durch die stürmische Entwicklung im internationalen Zivilprozessrecht eine neue Dimension erhalten. Dies gilt auch für den Einwand der Rechtshängigkeit bei identischem Verfahrensgegenstand und die Bestimmung seiner Wirkungsgrenzen. Die Berücksichtigung ausländischer Rechtshängigkeit steht für das deutsche Recht grundsätzlich außer Frage[16].

1. Die Entscheidung "Gubisch ./. Palumbo" als Ausgangspunkt der Bestimmung der Identität des Gegenstandes

Eine erste Bestimmung des Verfahrensgegenstandes hat der EuGH in der Entscheidung "Gubisch/ Palumbo"[17] vorgenommen. Dieser Entscheidung liegt die Fallgestaltung zugrunde, dass zunächst auf Leistung geklagt und von der Gegenpartei negative Feststellungsklage erhoben wurde. Die deutsche Maschinenfabrik Gubisch verklagte einen Käufer vor dem LG Flensburg auf Zahlung des Kaufpreises, bevor dieser vor einem italienischen Gericht Feststellungsklage auf Unwirksamkeit des Kaufvertrages erhob. Die Fa. Gubisch berief sich vor dem italienischen Gericht auf die entgegenstehende Rechtshängigkeit der Kaufpreisklage gem. Art. 21 EuGVÜ (jetzt: Art. 27 Brüssel-I-VO). Der Corte di cassazione legte dem EuGH die Frage zur Vorabentscheidung vor. Der EuGH hielt Art. 21 EuGVÜ für anwendbar. Die Feststellung der Vertragsunwirksamkeit sei gemeinsamer "Kernpunkt" beider Rechtsstreitigkeiten. Der Verfahrensgegenstand sei im EuGVÜ vertragsautonom zu bestimmen. Der EuGH stellte fest, dass in Anlehnung an die französische Textfassung "derselbe Anspruch" mit dem Gegenstand ("objet") und derselben Grundlage ("cause") gleichzusetzen sei. Beide Klagen beruhten auf demselben Vertragsverhältnis und hätten damit dieselbe Frage zum Gegenstand, nämlich die Wirksamkeit des Vertrages. Der Verfahrensgegenstand dürfe nicht auf die formale Identität beider Klagen beschränkt werden. Sinn und Zweck der Art. 21 und 22 EuGVÜ (jetzt: Art. 27 und 28 Brüssel-I-VO) sei, unvereinbare Entscheidungen i. S. d. Art. 27 Nr. 3 EuGVÜ (jetzt: Art. 34 Nr. 3 Brüssel-I-VO) zu verhindern.

---

[16] Leipold: Internationale Rechtshängigkeit, Streitgegenstand und Rechtsschutzinteresse, FS Arens, S. 227 f.

[17] EuGH Slg. 1987, S. 4871 ff. = NJW 1989, 655 f. = RIW 1988, 818 = IPRax 1989, 159.

Ohne nähere Begründung unterstellt der EuGH, dass zwei Entscheidungen aus verschiedenen Mitgliedsstaaten, die unterschiedliche Feststellungen über das Bestehen oder Nichtbestehen desselben Rechtsverhältnisses träfen, gem. Art. 27 Nr. 3 EuGVÜ miteinander unvereinbar seien. Dabei geht der EuGH offenbar davon aus, dass das materielle Rechtsverhältnis den Streitgegenstand bilde, weil Entscheidungen, die auf einer widersprüchlichen Bewertung der Rechtslage beruhen, gem. Art. 27 Nr. 3 EuGVÜ nicht anerkannt werden könnten. Die Rechtshängigkeitssperre solle die Rechtskraft schützen und unvereinbare Entscheidungen gem. Art. 34 Nr. 3 Brüssel-I-VO (Art. 27 Nr. 3 EuGVÜ) schon auf der Ebene der Verfahrenskoordination verhindern. Auf diese Weise will der EuGH der Gefahr begegnen, dass die angerufenen Gerichte zu gegensätzlichen Entscheidungen gelangen, die gem. Art. 34 Nr. 3 Brüssel-I-VO nicht anerkannt und vollstreckt werden können. Das vom EuGH gefundene Ergebnis in der Entscheidung "Gubisch./.Palumbo" ist dem autonomen deutschen Zivil-verfahrensrecht nicht fremd. Auch hier wäre die nachfolgende negative Feststellungsklage abzuweisen. Streitig ist allerdings, ob der Feststellungsklage der Einwand der Rechtshängigkeit der Leistungsklage entgegensteht oder das Rechtsschutzbedürfnis fehlt. Hierauf wird noch im Einzelnen einzugehen sein (vgl. 3. Teil, 4. Abschn., II/1).

2. Das Verhältnis von Feststellungs- und Leistungsklage nach der Entscheidung "Tatry"

Entgegen den Grundsätzen sowohl des autonomen deutschen Zivilprozessrechts als auch der übrigen Prozessordnungen der Mitgliedsstaaten[18] kommt der EuGH in seiner Entscheidung "Tatry"[19] zu dem Ergebnis, dass auch die Rechtshängigkeit der negativen Feststellungsklage der nachfolgenden Leistungsklage entgegenstehe, weil der Gerichtshof auch hier von Identität des Verfahrensgegenstandes ausgeht. Eine für mehrere Abnehmer gedachte Bulkladung Sojaöl war an Bord des Schiffes "Tatry" von Südamerika nach Europa unter mehreren gleichlautenden Konnossementen transportiert worden. Die in Rotterdam und Hamburg gelöschte Ladung war auf dem Transport unter anderem mit Dieselöl verunreinigt woren. Die Reeder erhoben zunächst vor der Arronidissementrechtsbank Rotterdam gegen eine dort ansässige Eigentümergruppe negative Feststellungsklage gem. Art. 2 EuGVÜ mit dem Antrag, festzustellen, dass sie nicht haften, und begründeten so auch eine Zuständigkeit gegenüber anderen Frachteigentümern als Streitgenossen (Art. 6 Nr. 1 EuGVÜ). Einige Frachteigentümer konnten das Schwesterschiff der Tatry, die Maciej Rataj in Liverpool mit einem Arrest belegen. Im englischen Verfahren lösten die Reeder ihr arrestiertes Schiff aus, indem sie sich dort der persönlichen Klage unterwarfen und

---

[18] Vgl. Isenburg-Epple (Fn. 13), S. 157 ff.

[19] EuGH Slg. 1994, I-5439, =JZ 1995, 615 = EuZW 1995, 309.

zur Sicherheit eine Kaution stellten. Sodann erhoben sie im englischen Verfahren den Einwand der Rechtshängigkeit nach Art. 21 EuGVÜ, soweit die Feststellungsklage in Rotterdam früher rechtshängig geworden war.

Die Gerichtszuständigkeit des englischen Arrestgerichts war auf Art. 7 i. V. m. Art. 3 EuGVÜ des Brüsseler Arrestübereinkommens gestützt[20]. Nach Art. 57 EuGVÜ bleiben zwischen EuGVÜ-Vertragsstaaten spezialvertraglich geregelte Zuständigkeiten unberührt[21]. Schiffsgläubigerrechte nach englischem Recht ("liens") unterliegen wie die ihnen zugrunde liegenden seerechtlichen Schadensersatzforderungen einer einjährigen Ausschlussfrist seit Entstehung der Forderung. Beschlagnahme durch Arrest und rechtzeitige Klage auf Duldung der Zwangsvollstreckung innerhalb der Jahresfrist sind ausreichend, um das Pfandrecht zu verwirklichen. Die negative Feststellungsklage unterbricht den Fristlauf dagegen nicht. Deshalb hätten die Eigentümergruppen die Ausschlussfrist nur unterbrechen können, indem sie vor dem Gericht in Rotterdam Leistungs(wider)klage erhoben hätten. Zutreffend weist *Otte* darauf hin, dass der Effekt des Übereinkommens, die Bestimmung eines vollstreckungsnahen Hauptsachegerichtsstandes, durch die Auslegung des Art. 21 EuGVÜ verloren geht[22]. Auch hier begründet der EuGH die Notwendigkeit, einen Verfahrenskonflikt durch das Eingreifen der Rechtshängigkeitssperre zu bereinigen, mit dem Ziel der Verhinderung unvereinbarer Entscheidungen.

3. Erweiterung der subjektiven Grenzen des Verfahrensgegenstandes

Die Rechtshängigkeitssperre setzt nach dem autonomen deutschen Zivilprozess grundsätzlich voraus, dass die Parteien der beiden Prozesse identisch sind, ohne dass es auf die Parteirolle ankommt. Ausnahmen gegenüber Dritten werden nur in den wenigen Fällen gemacht, in denen sich die Rechtskraft auch auf diese erstreckt. Der EuGH weicht nicht nur bei der Anknüpfung an das (materielle) Rechtsverhältnis von dem bekannten Streitgegenstandsbegriff ab, sondern zieht in einer weiteren Entscheidung[23] auch die subjektiven Grenzen der Rechtshängigkeit in Zweifel.

Nach der Havarie eines Schiffes in den Binnengewässern der Niederlande hatte der Versicherer des Schiffes den Eigentümer der Ladung und dessen Versicherer in Paris auf Zahlung eines Beitrages zu den Bergungskosten (als Havarieschäden) verklagt; bereits zuvor hatten der Eigentümer der Ladung und sein Versicherer ihrerseits in Rotterdam Klage gegen den Eigner und Charterer des Schif-

---

[20] BGBl. 1972 II 653, 655; Großbritannien und die Niederlande sind Vertragsstaaten.
[21] Ausführlich Otte (Fn. 14), S. 361 ff.
[22] Otte (Fn. 14), S. 361 ff.
[23] EuGH Urt. v. 19.5.1998 - VersR 1999, 594 ff.

fes erhoben und die Feststellung beantragt, dass sie nicht verpflichtet seien, einen Beitrag zu den Havarieschäden zu leisten. Wohlgemerkt handelt es sich in den parallelen Verfahren um verschiedene Parteien; der Eigner ist in dem Verfahren in Paris gar nicht Partei, lediglich sein Versicherer. Zwar entschied der EuGH, dass Art. 21 EuGVÜ in diesem Fall nicht anwendbar sei. Er bleibt aber bei seiner Auffassung, die Rechtshängigkeitssperre solle so weit wie möglich eine Situation ausschließen, in der unvereinbare Entscheidungen i. S. d. Art. 27 Nr. 3 EuGVÜ (jetzt Art. 34 Nr. 3 Brüssel-I-VO) ergehen. Während der EuGH noch in der Entscheidung "Tatry" forderte, dass die Prozessparteien paralleler Verfahren identisch sein müssen (Art. 21 EuGVÜ spricht von "denselben Parteien"), lässt das Gericht in dieser Entscheidung obiter dicta erkennen, dass die Rechtshängigkeitssperre auch dann eingreifen soll, wenn im Gegensatz zum vorliegenden Sachverhalt dargetan sei, dass hinsichtlich des Gegenstandes beider Rechtsstreitigkeiten die Interessen des Schiffsversicherers auf der einen und die des Versicherungsnehmers auf der anderen identisch und voneinander untrennbar seien. Bislang war noch davon auszugehen, dass Streitgegenstandsidentität nur bei identischen Parteien vorliegen kann. Dass sich der EuGH bei der Bestimmung der subjektiven Grenzen der Rechtskraft von dem Wortlaut der Vorschrift abwendet und diese an das Rechtsverhältnis anlehnt, ist in der Literatur auf Kritik gestoßen. Auch die Bestimmung der subjektiven Grenzen der Rechtskraft sei ein komplexer Vorgang, der die Berücksichtigung der Rechte des Urteilsstaates und des Anerkennungsstaates sowie, wenn Rechtskrafterstreckung von materiell-rechtlichen Vorfragen abhängt, der lex causae erforderlich macht. Der EuGH mache im Übrigen nicht deutlich, ob die von ihm geforderte Interessenidentität außer bei Rechtskrafterstreckung auch auf der Grundlage anderer Elemente gegeben sein könne. Dies diene der Rechtssicherheit nicht[24].

4. Unvereinbarkeit von Rechtsfolgen als Bestimmungskriterium

Der EuGH hat in der Entscheidung "Hoffmann/Krieg"[25] zur Frage der Unvereinbarkeit zweier rechtskräftiger Entscheidungen i. S. d. Art. 27 Nr. 3 EuGVÜ (jetzt Art. 34 Nr. 3 Brüssel-I-VO) Stellung genommen. Der Entscheidung lag folgender Sachverhalt zugrunde: Ein deutscher Mann verließ seine in Deutschland verbleibende Ehefrau und zog in die Niederlande. Der Mann war gemäß einem Beschluss des Amtsgerichts Heidelberg vom August 1979 verpflichtet, an die Frau eine monatliche Unterhaltsrente zu zahlen (Getrenntlebendunterhalt nach § 1361 BGB). Auf Antrag des Mannes wurde die Ehe durch Versäumnisurteil eines niederländischen Gerichts geschieden und galt durch die Eintragung des Urteils in das Personstandsregister im August 1980 als aufgelöst. Auf Antrag der Frau erklärte ein niederländisches Gericht im Jahre 1981 den Beschluss

---

[24] Jayme/Kohler, IPRax 1998, 417 (421 f.); Zöller/Geimer: Art. 28 EuGGVO, Rz. 8 ff.

[25] EuGH Urt. v. 4.2.88 - Rs 145/86 IPRax 1989, 159 ff. m. Anm. Schack IPRax 1989, 139 ff.

des Amtsgerichts Heidelberg gem. Art. 34 EuGVÜ für vollstreckbar. Diese Vollstreckbarkeitserklärung wurde dem Mann im April 1982 zugestellt. Er legte gegen sie in den Niederlanden keine Rechtsbehelfe ein. Stattdessen beantragte er beim Amtsgericht Heidelberg festzustellen, dass eine Vollstreckung aus dessen Beschluss nach Wirksamwerden der Scheidung in den Niederlanden nicht mehr zulässig sei. Diesen Antrag lehnte das Amtsgericht im Januar 1983 mit der Begründung ab, das Scheidungsurteil sei in Deutschland noch nicht gem. Art. 7 § 1 FamRÄndG anerkannt worden. Im Februar 1983 erwirkte die Frau in den Niederlanden aufgrund des vollstreckbar erklärten Beschlusses die Pfändung der Lohnforderung ihres geschiedenen Ehemannes. Nunmehr beantragte der Mann, die Pfändung aufzuheben oder auszusetzen. In erster Instanz wurde seinem Antrag entsprochen; in der Berufungsinstanz wurde sein Antrag zurückgewiesen. Gegen das Berufungsurteil legte der Mann Kassationsbeschwerde beim Hoge Raad ein. Dieser legte dem EuGH unter anderem die Frage vor, ob das niederländische Scheidungsurteil und das deutsche Unterhaltsurteil miteinander "unvereinbar" seien.

Der EuGH nimmt eine "unvereinbare" Entscheidung an, wenn die Entscheidungen Rechtsfolgen haben, die sich gegenseitig ausschließen. Die in den Niederlanden mit einer Vollstreckungsklausel versehene deutsche Unterhaltsentscheidung und das niederländische Scheidungsurteil sollen deshalb unvereinbar sein, weil das deutsche Urteil, das Unterhalt für die Zeit des Getrenntlebens zuspricht, notwendigerweise das Fortbestehen der Ehe voraussetzt, die Ehe aber tatsächlich geschieden ist. Das ist zwar materiellrechtlich richtig. Es stellt sich aber die Frage, ob hinsichtlich der Rechtskraft eines Urteiles überhaupt allein auf die materiellrechtliche Lage abzustellen ist. Aus Sicht des EuGH dürfte die Entscheidung mit der übrigen Judikatur vereinbar sein. Der Verfahrensgegenstand wird nicht durch formale Kriterien, sondern durch das jeweilige materielle Rechtsverhältnis erfasst.

5. Die Kernpunkttheorie des EuGH

Im Ergebnis bleibt festzuhalten, dass der EuGH sich für eine vertragsautonome Auslegung der in Art. 21 ff. EuGVÜ (Art. 27 ff. Brüssel-I-VO) enthaltenen Begriffe entschieden hat[26]. Als Elemente des Verfahrensgegenstandes nennt er dessen Grundlage und Gegenstand und stellt bei der Frage der Identität auf den von ihm geprägten Begriff des Kernpunkts der Streitigkeiten ab. Zu Recht geht *Dohm*[27] davon aus, dass mit dem Begriff "desselben Anspruchs" derselbe Streit-

[26] Zust. Schack, IZVR, Rn 762; ders. ZZP 107(1994), 279, 295; Koch: Unvereinbare Entscheidungen, S. 72 ff., 83, 163.

[27] Dohm: Die Einrede ausländischer Rechtshängigkeit im deutschen internationalen Zivilprozeß, S. 48 f.; ebenso Bäumler: Die ausländische Rechtshängigkeit und ihre Auswirkung auf

gegenstand gemeint sei. Dabei lösen sowohl Leistungsklage als auch negative Feststellungsklage wechselseitig die Rechtshängigkeitssperre gem. Art. 21 EuGVÜ (Art. 27 Brüssel-I-VO) aus. Der Begriff der Grundlage ("cause") in diesem Sinne umfaßt nach Darstellung des EuGH den Sachverhalt und die Rechtsvorschriften, auf die sich die Klage stützt.

Bezieht sich der EuGH in Anlehnung an die französische Textfassung auf den Gegenstand (objet) und die Grundlage (cause), liegt es nahe, dass sich der EuGH bei der Bestimmung des Streitgegenstandsbegriffs an der Dogmatik dieser Prozessrechtslehre orientiert. Die Unterschiede zum deutschen Recht sind - im Großen und Ganzen betrachtet - nicht allzu groß. Identität zweier Klagen liegt nach der überwiegenden Auffassung in der französischen Prozessrechtslehre vor, wenn vor verschiedenen Gerichten (1) die gleichen Parteien (sujets) einen Streit über (2) denselben Verfahrensgegenstand (objet) auf der (3) gleichen Klagegrundlage (cause) führen. Fehlt es an einem dieser drei Elemente, wird diese Verfahrensbeziehung nicht als Streitgegenstandsidentität begriffen, sondern je nach Ausübung eines weiten richterlichen Ermessens nur als Konnexität (ähnlich § 148 ZPO). Für Unsicherheit sorgt dabei insbesondere die Meinungsvielfalt zum Klagegrund[28]. Während nach einer Ansicht die materiellrechtliche Grundlage des Anspruchs als Klagegrund anzusehen ist, wird dieser nach anderer Auffassung durch die Gesamtheit der streiterheblichen Tatsachen bestimmt. Je nachdem welcher Auffassung man folgt, wird die Rechtsnorm, auf die der Anspruch gestützt wird, zum Klagegrund selbst oder zur bloßen, den Tatsachenvortrag ergänzenden, rechtlichen Begründung. Nach der ersten Auffassung ist grundsätzlich bei einer Mehrheit von materiellrechtlichen Ansprüchen auch vom Vorliegen mehrerer Klagegründe auszugehen, so dass verschiedene Streitgegenstände vorliegen. Zwar ist eine materiellrechtliche Anspruchsnormenkonkurrenz im Sinne eines prozessualen Anspruchs in Frankreich unbekannt. Die erste Auffassung, der ein großer Teil der Rechtsprechung folgt, setzt beim materiellen Recht an. Um mehrere Prozesse, gestützt auf unterschiedliche Anspruchsgrundlagen, zu vermeiden, wird zum Teil durch Gruppenbildung gleichgerichteter Anspruchsgrundlagen versucht, eine sinnwidrige Aufspaltung der Streitgegenstände zu verhindern, indem die Anspruchsgrundlagen als vertrags- oder deliktsrechtlich, und weiter als verschuldens- oder nichtverschuldensabhängig qualifiziert werden[29]. Die Rechtskraft soll sich dann auf alle Ansprüche aus einer bestimmten Gruppe beschränken. Bei einer Konkurrenz von vertraglichen und deliktischen Ansprüchen sollen erstere die übrigen ausschlie-

---

das internationale Zivilverfahrensrecht, S. 119 f; a. A. wohl Leipold: Wege zur Konzentration von Zivilprozessen, S. 20.

[28] Nachweise bei Otte (Fn 14), 103 ff. und S. 281 ff.; Isenburg-Epple (Fn 13), S. 177 ff.; Georgiades: Die Anspruchskonkurrenz im Zivilrecht und Zivilprozeßrecht, S. 34 ff.

[29] Otte (Fn. 14), S. 103 ff.

ßen, weil diese rechtliche Sonderbeziehung vorrangig sei. Gelegentlich soll dem Gläubiger auch ein Wahlrecht zwischen verschiedenen Anspruchsgrundlagen gewährt werden. Diese Einschränkungen werden jedoch von einem Teil der Rechtsprechung nicht immer konsequent durchgehalten und dem Kläger unter Umständen eine “Kette von Klagen” (un chapelet d'actions) zugebilligt[30], die nacheinander erhoben werden können, auch wenn sie auf denselben Sachverhalt gestützt werden. Nach der anderen Ansicht kommt es allein darauf an, dass derselbe Klageantrag auf dieselben Tatsachen gestützt wird. Das gleiche Geschehen oder das gleiche Rechtsgeschäft kann dann nicht Grundlage zweier Klagen zwischen denselben Parteien mit gleichem Antrag sein.

Es bleibt festzuhalten, dass in der vom EuGH entwickelten Kernpunkttheorie die Bestimmung des Streitgegenstandes nicht (allein) anhand formaler Kriterien, insbesondere durch den Klageantrag, erfolgt, sondern auch das materielle Rechtsverhältnis von besonderer Bedeutung ist. Durch diese Verschiebung des Streitgegenstandsbegriffs kommt der EuGH im Verhältnis von Feststellungs- und Leistungsklage zu Ergebnissen, die zum Teil von denen des autonomen deutschen Zivilverfahrensrecht abweichen. Schwierigkeiten bereitet bei der Eingrenzung des Verfahrensgegenstandes nach der Rechtsprechung des EuGH vor allem die Bestimmung des Klagegrundes oder Kernpunktes des Rechtsstreits.

II. Die deutsche Rechtsprechung

1. Zur Anerkennungs- und Vollstreckungsfähigkeit eines Urteils

Die deutsche Rechtsprechung hat sich im Rahmen des Anwendungsbereiches des EuGVÜ/Brüssel-I-VO der Auffassung des EuGH angeschlossen. Der BGH folgt nunmehr in mehreren Entscheidungen[31] der Kernpunkttheorie des EuGH. Ausgangspunkt einer ersten Entscheidung war folgender - verkürzter - Sachverhalt:

---

[30] Georgiades (Fn. 28), S. 43; Otte (Fn. 14), S. 104.

[31] BGH Urt. v. 08.02.1995 - VIII ZR 14/94 NJW 1995, 1758 f. = RIW 1995, 413 ff. = EuZW 1995, 378 f. m. Anm Hau, IPRax 1996, 177 ff.; Geimer, EuZW 1995, 379 ff.; BGH Urt. v. 11.12.1996 - VIII ZR 154/95; BGHZ 134, 201 ff. = IPRax 1997, 348 ff. m. Anm. P. Huber, JZ 1997, 799f; ähnlich OLG Hamburg RIW 1998, 889 ff.; OLG Hamm IPRax 1995, 104 ff. m. Anm. Rüßmann, ebenda, S. 76 ff.; während die Rechtsprechung in früheren Entscheidungen den Streitgegenstandsbegriff nach der lex fori lex des ausländischen Gerichts oder doppelt anhand des in- und ausländischen Streitgegenstandsbegriffs qualifizierte: BGH NJW 1986, 662; OLG Hamm Urt. v. 29.5.1985 - 20 U 51/85, IPRax 1986, 233.

Zwei italienische Handelsgesellschaften stritten über eine 1983 privatschriftlich geschlossene Vereinbarung, wonach die Beklagte ihre Gesellschaftsanteile an zwei deutschen Gesellschaften an die Klägerin abtreten sollte. Die Vereinbarung, die als Gerichtsstand München vorsah, wurde von der Klägerin angefochten, nachdem sie eine Anzahlung geleistet hatte. In dieser Angelegenheit riefen die Parteien mehrere italienische und deutsche Gerichte an, wovon die folgenden Verfahren für die Entscheidung des BGH unmittelbar von Bedeutung waren: Mit Urteil des OLG München wurde 1985 eine auf Restkaufpreiszahlung gerichtete Klage der Beklagten mit der Begründung abgewiesen, dass die Abtretung gem. § 15 Abs. 4 GmbHG formunwirksam sei. Das Urteil ist rechtskräftig. Die Klägerin erhob Ende 1985 beim LG Bozen (Feststellungs-)Klage mit dem Ziel, die Formunwirksamkeit der Vereinbarung festzustellen. Das LG Bozen entschied daraufhin im Jahre 1988, dass es international zuständig und der Vertrag formwirksam sei. Über das gegen dieses Urteil eingelegte Rechtsmittel war noch nicht entschieden, als dem Bundesgerichtshof die Sache vorlag. Mit einer dem italienischen Verfahren nachfolgenden (Leistungs-)Klage vor dem LG München I machte die Klägerin geltend, der Vertrag sei unwirksam und verlangte Rückzahlung der geleisteten Anzahlung.

Der BGH hält die Klage vor dem LG München für unzulässig, weil durch das Verfahren vor dem italienischen Gericht der Litispendenzeinwand des Art. 21 EuGVÜ (Art. 27 Brüssel-I-VO) begründet sei. Dabei stützt sich der BGH auf die weite Auslegung der Vorschrift durch den EuGH in den Entscheidungen "Gubisch Maschinenfabrik ./. Palubo" und "Tatry". Nach der Entscheidung "Gubisch" des EuGH sei der Begriff "desselben Anspruchs" weit auszulegen, um widersprechende Entscheidungen i. S. d. Art. 27 Nr. 3 EuGVÜ (Art. 34 Nr. 3 Brüssel-I-VO) zu verhindern. Ein solcher Widerspruch liege schon dann vor, wenn in einem Vertragsstaat Leistungsklage auf Rückzahlung einer Anzahlung aufgrund eines Vertrages erhoben würde, dessen Wirksamkeit in einem anderen Staat gerichtlich festgestellt wurde, weil der Rückzahlungsanspruch gerade die Unwirksamkeit der Vereinbarung voraussetze. Insoweit sei hier die Lage mit dem Fall zu vergleichen, in welchem vor dem einen Gericht auf Erfüllung, vor dem anderen Gericht aber auf Feststellung des Nichtbestehens des Rechtsverhältnisses geklagt werde. Auch der BGH geht davon aus, dass Feststellungen über ein präjudizielles Rechtsverhältnis zu "unvereinbaren Entscheidungen" führen können. Unvereinbare Entscheidungen müssten nicht notwendig über denselben Streitgegenstand ergehen. Der "Kernpunkt" der Streitigkeiten sei, auch unabhängig von den Parteirollen, der gleiche.

Bedenklich erscheint dieses Urteil unter folgendem Aspekt: In dem bereits rechtskräftigen Urteil aus dem Jahre 1985 hatte das OLG München in einem vorhergehenden, bereits abgeschlossenen Verfahren die Klage der Gegenseite auf Zahlung des (Rest-) Kaufpreises abgewiesen, weil der Vertrag gem. § 15 Abs. 4 GmbHG formunwirksam sei. Den italienischen Gerichten wird gleichsam Gelegenheit gegeben, an dem Ergebnis des deutschen OLG-Urteils vorbei (Abweisung der Restkaufpreiszahlung) die Vertragswirksamkeit festzustellen. Das ist zwar kein Rechtskraftverstoß. Aus deutscher Sicht umfasst nach der h. M. die Abweisung der Leistungsklage eine rechtskräftige Feststellung über die Wirksamkeit des Vertrages nicht; eine verfahrensrechtliche Bindung des Gerichtes in Bozen fehlt. Sofern das italienische Gericht aber feststellt, dass der Vertrag wirksam ist, besteht die Gefahr, dass das Urteil in Deutschland nicht anerkannt werden kann. Es stellt sich daher die Frage, ob das in Italien eingeleitete Verfahren unbeachtlich war, weil dort eine Entscheidung drohte, die wegen ihrer "Unvereinbarkeit" mit dem ersten rechtskräftigen Urteil des OLG München aus dem Jahre 1985 hier gem. Art. 27 Nr. 3 EuGVÜ ohnehin nicht anerkannt und vollstreckt werden konnte, weil die Unvereinbarkeit von Entscheidungen sich nach dem "Kernpunkt" der Streitigkeit richtet und auch das Rechtsverhältnis selbst erfasst. Der BGH führt zu diesem Problem aus, dass es im Anwendungsbereich des Art. 21 EuGVÜ nicht auf eine positive Anerkennungsprognose ankomme[32] und folgt damit dem EuGH[33].

Dagegen ist jedoch einzuwenden, dass die Klägerin - bei einer weiten Auslegung des Begriffes "unvereinbar" - ihren Rückzahlungsanspruch durch eine neue Klage durchsetzen könnte, weil nach dem Abschluss des Verfahrens in Italien der Einwand ausländischer Rechtshängigkeit entfällt. Das EuGVÜ erfasst nur einen Ausschnitt der Wirkungen der Rechtskraft, nämlich die Anerkennungs- und Vollstreckungsfähigkeit des Urteils. Stellt das italienische Rechtsmittelgericht die Wirksamkeit der Abtretung fest oder wäre gar eine Widerklage in Italien auf Zahlung des Kaufpreises erfolgreich, ist diese Entscheidung in Deutschland nicht anerkennungs- und vollstreckungsfähig, weil die Abweisung der Restpreisklage im Jahr 1985 wegen Unwirksamkeit des Vertrages mit der zu erwartenden Feststellung der Wirksamkeit des Vertrages "unvereinbar" ist. Stellt das italienische Gericht die Formunwirksamkeit der Abtretungserklärung fest, müsste die Klägerin ohnehin vor einem deutschen oder italienischen Gericht erneut auf Leistung klagen und die Rückzahlung ihrer Anzahlung einfordern. Die Beklagte hätte durch eine für sie günstige - nicht anerkennungsfähige - Entscheidung des italienischen Rechtsmittelgerichts in einem vor deutschen Ge-

---

[32] Ebenso die h. M. R. Geimer, RIW 1976, 139 (146); Müller in Bülow/Böckstiegel/Geimer/Schütze/Safferling: Der Internationale Rechtsverkehr in Zivil- und Handelssachen, Bd. II, 606.425, Rz. 12; Geimer/Schütze: Internationale Urteilsanerkennung, Bd. I/1, § 44 I 1 c; v. Hoffmann, AWD 1983, S. 64, Fn. 70; weitere Nachweise bei Geimer/Schütze: Art. 27 EuGGVO, Rn. 16 und Isenburg-Epple (Fn. 13), S. 81 f.

[33] EuGH Urt. v. 27.6.1991 - Rs. C-351-89 - Oversea Insurance Ltd. ./. New Hampshire Insurance Co., IPRax 1993, 34 ff. m. Anm. Rauscher/Gutknecht, IPRax 1993, 21 ff.

richten anhängigen nachfolgenden Verfahren nichts gewonnen; der Rechtsstreit wird durch das ergangene Prozessurteil nur unnötig verzögert. Das ist jedoch mit dem Justizgewährungsanspruch kaum vereinbar[34]. Auch schadet es dem Ansehen der Justiz, wenn die Koordination paralleler Verfahren nicht nur widersprechende Urteile nicht verhindert, sondern auch noch zu einer Verzögerung und Verschleppung derselben beiträgt.

Nach anderer Ansicht[35] setzt das Abkommen stillschweigend voraus, dass die ausländische Rechtshängigkeit im inländischen Verfahren nur dann Beachtung finde, wenn die zu erwartende Entscheidung im Vollstreckungsstaat anerkennungsfähig sei. Ansonsten könne schon begrifflich keine Urteilskollision auftreten. Art. 21 EuGVÜ (Art. 27 Brüssel-I-VO) könne nur im Regelungszusammenhang mit denjenigen Vorschriften des Abkommens betrachtet werden, die die Anerkennung und Vollstreckung ausländischer Entscheidungen regeln. Von dem Grundsatz automatischer Anerkennung ausländischer Urteile durch das EuGVÜ sei in den Art. 27 f. (Art. 34 f. Brüssel-I-VO) Ausnahmen vorgesehen. Könne eine Entscheidung nicht anerkannt werden, komme auch der ausländischen Rechtshängigkeit keine Bedeutung zu. Wie die vorliegende Fallgestaltung zeigt, ist das Problem nicht durch die Neuregelung des Art. 21 EuGVÜ durch das 3. Beitrittsübereinkommen vom 26.5.1989[36] überholt[37].

2. Zum Verhältnis von negativer Feststellungs- und Leistungsklage

In dem zweiten vom BGH[38] entschiedenen Fall erhebt der Schuldner in Deutschland gegen einen Schadensersatzanspruch negative Feststellungsklage auf Nichtbestehen des Anspruchs. Der Gläubiger klagt daraufhin vor einem Straßburger Gericht die Leistung ein. Nach deutschem Zivilprozessrecht entfällt nun das Feststellungsinteresse der ersten Klage, weil der Schadensersatzbeklagte im Rahmen der Leistungsklage Klageabweisung beantragen kann. Der BGH ist jedoch der Auffassung, dass das Feststellungsinteresse trotz der erhobenen Leistungsklage nicht entfalle, weil Art. 21 EuGVÜ keinen Vorrang der später erhobenen Leistungsklage gegenüber der Feststellungsklage kenne. Vielmehr löse es den Konflikt der Parallelprozesse zugunsten des früher angerufenen Gerichts

[34] Vgl. Hau, IPRax 1996, 177 (178).

[35] Carbone: Riv.dir.int.priv.proc. 1969, S. 7 ff (14 ff.); Schütze, ZZP 104 (1991), S. 136 ff. (142); ders., RIW 75, 78 ff; ders., Rechtsverfolgung im Ausland, Rz. 268, Fn. 7.

[36] Abl. EG vom 3.10.1989 Nr. L 285.

[37] So Isenburg-Epple (Fn. 13), S. 87 ff. Nach dem 3. Beitrittsübereinkommen erklärt sich das Zweitgericht erst für unzuständig, wenn die Zuständigkeit des Erstgerichtes feststeht. Damit soll vermieden werden, dass unzulässige Klagen die Einrede der Rechtshängigkeit auslösen. Die Frage der Anerkennungsprognose ist damit nicht geklärt.

[38] BGH Urt. v. 11.12.1996 - VIII ZR 154/95 BGHZ 134, 201 ff. = IPRax 1997, 348 ff.; Anm. P. Huber JZ 1997, 799 f.

(Prioritätsprinzip). Das Verhältnis zwischen negativer Feststellungsklage und Leistungsklage sei daher im Anwendungsbereich des EuGVÜ zu korrigieren.

Methodisch ist die Entscheidung des BGH nicht korrekt. Der BGH begründet sie nämlich damit, dass der Grundsatz, die spätere Leistungsklage (in Frankreich) lasse das Feststellungsinteresse entfallen, nicht gelte, weil über die spätere (Leistungs-) Klage nicht mehr zur Sache entschieden werden dürfe. Das Feststellungsinteresse bestünde fort, weil eine Sachentscheidung über die Leistungsklage wegen deren Unzulässigkeit gem. Art. 21 EuGVÜ ohnehin nicht zu erwarten sei.

Richtigerweise hätte der BGH seine Zuständigkeit lediglich nach dem EuGVÜ prüfen dürfen, weil diese Zuständigkeiten zwingender Natur sind. Ein Rückgriff auf nationales Verfahrensrecht (hier eine Diskussion des Feststellungsinteresses) ist dabei unzulässig[39]. Im Ergebnis ist die Entscheidung aber wohl richtig. Aus dem Prioritätsprinzip folgt, dass das zeitlich frühere Verfahren fortgeführt werden *muss*.

Nach autonomem deutschen Verfahrensrecht entfällt - wie noch darzustellen ist - das Feststellungsinteresse der negativen Feststellungsklage, wenn der Gläubiger Leistungsklage erhebt. Der Anwendungsbereich der Rechtshängigkeit und die "Richtung" der Zuständigkeitsbestimmung wird entgegen dem autonomen deutschen Zivilverfahrensrecht durch die Anwendung der Kernpunkttheorie im europäischen Zivilverfahrensrecht weg vom Gerichtsstand der Leistungsklage hin zu dem der Feststellungsklage gelenkt. Die Verfahrensordnungen divergieren hier erheblich.

III. Kritik in der Literatur

Durch die einheitliche Anlehnung an das materielle Rechtsverhältnis verlässt der EuGH die geläufige Bestimmung des Verfahrensgegenstandes nach der lex fori. Auch bereitet die Kernpunkttheorie in ihren Wechselwirkungen mit den nationalen Verfahrensrechten Schwierigkeiten.

1. Vertragsautonome Auslegung des EuGH

Die dargestellten Entscheidungen des EuGH und des ihm folgenden Bundesgerichtshofs sind in der Literatur auf ein geteiltes Echo gestoßen[40]. Während ein

---

[39] Vgl P. Huber, JZ 1997, 799 f.

[40] Für Gubisch: Schack, IPRax 1989, 139 ff.; Kropholler: EuZPR, Art. 27 EuGVO, Rz. 7; Rauscher/Leible: EuZPR, Art. 27, Rz. 9.

Teil der Autoren eine vertragsautonome Auslegung des Art. 21 EuGVÜ zwar begrüßt, die Rechtsprechung aber deshalb ablehnt, weil der EuGH in den Entscheidungen "Gubisch" und "Tatry" die Grundlagen einer rechtsvergleichend-vertragsautonomen Auslegung verlassen habe, soll nach anderen Stimmen in der Literatur das EuGVÜ aus einem eigenständigen und von den nationalen Prozessrechten völlig unabhängigen Geflecht von zivilprozessualen Vorschriften bestehen. Der EuGH sei mit den Entscheidungen dem Wesen des EuGVÜ ein Stück näher gekommen[41]. Art. 22 EuGVÜ eigne sich nicht zur Vermeidung unvereinbarer Entscheidungen, weil die Aussetzung des Verfahrens im Ermessen des Gerichts stünde[42].

Die Analyse der Entscheidungen "Gubisch" und "Tatry" zeigt, dass der EuGH aufgrund systematischer, rechtsvergleichender und teleologischer Erwägungen zu dem Ergebnis kommt, dass der Streitgegenstand durch vertragsautonome Auslegung zu ermitteln ist. Dahinter steht der Gedanke, dass nur die vertragsautonome Auslegung Einheitlichkeit bei der Anwendung des EuGVÜ sichern kann. Der EuGH geht davon aus, dass das EuGVÜ vertragsautonom auszulegen ist, solange nicht ausnahmsweise Gründe für die Auslegung *lege fori* sprechen[43]. Die autonome Auslegung ist ganz überwiegend auf Zustimmung gestoßen[44].

2. Auslegung nach der lex fori

Allein *Dohm*[45] folgt noch der älteren Rechtsprechung[46] und spricht sich konsequent gegen ein vertragsautonomes Verständnis des Streitgegenstandsbegriffes

---

Für Tatry: C. Wolf, EuZW 1995, 365 ff.; P. Huber, JZ 1995, 603 ff.; Schack, IPRax 1996, 80 ff.; Kropholler: EuZPR, Art. 27 EuGVO, Rz. 7; Bäumler (Fn. 27), S. 152 ff; Rauscher/Leible: EuZPR, Art. 27, Rz. 9.
Gegen Gubisch: Linke, RIW 1988, 822 ff.; Gaudemet-Tallon, Rev. crit. 1988, 374 ff.; Huet, Clunet 1988, 537 f.; M. Wolf in FS für Schwab, S. 561 ff.; Isenburg-Epple (Fn. 13), S. 212; Leipold in GS Arens, S. 227 ff.; Otte in FS für Schütze, S. 619 ff.; Walker, ZZP 111 (1998), 429 ff.
Gegen Tatry: Hau, IPRax 1996, 177; M. Wolf, FS für Schwab, 561 ff.; Leipold in: GS Arens, 227; Otte in: FS für Schütze, S. 629 ff.

[41] Bäumler (Fn. 27), S. 154; im Ergebnis auch Koch (Fn. 26), S. 71 ff., der ebenfalls der Auffassung ist, die Bestimmung "desselben Anspruchs" gem. Art. 21 EuGVÜ sei nicht rechtsvergleichend am "formalen Streitgegenstands-begriff", sondern daran zu orientieren, wann "unvereinbare Entscheidungen" i. S. d. Art. 27 Nr. 3 EuGVÜ vorlägen, die es zu vermeiden gelte.

[42] Bäumler (Fn. 27), S. 154 ff.

[43] Dohm (Fn. 27), S. 70 f.

[44] Isenburg-Epple (Fn. 13), S. 22; Geimer/Schütze:Art. 27 EuGVO, Rz. 29; Leipold in: GS Arens, S. 227 ff.; Roth, IPRax 1992, 67; Schack, IPRax 1989, 139 f.

[45] Dohm (Fn. 27), S. 86 ff.; ähnlich wohl Lenenbach: Die Behandlung von Unvereinbarkeiten zwischen rechtskräftigen Zivilurteilen nach deutschem und europäischen Zivilprozeßrecht, S. 138: Die Entwicklung eines eigenständigen europäischen Streitgegenstandsbegriffs beinhalte

aus und plädiert für eine Auslegung *lege fori*. Der EuGH lasse unberücksichtigt, dass das Zivilprozessrecht in erster Linie "dienende Funktion" habe. Er diene zur Durchsetzung subjektiver Rechte und damit auch der Verwirklichung der materiell-rechtlichen Geltungsanordnungen. Die Bestimmung des Streitgegenstandsbegriffes in Art. 21 Abs. 1 EuGVÜ liege daher aufgrund der Verknüpfung des Streitgegenstandes mit dem materiellen Recht und aufgrund der systematischen Stellung der Einrede der Rechtshängigkeit als Vorstufe zur Rechtskraft außerhalb des eigentlichen Regelungsbereichs des EuGVÜ[47]. Daher könne der Streitgegenstandsbegriff nicht ohne einen Rückgriff auf das nationale Recht "frei schwebend" vertragsautonom ausgelegt werden.

Dagegen spricht jedoch, dass die Vereinheitlichung des europäischen Zivilprozessrechts auch der Bildung autonomer Begriffe bedarf. Schon die Materialien zum EuGVÜ treffen dezidierte Feststellungen zum Umfang der Rechtskraft, auf die noch näher einzugehen sein wird. Grenzen und Umfang der Rechtskraft lassen sich jedoch nicht ohne die Bildung eines Streitgegenstandsbegriffes bestimmen[48]. Die Auffassung, die Bestimmung des Streitgegenstandsbegriffes liege außerhalb der Regelungskompetenz des EuGVÜ, überzeugt daher nicht. Mit dem Streitgegenstand ist zwar nicht ohne weiteres das materielle Rechtsverhältnis gemeint. Im Umkehrschluss lässt sich jedoch nicht daraus folgern, dass bei Identität von materiellem Rechtsverhältnis und Streitgegenstand dieser außerhalb des Regelungsbereichs des EuGVÜ/ Brüssel-I-VO liege. Vielmehr stellt sich die Frage, ob der EuGH mit seiner Definition das Wesen des Streitgegenstandes richtig erfasst hat. Selbst wenn eine Bestimmung des Streitgegenstandsbegriffes außerhalb des Regelungszwecks des EuGVÜ gelegen hätte, wäre jedoch im Zweifel davon auszugehen, dass die Kommission aufgrund ihrer Kompetenz zur justiziellen Zusammenarbeit gem. Art. 61 lit. c. i. V. m. Art. 65 EGV von dieser umfassend Gebrauch gemacht hätte, um eine Rechtsvereinheitlichung zu erreichen.

3. Europäischer "Streitgegenstandsbegriff"

Im Ergebnis bleibt festzuhalten, dass der Anwendungsbereich des Art. 21 EuGVÜ auf Kosten des Art. 22 vom EuGH ausgedehnt wurde. Deshalb fordern einige Autoren eine Einengung des "europäischen" Streitgegenstandsbegriffs[49].

---

einen Souveränitätsverlust, der von den Vertragsstaaten nicht gewollt und einer Änderung des EuGVÜ beinhalte.

[46] Vgl. Fn. 31.

[47] Dohm (Fn. 27), S. 79 ff.

[48] Lenenbach (Fn. 45), S. 138.

[49] Otte in: FS für Schütze, S. 620 ff.; Walker, ZZP 111 (1998), S. 429 ff.

Isenburg-Epple[50] stimmt dem Gericht zwar insoweit zu, als es sich für eine einheitliche Auslegung des Streitgegenstandsbegriffes ausgesprochen habe. Das vom EuGH gefundene Ergebnis stimme jedoch mit den Grundsätzen der meisten nationalen Prozessordnungen nicht überein. Ein von den nationalen Prozessrechten völlig gelöster, weit gefasster Streitgegenstandsbegriff, wie ihn der EuGH vertrete, laufe nicht nur Praktikabilitätsgesichtspunkten zuwider, sondern berge auch die Gefahr der Rechtsunsicherheit. Der Streitgegenstandsbegriff sei anhand formaler Kriterien auszufüllen. Streitgegenstandsidentität liege - wie im deutschen Recht - nur vor, wenn Antrag und Klagegrund übereinstimmten, präjudizielle Rechtsverhältnisse begründeten nur den Einwand der Konnexität gem. Art. 22 EuGVÜ; Art. 21 EuGVÜ sei daher eng, Art. 22 EuGVÜ weit auszulegen. *Otte*[51] weist in diesem Zusammenhang darauf hin, dass der vom EuGH hergestellte Bezug des Streitgegenstandes zum Begriff der "cause" im französischen Recht dessen längst bekannte Nachteile in das EuGVÜ zu importieren droht, indem er den Streitgegenstand auf die geltend gemachten Anspruchsgrundlagen einengt. Diese Begrenzung führe zur Spaltbarkeit des klägerischen Vortrages und verstoße gegen den Grundsatz der Prozessökonomie.

4. Fragestellung: Weiter oder enger Streitgegenstandsbegriff?

Trifft die Auffassung von *Isenburg-Epple* zu, der "europäische" Streitgegenstand sei nicht aus dem materiellen Rechtsverhältnis, sondern nach einem europäischen Verständnis von Antrag und Klagegrund herzuleiten, müsste konsequent mit *Lenenbach*[52] davon ausgegangen werden, dass bei der vom EuGH vertretenen Auffassung mit dem Import von Verfahrens- und Urteilswirkungen zu rechnen ist, die das nationale Prozessrecht nicht kennt oder seinen Entscheidungen nicht beilegt. Ein identischer Streitgegenstand würde dann auch schon vorliegen, wenn es sich lediglich um präjudizielle Rechtsverhältnisse handele. Teilweise wird sogar gefordert, die Kernpunkttheorie in das nationale Recht zu übernehmen[53]. Äußerst fraglich erscheint daher, ob es wünschenswert ist, wie beispielsweise *Koch*[54] den Rechtskraftbegriff aus Art. 26 f. EuGVÜ möglichst weit auszulegen.

Andererseits ist zu prüfen, ob nicht ein enger Streitgegenstandsbegriff, der Raum für eine Verfahrenskoordination durch die Aussetzung lässt, vorzugswürdig erscheint. Gegebenenfalls kann sich das Aussetzungsermessen auch zu ei-

---

[50] Die Berücksichtigung ausländischer Rechtshängigkeit, S. 143 ff.
[51] Otte (Fn. 14), S. 422.
[52] Lenenbach (Fn. 45), S. 136 ff.
[53] Rüßmann, ZZP 111 (1998), S. 399 ff.; Hess/G. Vollkommer, Anm. zu BGH, Urt. v. 11.12.1996, WuB 1997, 707, 709; Zeuner, FS für Lüke, S. 1003, 1016.
[54] Koch: Unvereinbare Entscheidungen, S. 29 ff.

nem Aussetzungszwang verdichten. Ein weiter Streitgegenstandsbegriff könnte insbesondere unter dem Gesichtspunkt der prozessualen Waffengleichheit, einer Abwägung der Zuständigkeitsinteressen, der Prozessökonomie und der Justizgewährung bedenklich sein[55]. Eine Verengung der Anerkennungssperre aus Art. 21 EuGVÜ wäre möglich durch eine Reduzierung des Tatbestandsmerkmales "Unvereinbarkeit". Daher stellt sich zunächst die Frage nach dem Vergleich mit dem Streitgegenstandsbegriff im deutschen Recht und den Folgen für Rechtshängigkeit, Rechtskraft und Aussetzung des Verfahrens.

IV. Der Streitgegenstandsbegriff im autonomen deutschen Zivilprozessrecht

Der Streitgegenstand ist einer der zentralen Begriffe des Zivilprozessrechts und schon im deutschen Recht äußerst umstritten. Trotz abweichender Terminologie beziehen sich die §§ 261 ("Streitsache"), 322 Abs. 1 ("erhobener Anspruch") und §§ 60, 148 ZPO ("Gegenstand des Rechtsstreits") auf den Streitgegenstand. Auch die Bestimmung der Klagehäufung (vgl. § 260 ZPO) und Klageänderung richtet sich nach dem Streitgegenstand[56]. Der Begriff (Streit-) Gegenstand findet sich auch in den §§ 2, 6, 23, 253 Abs. 3, 264 Nr. 3 ZPO als Bezeichnung für das Objekt des klägerischen Begehrens (Streitsache)[57]. In den §§ 59, 81, 83 ZPO steht der Begriff Streitgegenstand wiederum für das klägerische Begehren selbst. Dieses ist auch in den §§ 253 Abs. 2 Nr. 2, 64, 537 S. 1 ZPO gemeint, auch wenn das Gesetz hier von "Anspruch" spricht, oder von "Gegenstand des Rechtsstreits" (§ 1025 ZPO), "streitiges Rechtsverhältnis" (§§ 62, 606, 640 ZPO), "Streitverhältnis" (§§ 118 Abs. 3, 139 Abs. 1 S. 2 ZPO). Die Bedeutung all dieser Begriffe ist die gleiche[58].

1. Materiellrechtliche Theorie

Zu den gesicherten Erkenntnissen der Rechtswissenschaft gehört es, dass der CPO-Gesetzgeber unter dem Gegenstand des Rechtsstreits den konkret materiellrechtlichen Anspruch verstand[59]. Diese das materielle Recht und das Prozessrecht als Einheit behandelnde Auffassung hat aber in der Literatur nur teil-

---

[55] Walker, ZZP 111 (1998), S. 429, 446 ff.; Otte, in: FS für Schütze, S. 619 ff.

[56] Vgl. Stein/Jonas/Schumann: ZPO, Bd. 1, 20. Aufl., 1984, Einl V A, Rz. 263 f.

[57] Stein/Jonas/Schumann: ZPO, 20. Aufl., Bd. 1, Einl, Rz. 264.

[58] Habscheid: Streitgegenstand, S. 18 f.

[59] Stein/Jonas/Schumann (Fn. 57), Bd. 1, Einl V A, Rz. 265; Habscheid: Der Streitgegenstand im Zivilprozeß, S. 20 ff.; Henckel: Parteilehre und Streitgegenstand im Zivilprozeß, S. 21; auch im gemeinen Recht wurde die actio als Streitgegenstand angesehen (Nachweise bei Henckel, S. 20).

weise Zustimmung gefunden[60] und ist recht schnell auf Widerspruch gestoßen. Wird nämlich zwischen materiellem Recht und Prozessrecht nicht unterschieden, kann z. B. der Inhalt der Feststellungs- oder Gestaltungsklagen nicht erklärt werden, weil sie eben nicht auf die Durchsetzung eines Anspruchs i. S. d. § 194 BGB gerichtet sind, sondern absolute Rechte oder einzelne Rechtsverhältnisse zum Gegenstand haben. Auch das Problem der Anspruchskonkurrenz vermag die ursprüngliche materiellrechtliche Lehre nicht befriedigend zu lösen[61]. Wird nämlich der materiellrechtliche Anspruch zugrunde gelegt, ermöglicht dies die Führung ebenso vieler Prozesse, wie konkurrierende materiellrechtliche Anspruchsgrundlagen bestehen. Es liegt auf der Hand, dass ein solches Ergebnis nicht gewollt sein kann. Was unter dem Streitgegenstand bzw. dem prozessualen Anspruch (im Gegensatz zum materiellrechtlichen Anspruch) zu verstehen ist, ist seitdem streitig.

2. Prozessuale Theorien

Recht schnell hat dann eine prozessrechtlich orientierte Auffassung die Oberhand gewonnen[62]. Hauptannahme dieser Meinung ist, dass der Streitgegenstand nicht mit dem materiellrechtlichen Anspruch gleichgesetzt werden kann.

a) Der eingliedrige Streitgegenstandsbegriff

Nach der Lehre vom eingliedrigen Streitgegenstand[63] wird der prozessuale Anspruch allein durch den Klageantrag als dem formalisierten Ausdruck des mit der Klage verfolgten Zieles bestimmt. *Schwab* formuliert: *Streitgegenstand ist das Begehren der im Klageantrag bezeichneten Entscheidung*[64]. Der vom Kläger vorgetragene Sachverhalt soll hingegen grundsätzlich keine Rolle spielen. Daher ist für die Frage, ob eine oder mehrere prozessuale Ansprüche vorliegen sollen, einzig der Klageantrag entscheidend. Diese Auffassung führt bei Leistungsklagen, insbesondere Zahlungsklagen, bei der Individualisierung der Forderung zu Problemen. Dies zeigt ein einfaches Beispiel: Begehrt der Kläger beispielsweise € 1000,-- in seinem Antrag, stützt diese Klage aber auf zwei Kaufverträge, aus

---

60 Fitting: Der Reichs-Civilprozeß, S. 117 ff.; G. Planck:: BGB, § 1380, Anm. 1; Kleinfeller: Der Begriff "Anspruch", AcP 137, 129 ff (insb. S. 147); Beisler, DRZ 1950, 31 ff.; Redeker, MDR 1953, 277 f.

61 Vgl. Bötticher: ZZP 77 (1964), 477 ff. (492); Georgiades (Fn. 28), S. 113 ff; Hesselberger: Die Lehre vom Streitgegenstand, S. 135 ff., 234 ff; Schwab, JuS 1965, 81 f.; Stein/Jonas/Schumann (Fn. 57), Bd. 1, Einl., Rz. 266.

62 Vgl. Stein/Jonas/Schumann (Fn. 57), Bd. 1, Einl V A, Rz. 266; Schilken, ZPR, Rz. 218; zu ihren Hauptvertretern vgl. Habscheid (Fn. 59), S. 30; 66 ff; Georgiades (Fn. 28), S. 121 und 127; Hesselberger (Fn. 51), 136 ff.

63 Grundlegend: Schwab: Der Streitgegenstand im Zivilprozeß.

64 Schwab (Fn. 63), S. 183 ff, insbesondere S. 193.

denen sich eine Kaufpreisschuld von je € 500,-- ergeben soll, stellt sich die Frage, wie viele Anträge nun vorliegen. Hier meint auch *Schwab,* es handle sich in Wirklichkeit um zwei Klageanträge; um diese Folgerung zu ziehen, müsse *ergänzend* auf den Sachverhalt zurückgegriffen werden; damit werde dieser jedoch nicht Bestandteil des Prozessanspruchs; er sei vielmehr nur zur Beantwortung der Frage, wie viele Anträge vorlägen, hinzuzuziehen[65].

Wird aus Grund- oder Wechselgeschäft geklagt, hätte der eingliedrige Streitgegenstandsbegriff zur Folge, dass die Forderung aus dem Grundgeschäft selbstständig nicht mehr einklagbar wäre. Wird dennoch eine zweite Klage zugelassen[66], ist das vom Ergebnis zwar richtig, im Rahmen dieser Lehre aber inkonsequent[67].

Wie *Habscheid*[68] nachweist, deckt sich die Lehre vom eingliedrigen Streitgegenstand mit der sog. Individualisierungstheorie. Aus § 253 II Nr. 2 ZPO ergibt sich, dass die Klageschrift den Grund des Anspruchs bezeichnen muss. Nach der Individualisierungstheorie soll damit gemeint sein, dass der Kläger, um den Streitgegenstand festzulegen, (zunächst) nur den Grund des Rechtsverhältnisses angeben muss, ohne hierfür Tatsachen anzuführen. Die Vertreter der Individualisierungslehre präzisieren diese Aussage dahingehend, dass das Rechtsverhältnis nicht durch eine exakte Bezugnahme auf das Gesetz bezeichnet werden muss, sondern dieses auch lediglich umschrieben werden kann[69]. Dagegen erhebt die Substantiierungstheorie korrespondierend mit dem nachfolgend erläuterten zweigliedrigen Streitgegenstandsbegriff den Klagegrund zum vollwertigen Teil des Streitgegenstandes. Die Rechtsbehauptung - der Gegenstand des Anspruchs - und der Tatsachenkomplex, welcher der Klage zugrunde liegt, bilden zusammen den Streitgegenstand. Zu Recht weist *Habscheid* darauf hin, dass auch der Klagegrund prozessual zu verstehen sei, so dass hinsichtlich der Individualisierung des Streitgegenstandes nicht alle (materiell-rechtlichen) anspruchsbegründenden Tatsachen vorgetragen werden müssen, sondern nur diejenigen, die zur Bestimmung des Streitgegenstandes unabdingbar sind, weil die Frage der Zulässigkeit der Klage nicht mit ihrer Schlüssigkeit verwechselt werden darf.

---

[65] Schwab (Fn. 63), S. 87 ff.
[66] Vgl. Schwab (Fn. 63), S. 139 ff.
[67] Vgl. Rimmelspacher: Materiellrechtlicher Anspruch und Streitgegenstandsprobleme im Zivilprozeßrecht, S. 335 ff.
[68] Habscheid: Streitgegenstand (Fn. 59), S. 184 ff.
[69] So z. B. Nikisch: Streitgegenstand im Zivilprozeß, S. 33 f.

b) Der zweigliedrige Streitgegenstandsbegriff
Die Lehre vom zweigliedrigen Streitgegenstandsbegriff bestimmt demgegenüber den prozessualen Anspruch sowohl nach dem Klageantrag als auch nach dem vom Kläger vorgetragenen Sachverhalt; Antrag und Sachverhalt sind nach dieser Auffassung gleichwertige Glieder der Streitgegenstandes[70]. Damit liegt immer nur *ein* prozessualer Anspruch vor, wenn ein klägerischer Antrag auf einen Sachverhalt gestützt wird. Mehrere Streitgegenstände liegen vor, wenn ein Antrag auf mehrere Sachverhalte oder mehrere Anträge auf einen Sachverhalt gestützt werden[71].

Eine weitere dogmatische Verfeinerung hat diese Lehre durch *Habscheid* erfahren. Nach ihm ist der Streitgegenstand des Zivilprozesses "die Rechtsbehauptung des Klägers, ihm sei in dem eingeschlagenen Verfahren die begehrte Rechtsfolge aufgrund eines bestimmten Lebenssachverhaltes zuzusprechen"[72]. Seine Definition besteht also aus Verfahrensbehauptung, Rechtsbehauptung und Sachverhalt. Weiter unterscheidet *Habscheid* zwischen Dauerrechtsverhältnissen und solchen des täglichen Lebens. Während bei letzteren der Sachverhalt nach der "Verkehrsanschauung" abgegrenzt werden soll, plädiert er bei ersteren für eine "globale Betrachungsweise"[73]. Die Rechtsbehauptung fasst er abstrakt; der Kläger nimmt alle materiellen Rechte für sich in Anspruch, die seinen Antrag rechtfertigen[74]. Mit der Verfahrensbehauptung schließlich fordert der Kläger den Zuspruch der Rechtsfolge in einem bestimmten Verfahren. Die Unterscheidung in Rechts- und Verfahrensbehauptung eröffnet hier die Möglichkeit, die Rechtsschutzform zum Bestandteil des Streitgegenstandes zu machen, ohne gleichzeitig auf das konkrete Begehren zurückgreifen zu müssen[75].

Führt beim eingliedrigen Streitgegenstandsbegriff nur ein anderer Antrag zu einem neuen Streitgegenstand, ist nach der zweigliedrigen Bestimmung ein anderer Verfahrensgegenstand schon dann gegeben, wenn derselbe Antrag auf einen anderen Lebenssachverhalt gestützt wird. Daher wird der eingliedrige Streitgegenstandsbegriff wohl zu einer umfassenderen Bewältigung des Sachverhaltes gelangen. Schwierigkeiten ergeben sich allerdings bei der Festlegung eines einheitlichen Sachverhalts, weil dieser nicht prozessual erklärt, sondern mit Hilfe der materiellrechtlichen Konkurrenzlehre abgegrenzt wird, wenn die Annahme,

---

[70] H. M.: z.B. BGHZ 79, 245 (248 ff.); BGH NJW 1983, 388 (389); NJW-RR 1987, 683 (684); Grunsky, ZPR, Rz. 37; MüKo/Lüke: ZPO, Bd. 1; Vor § 253, Rz. 31 ff; Habscheid (Fn. 59), S. 52 ff, 221 f; Schilken: ZPR, Rz. 229.
[71] Stein/Jonas/Schumann (Fn. 57), Bd. 1, Einl VC, Rz. 270.
[72] Habscheid (Fn. 59), S. 221 f.
[73] Habscheid (Fn. 59), S. 206 ff.
[74] Habscheid (Fn. 59), S. 167.
[75] Vgl. Stein/Jonas/Schumann (Fn. 57), Bd. 1, Einl. V C, Rz. 271.

ein identischer Streitgegenstand sei gegeben, nicht befriedigt. Diese theoretische Schwäche hat dazu geführt, dass nach anderen Lösungen gesucht wurde.

Der Unterschied zwischen ein- und zweigliedrigem Streitgegenstandsbegriff wird deutlich, wenn ein einheitliches Klageziel auf verschiedene Lebenssachverhalte gestützt wird, wie beispielsweise Klagen aus Kaufvertrag und Wechsel oder Grundgeschäft und Anerkenntnis. Nach dem eingliedrigen Streitgegenstandsbegriff ergibt die Auslegung des klägerischen Antrags trotz zweier Sachverhalte nur einen Streitgegenstand. Folglich können sich die Probleme der Klagehäufung, Klageänderung und Rechtshängigkeit nicht stellen[76]. Auf Schwierigkeiten stößt der eingliedrige Streitgegenstandbegriff dann aber bei der Frage nach dem Umfang der Rechtskraft. Ist die Klage aus dem Grundgeschäft abgewiesen, kann nach dem zweigliedrigen Streitgegenstandsbegriff ohne weiteres eine Klage aus einem Anerkenntnis zugelassen werden, da nach dieser Auffassung zwei Streitgegenstände vorliegen. Anders ist dies nach erstgenannter Auffassung, die lediglich einen Streitgegenstand annimmt. Würde die Lehre konsequent durchgehalten, müsste die nachfolgende Klage wegen entgegenstehender Rechtskraft des ersten Urteils abgewiesen werden[77].

c) Neuere materiellrechtliche Lehren

Um die dargestellten Schwierigkeiten der prozessualen Theorie bei der Abgrenzung des Lebenssachverhalts zu beseitigen, wird versucht, die ältere materiellrechtliche Theorie in einer Weise zu modifizieren, welche die Nachteile der ursprünglichen Auffassung vermeidet. Allerdings sehen auch die Vertreter der neueren materiellrechtlichen Theorie den Streitgegenstandsbegriff überwiegend als eigenständigen prozessualen Begriff an. Daher wird hier ebenfalls der Begriff "Streitgegenstand" und "prozessualer Anspruch" synonym verwandt[78].

Die verbreitetste Auffassung unter den Autoren des Prozessrechts geht dahin, die materiellrechtliche Konkurrenzlehre so zu verändern, dass Anspruchskonkurrenz oder Gesetzeskonkurrenz jeweils dann anzunehmen ist, wenn dadurch befriedigende prozessuale Ergebnisse erzielt werden[79]; oder aber es wird darauf abgestellt, ob mehrere materiellrechtliche Ansprüche zu einem einheitlichen Verfügungsobjekt des Klägers zusammengefasst werden können oder die

---

[76] Stein/Jonas/Schumann (Fn. 57), Bd. 1,. Einl. V C, Rn. 276.
[77] Stein/Jonas/Schumann (Fn. 57), Bd. 1, Einl. V C, Rn. 276.
[78] Stein/Jonas/Schumann (Fn. 57), Bd. 1,. Einl. V C, Rn. 268.
[79] Grundlegend: Nikisch: Der Streitgegenstand im Zivilprozeß; Georgiades: Die Anspruchskonkurrenz im Zivilrecht und Zivilprozeßrecht, 1968.

vom Zivilrecht gewährte Rechtsposition die gleiche ist[80]. *Henckel* hebt hervor, dass der Anspruchsbegriff mehrere Funktionen hat. Dabei individualisiert er den Anspruch anhand seines im Prozess angestrebten Verwendungszwecks[81]. Die Schwierigkeiten der Streitgegenstandslehre könnten nur dann gelöst werden, wenn der Begriff des prozessualen Anspruchs in Beziehung gesetzt werde zu den materiellen Ansprüchen, die für den Prozess von Bedeutung sind[82]. Seine Untersuchungen führen *Henckel* zu der Überzeugung, dass für den Streitgegenstand die Funktion des Anspruchs als Verfügungsobjekt des Rechtsverkehrs im zessionsrechtlichen Sinne maßgeblich ist[83]. Die Rückkehr zu einem nicht vom materiellen Recht völlig losgelösten Streitgegenstandsbegriff ist damit ermöglicht: Kann man materiellrechtlich bestimmen, wann ein Verfügungsobjekt vorliegt, so ist gleichzeitig das Kriterium für die Bestimmung des Streitgegenstandes geschaffen. Eine Mehrheit von Verfügungsobjekten soll nach denselben Kriterien abgegrenzt werden wie eine Mehrheit von Streitgegenständen.

Georgiades baut diese Lehre weiter aus. Anzusetzen sei bei dem Begriff des Anspruchs in seiner dogmatischen Struktur, um eine Neuorientierung der Lehre von der Anspruchskonkurrenz zu erreichen[84]. Dabei geht er in erster Linie von der Leistungsklage aus. Beziehen sich daher mehrere Anspruchsgrundlagen auf dasselbe Subjekt und denselben Inhalt, somit auf dieselbe Leistung, so läge keine Anspruchskonkurrenz, sondern nur eine Anspruchsnormenkonkurrenz vor. Anspruchsmehrheit sei nur bei einer Mehrheit von Leistungen gegeben. Daher läge bei einem Anspruch auch nur ein Streitgegenstand vor.

Da die neueren materiellrechtlichen Lehren den Streitgegenstand aus der Dispositionsfreiheit der Parteien, die diesen nicht mehr durch ihren Sachvortrag bestimmen können, herausnehmen, stehen diese Autoren erneut vor dem Problem, den Anspruchsgrund aus dem Gesetz heraus zu bestimmen. Während *Hellwig*[85] unter dem Anspruchsgrund noch den anspruchserzeugenden Sachverhalt verstanden hat, tritt bei *Henckel*[86] eine zeitliche Komponente zur Bestimmung des Lebenssachverhaltes hinzu. Beispielsweise soll es bei der Frage, ob der Verkäufer, dessen Kaufpreisklage rechtskräftig abgewiesen wurde, im nachfolgenden Prozess Wertersatz aus ungerechtfertigter Bereicherung wegen des Verbrauchs der Kaufsache verlangen kann, darauf ankommen, ob der Beklagte

[80] Henckel: Parteilehre und Streitgegenstand im Zivilprozeß; Rimmelspacher: Materiellrechtlicher Anspruch und Streitgegenstandsprobleme im Zivilprozeß.
[81] Vgl. Henckel (Fn. 80), S. 253 ff.
[82] Henckel (Fn. 80), S. 270.
[83] Henckel (Fn. 80). S. 272 ff.
[84] Georgiades (Fn. 28), S. 127 ff.
[85] Hellwig: Anspruch und Klagerecht, S. 90 f, 92 ff.
[86] Henckel (Fn. 80), S. 270 ff, 277.

die Sache vor oder nach Eintritt der Rechtskraft des Ersturteils verbraucht hat. Zwar können Ansprüche aus Kaufvertrag und ungerechtfertigter Bereicherung ein einheitliches Verfügungsobjekt bilden, jedoch nur dann, wenn der Sachverhalt, der *beiden* Ansprüchen zugrunde liegt, bereits vor dem Urteil eingetreten ist, d. h. der Beklagte im Beispielsfall die gelieferte Sache bereits verbraucht hat.

Die Entwicklung eines einheitlichen Verfügungsobjektes ist für die Frage der Anspruchseinheit oder -mehrheit von Bedeutung. Schulbeispiel ist der Fahrgastunfall, bei dem der Fahrgast durch ein Verschulden des Straßenbahnführers verletzt wird: ihm stehen sowohl Ansprüche aus Deliktshaftung, Gefährdungshaftung und Pflichtverletzung (§ 280 BGB) des Beförderungsvertrages zu. Nach der ursprünglichen materiellen Theorie wäre hier von Anspruchsmehrheit auszugehen. Fasst man die Ansprüche aber wie *Henckel* zu einem einheitlichen Verfügungsobjekt zusammen, kommt man zur Anspruchseinheit[87]. Wird der Streitgegenstand der Leistungsklage durch das Verfügungsobjekt und seinen Anspruchsgrund individualisiert[88], gelangt man nach dieser Auffassung zu lediglich einem Streitgegenstand.

d) Der relative Streitgegenstandsbegriff

Rimmelspacher zerlegt den bisher als Einheit gedachten Anspruchsbegriff in *Rechtsposition*[89] und *Rechtsbehelf*[90]. Diese Zerlegung des Anspruchs lasse die Notwendigkeit der Unterscheidung zwischen materiellrechtlichem und prozessualem Anspruch entfallen[91]. Abzulehnen sei die Vorstellung, dass der Streitgegenstand bei allen prozessualen Lagen einheitlich zu bilden sei. Vielmehr käme es darauf an, sachgerechte Einzelergebnisse zu finden. Unwesentlich sei der Streitgegenstandsbegriff bei der Rechtshängigkeit und der Klageänderung.

In diese Richtung geht wohl auch *Schumann*[92], wenn er von der "Relativität des Streitgegenstandsbegriffs" spricht. Der Streitgegenstandsbegriff soll nicht überall der gleiche sein; er ist grundsätzlich[93] oder zumindest bezüglich der jeweili-

---

[87] Henckel (Fn. 80),Parteilehre und Streitgegenstand im Zivilprozeß, S. 266 f.
[88] Henckel (Fn. 80), S. 277.
[89] In seiner Terminologie gebraucht *Rimmelspacher* nicht den Begriff "Verfügungsobjekt" wie *Henckel*, sondern "Rechtsposition": "Die Rechtsposition bildet das Erfüllungsobjekt und gibt den Rechtsgrund der Leistung ab" (vgl. Rimmelspacher (Fn. 80), S. 103).
[90] Rimmelspacher (Fn. 80), S. 107 ff; vgl. auch S. 168 ff.
[91] Rimmelspacher (Fn. 80), S. 175 f.
[92] Stein/Jonas/Schumann (Fn. 57), Bd.1, Einl., Rz. 283 ff; ähnlich Baumgärtel, JuS 1974, 69 ff. (73 ff.); Jauernig: Verhandlungsmaxime, Inquisitionsmaxime und Streitgegenstand, S. 7; ähnlich Prütting, GS Lüderitz, S. 623 ff. (633); kritisch: Habscheid, ZfVglRWiss 75 (1976), S. 210 ff.
[93] Baumgärtel, JuS 1974, 69 ff. (73 ff.).

gen Prozesslage variabel[94]. Diese Lehre folgt weder der eingliedrigen noch der zweigliedrigen Auffassung, sondern wendet beide Theorien nach "Sinn und Zweck der jeweiligen prozessualen Regelung"[95] einzelfallorientiert an.

Nach *Schumann* variiert der Streitgegenstand in seiner relativen Beziehung zu Rechtskraft, Rechtshängigkeit, Klagehäufung und Klageänderung[96]. Der Urteilsgegenstand dürfe zwar nicht vom Streitgegenstand des laufenden Prozesses abweichen, da die Parteien sonst mit Rechtskraftwirkungen bezüglich der Rechtsfolgen konfrontiert würden, über die sie nicht gestritten hätten. Umgekehrt ist es aber nicht ausgeschlossen, den Gegenstand der Rechtskraft enger zu fassen als den des anhängigen Verfahrens ("rechtshängigen Anspruch"). Zwischen Klageänderung und Rechtshängigkeitssperre bestehe eine ähnliche funktionelle Verknüpfung: Wem die zweite Klage wegen der Einrede der Rechtshängigkeit verwehrt werde, dem dürfe dasselbe Begehren im anhängigen Prozess nur unter den gesetzlichen Voraussetzungen der §§ 263 f. ZPO gestattet werden. Bei der Leistungsklage sei bezüglich der Klageänderung und Klagehäufung der eingliedrige Streitgegenstandsbegriff vorzuziehen, da hier eine umfassende Bereinigung des Streits erwünscht sei. Bei der Rechtshängigkeitssperre sei der zweigliedrigen Auffassung zu folgen. Die Rechtshängigkeitssperre verfolge nämlich nicht den Zweck einer umfassenden Streitbereinigung, sondern schütze die Rechtspflege nur vor der unnötigen Belastung mit parallelen Prozessen. Bei der Rechtskraft solle der zweigliedrige Streitgegenstand zugrunde gelegt werden, um die Parteien vor einer unvorhersehbaren Präklusion eines weiteren Tatsachenkomplexes zu schützen. Bezüglich Feststellungs- und Gestaltungsklagen sei immer die eingliedrige Fassung des Begriffs zugrunde zu legen.

Jauernig[97] unterscheidet zwischen Verfahren nach Dispositions- und Inquisitionsmaxime. Je nachdem, was herrsche, sei der Sachverhalt zur Bestimmung des Streitgegenstandes heranzuziehen (Dispositionsmaxime) oder nicht (Untersuchungsgrundsatz). Muss der Richter bei besonderen Feststellungs- und Gestaltungsklagen (z. B. in Statussachen) von Amts wegen ermitteln, soll ein weiter Streitgegenstandsbegriff gelten. Diese Unterscheidung fand jedoch in der Literatur keine Zustimmung: Die Frage, auf welche Weise der Prozessstoff in die Verhandlung eingebracht werde, könne nicht zur Individualisierung des Anspruchs benutzt werden[98]. Auch werden verfassungsrechtliche Bedenken gegen die Erweiterung des Urteilsgegenstandes in Verfahren mit Amtsermittlung vorgebracht. Die umfassende Rechtskraftwirkung verstoße im Falle der Klageab-

---

[94] Jauernig: Verhandlungsmaxime, Inquisitionsmaxime und Streitgegenstand, S. 7 ff.
[95] Stein/Jonas/Schumann (Fn. 57), Bd. 1, Einl V E, Rz. 290.
[96] Vgl. Stein/Jonas/Schumann (Fn. 57), Bd. 1, Einl V E, Rz. 285 ff.
[97] Jauernig (Fn. 92), S. 6 ff.
[98] Rimmelspacher (Fn. 80), S. 209 f.; Hesselberger (Fn. 61), S. 246 f.

weisung gegen die Rechtsschutzgarantie des Art. 19 Abs. 4 GG[99], weil die Klage nicht mehr auf einen anderen Sachverhalt gestützt werden kann.

3. Zwischenergebnis

Obwohl eines der zentralen Themen der deutschen Prozessrechtslehre, findet sich bei der Bestimmung des Streitgegenstandsbegriffes bisher keine einheitliche Definition. Dass nach allen Theorien im autonomen deutschen Zivilprozessrecht der Streitgegenstand jedenfalls auch nach dem Klageantrag bestimmt wird, wie die Gegner der Kernpunkttheorie behaupten[100], lässt sich nicht feststellen. Die dargestellten prozessualen Theorien, die allein vom Klageantrag z. T. unter Berücksichtigung des Sachverhalts ausgehen, sind nicht unbestritten. Zwar wird die materiell-rechtliche Theorie in ihrer ursprünglichen Form nicht mehr vertreten und vermag befriedigende Ergebnisse nicht hervorzubringen. Nach den dargestellten, neueren materiellrechtlichen Lehren soll der Streitgegenstand jedoch anhand des "Verfügungsobjekts" ermittelt werden. Dieses stellt nichts anderes als das Resultat wohlverstandener materiellrechtlicher Anspruchskonkurrenz dar, Antrag und Lebenssachverhalt treten dagegen in den Hintergrund. Die Besonderheit der neueren materiellrechtlichen Lehren liegt darin, dass nicht mehr der einzelne Anspruch i. S. d. § 194 BGB, sondern die durch den Lebenssachverhalt bestimmten, konkurrierenden zivilrechtlichen Ansprüche den Streitgegenstand bilden. Die Konkurrenz mehrerer Ansprüche wird durch den Lebenssachverhalt eingegrenzt. Auch nach dem von *Rimmelspacher* und *Schumann* vertretenen relativen Streitgegenstandsbegriff erscheint allein eine Bestimmung nach Klageantrag und Sachverhalt nicht zwingend. Zu Recht arbeitet diese Meinung heraus, dass der Streitgegenstand in seinen verschiedenen Ausprägungen in erster Linie am Zweck der jeweiligen Norm zu messen ist. Wird ein relativer Streitgegenstandsbegriff zugrunde gelegt, lassen sich die dargestellten Theorien variabel nach der jeweiligen Prozesslage kombinieren, um befriedigende Ergebnisse zu erreichen. Demnach erscheint es möglich, dass nach der relativen Streitgegenstandstheorie der Streitgegenstandsbegriff nicht nur innerhalb des autonomen deutschen Zivilverfahrensrechts, sondern auch an den Schnittpunkten zu einem europäischen Zivilverfahrensrecht variieren könnte.

---

[99] Stein/Jonas/Schumann (Fn. 57), Bd. 1, Einl, Rz. 283.

[100] So Walker, ZZP 111 (1998), 429, 432; ähnlich auch Isenburg-Epple (Fn. 13), S. 157 ff.; Otte, in: FS Schütze S. 619, 623. Bäumler (Fn. 27), S. 135 ff., sieht die Parallelität zwischen europäischem und autonomem deutschen Streitgegenstandsbegriff in derjenigen zwischen Kernpunkttheorie und Gebührenstreitwert gem. § 19 GKG. Da der Gebührenstreitwert an andere Bedingungen geknüpft ist, können hier keine Rückschlüsse gezogen werden. Soweit der Streitgegenstandsbegriff für Rechtskraft, Rechtshängigkeit und Aussetzung des Verfahrens maßgeblich ist, verbietet sich ein Rückgriff auf die Definition des § 19 GKG, weil diese Vorschrift nach ihrem Sinn und Zweck eben nur die Frage der Prozesskosten regelt.

V. Ein vorläufiger Vergleich des autonomen deutschen mit dem europäischen Streitgegenstandsbegriff

Fasst man die bislang gewonnene Einsicht in die Entwicklung der Streitgegenstandstheorien zusammen, so lässt sich Folgendes feststellen: Die durch den EuGH befürwortete Bestimmung des Streitgegenstandsbegriffs mit Hilfe von vorgetragenem Sachverhalt und in Betracht kommenden Rechtsvorschriften zeigt deutliche Parallelen zu der Bestimmung des Streitgegenstandes durch die neueren materiell-rechtlichen Lehren und die relative Streitgegenstandstheorie von *Rimmelspacher* und *Schumann.* Mit der im Urteil "Tatry"[101] vorgenommenen Wertung, die Beurteilung der Haftung sei "Hauptgegenstand" der Leistungsklage, rückt das Gericht von einer formalen Anknüpfung des Streitgegenstandes an den Klageantrag ab, um sie durch eine auf die Rechtsschutzbegehren gerichtete Schwerpunktbetrachtung zu ersetzen[102]. Das hauptsächliche Rechtsschutzbegehren der Leistungsklage "Feststellung der Haftung" ist schon mit der Entscheidung der negativen Feststellungsklage befriedigt. Offen bleibt dabei zunächst, ob der EuGH einen eigenen prozessrechtlichen Begriff zugrunde legt oder sich allein am materiell-rechtlichen Anspruch orientiert.

Dass der EuGH den Streitgegenstandsbegriff allein am Anspruchsbegriff i. S. d. § 194 BGB im Sinne der ursprünglichen materiellrechtlichen Theorie ausrichtet, lässt sich anhand der gefundenen Ergebnisse nicht feststellen. Auch steht mit Blick auf die französische Prozessrechtslehre nicht fest, dass der EuGH einer strikt auf Anspruchsgrundlagen bezogenen materiellrechtlichen Abgrenzung des Streitgegenstandsbegriffes folgt. Auch dort werden zur Bestimmung des Streitgegenstandes verschiedene Theorien vertreten, die diesen entweder antrags- oder anspruchsbezogen ermitteln, ohne dass allein auf die materiellrechtliche Anspruchsgrundlage abgestellt wird, auch wenn manchen Autoren die in der deutschen Zivilrechtslehre entwickelte Abgrenzung anhand des jeweiligen Rechtsschutzziels oder Verfügungsobjekts vorzugswürdig erscheint. Das Rechtsverhältnis, auf welches der EuGH abstellt, kann sowohl nach der jeweiligen Anspruchsgrundlage als auch nach der Tatsachengrundlage (Verfügungsobjekt), die auch die Annahme einer Anspruchskonkurrenz zulässt, bestimmt werden. Für eine Anlehnung an das Verfügungsobjekt spricht, dass nach der Vorstellung des EuGH die Grundlage (cause) des Streitgegenstandes sowohl anhand des Sachverhalts als auch der anzuwendenden Rechtsvorschriften ermittelt werden soll.

Dass der EuGH neuerlich auf das Interesse des Klägers abstellt, spricht ebenfalls gegen ein allein an der materiellrechtlichen Anspruchsgrundlage orientiertes

---

[101] Vgl. Fn. 12

[102] Otte (Fn 14), S. 423.

Verständnis des Streitgegenstandsbegriffs, lässt vielmehr den Weg einer eigenständigen prozessrechtlichen Begriffsbildung offen. Unerfreulich wäre dagegen, wenn der EuGH der ursprünglichen materiellrechtlichen Lehre folgte und den Streitgegenstand nach dem materiellrechtlichen Anspruch bestimmte. In diesem Fall würde eine Einengung des Streitgegenstandes auf die vom Kläger geltend gemachte Anspruchsgrundlage drohen, weil die rein materiellrechtliche Theorie eine Anspruchskonkurrenz nicht zu erfassen vermag. Darüber hinaus besteht die Gefahr, dass es dem Kläger möglich wird, konkurrierende Ansprüche vor verschiedenen Gerichten geltend zu machen; diese Folge will die Kernpunkttheorie eigentlich verhindern.

In demselben Umfang, in dem der europäische Streitgegenstandsbegriff in Gestalt der Kernpunkttheorie den neueren materiellrechtlichen Lehren in der deutschen Prozessrechtswissenschaft ähnelt, entspricht das in den Entscheidungen "Gubisch" und "Tatry" gefundene Ergebnis dem nationalen Recht[103]. Da der europäische Streitgegenstandsbegriff von den formalen Kriterien des Klageantrages abrückt, gilt es in den folgenden Abschnitten der Arbeit, die Auswirkungen auf die Bestimmung von Rechtskraft, Rechtshängigkeit und die Aussetzung des Verfahrens zu untersuchen. Dabei bleiben zunächst die Konturen des Streitgegenstandes und der Grundlage des Rechtsstreits unbestimmt, sollen jedoch allmählich mit der Herausarbeitung der einzelnen Funktionen des Streitgegenstandes im Verfahrensablauf näher umrissen werden.

---

[103] Wernecke: Die Einheitlichkeit des europäischen und des nationalen Begriffes vom Streitgegenstand, S. 106 ff., geht sogar davon aus, dass die Kernpunkttheorie den Streitgegenstandsbegriff auf seinen eigentlichen sachlich-rechtlichen Kern zurückführe.

2. Teil: Die Rechtskraftwirkungen des Urteils nach autonomem deutschen und europäischen Zivilverfahrensrecht

1. Abschnitt: Die Rechtskraft im deutschen Zivilprozessrecht

I. Historische Einführung

Wie die Rechtshängigkeit entspringt auch die Rechtskraft dem römischrechtlichen Grundsatz "ne de eadem re sit actio". Der klassische römische Zivilprozess teilte das Verfahren ursprünglich in die Abschnitte "in iure" und "apud iudicem" ein[104]. Der erste Verfahrensabschnitt (in iure) spielte sich vor dem Gerichtsmagistrat, dem Träger der staatlichen Gerichtsbarkeit, ab. Diesem war die Einsetzung des Verfahrens vorbehalten, also die Entscheidung darüber, ob für ein Begehren ein rechtlicher Schutz in der Rechtsordnung überhaupt anerkannt wird. Zu unterscheiden ist in diesem Verfahrensabschnitt zwischen dem Legisaktionenverfahren[105] und dem Formularprozess[106], einem Verfahren, welches zunächst neben dem Legisaktionenverfahren stand und dieses später ablöste. Der Unterschied lag vor allem darin, dass im Legisaktionenverfahren die Parteien ihre Behauptungen in starren Spruchformeln vortragen mussten, während im Formularprozess die Prozessformel (formula) durch den Richter anhand der geltend gemachten actio und des Parteivortrags schriftlich festgelegt wurde und diese die Grundlage für das nachfolgende Verfahren bildete. Beiden Verfahren war gemeinsam, dass sich - vereinfacht gesagt - die Parteien am Ende dieses Verfahrensabschnittes der Einsetzung eines Spruchgerichts unterwarfen. Dieser Akt wird als Streitbezeugung (litis contestatio) bezeichnet[107]. Damit trat der Rechtsstreit in den zweiten Verfahrensabschnitt (apud iudicem) ein, in dem die Beweisführung und Urteilsfällung erfolgte. Mit dem Eintritt in den zweiten Verfahrensabschnitt ging das geltend gemachte Recht unter und an seine Stelle trat das Klagerecht, das Gegenstand dieses Verfahrensabschnitts wurde[108].

Das durch die Litiskontestation konsumierte geltend gemachte Recht wurde durch ein neues Rechtsverhältnis ersetzt[109]. Einer erneuten Klage stand nach Abschluss des zweiten Verfahrensabschnitts der Einwand der "exceptio rei iudica-

---

[104] Herrmann: Die Grundstruktur der Rechtshängigkeit, S. 13; Kaser/Knütel: Römisches Privatrecht, § 80 II 3; J. W. Planck: Die Mehrheit der Rechtsstreitigkeiten im Prozeßrecht, S. 3 f.
[105] Vgl. Kaser/Knütel: Römisches Privatrecht, § 81.
[106] Vgl. Kaser/Knütel (Fn. 105), § 82.
[107] Vgl. Kaser/Knütel (Fn. 105), § 82 III 1.
[108] Kaser/Knütel (Fn. 105), § 82 III 2b; vgl. auch Bäumler: Die ausländische Rechtshängigkeit, S. 11f.
[109] J. W. Planck (Fn. 104), S. 6.

tae" entgegen[110]. Nachdem die Zweiteilung des Verfahrens entfallen war, wurde dieser Grundsatz nur noch auf das Endurteil angewandt[111]. Die durch die Aufgabe der Zweiteilung entstandene Lücke schloss man in enger Anlehnung an das alte Recht, indem man zwar den aus der Konsumtion folgenden Grundsatz aufgab, dieselbe Klage könne auch dann nicht ein zweites Mal erhoben werden, wenn ein Urteil nicht ergangen wäre, wohl aber an der These festhielt, die gleichzeitige Anbringung mehrerer Streitigkeiten über dieselbe Streitsache sei unstatthaft (exceptio litis pendis). Rechtshängigkeit und Rechtskraft haben sich also historisch gemeinsam entwickelt, und zwar aus dem allgemeinen Gedanken, dass die richterliche Gewalt sich mit derselben Sache nur einmal befasst[112].

II. Der Einwand der Rechtskraft

1. Rechtskraftfähige Entscheidung

Zunächst stellt sich die Frage, bei welchen Entscheidungen die Rechtskraft überhaupt eintritt. Wie sich schon aus dem Wortlaut des § 322 ZPO ergibt, sind auf keinen Fall alle gerichtlichen Entscheidungen der Rechtskraft fähig[113]. In Rechtskraft erwachsen Endurteile und Prozessurteile. Zwischenurteile werden nur rechtkräftig, soweit sie Dritten gegenüber Rechte und Pflichten endgültig festlegen, z. B. nach §§ 71, 135, 387, 402 ZPO. Zwischen den Parteien kommt ihnen nur eine innerprozessuale Bindungswirkung zu (vgl. §§ 280, 304 ZPO). Beschlüsse sind der Rechtskraft fähig, soweit sie in formeller Rechtskraft erwachsen und inhaltlich eine rechtskraftfähige Entscheidung enthalten[114]. Auch Vollstreckungsbescheide[115], Schiedssprüche, Versäumnisurteile[116] und Arrest- und Verfügungsurteile sind der Rechtskraft fähig, nicht dagegen prozessuale Vorbehaltsurteile (§§ 302, 599 ZPO), Grundurteile (§ 304 ZPO) und Prozessvergleiche.

2. Amtsprüfung

Dass die Rechtskraft von Amts wegen zu berücksichtigen ist, entspricht heute allgemeiner Meinung[117]. Die eindeutige Antwort, die Rechtsprechung und Lite-

---

110 Herrmann (Fn. 104), S. 13.
111 J. W. Planck (Fn. 104), S. 12.
112 Mittenzwei: Die Aussetzung des Prozesses zur Klärung von Vorfragen, S. 70 f.
113 Vgl. im Einzelnen auch MüKo/Gottwald: ZPO, Bd. 1, § 322 Rz. 25 ff.
114 Einzelheiten bei Schilken: ZPR, Rz. 1013.
115 Schilken: ZPR, Rz. 1014.
116 RGZ 132, 349 f; BGHZ 35, 338 ff.
117 Vgl. Herrmann (Fn. 104), S. 18 ff, 45 f; BGHZ 36, 365 (367); 53, 332 (334); FamRZ 1958, 58; 1978, 332; NJW 1991, 2014; BAG AP Nr. 1; RG SeuffArch 96 (1942), Nr. 20; Bötticher: Kritische Beiträge von der Lehre der materiellen Rechtskraft im Zivilprozeß, S. 154 ff, 220 ff;

ratur auf diese Frage geben, ist keinesfalls selbstverständlich. Lange Zeit war streitig, ob die Rechtskraft nur auf Vorbringen einer Partei zu berücksichtigen sei und auf ihre Wirkungen verzichtet werden könne. Vor Inkrafttreten der ZPO wurde überwiegend die Ansicht vertreten, dass die Rechtskraft als sachlichrechtliche Exzeption nur auf Vorbringen einer Partei zu berücksichtigen sei[118]. Eine entsprechende Formulierung, die den Parteien einen Verzicht auf die Wirkungen anheim stelle, wurde aber in den Beratungen zur ZPO fallengelassen. Allerdings sprachen sich Rechtsprechung[119] und ein Teil der Literatur[120] zunächst gegen eine Prüfung von Amts wegen aus. Eine Neubewertung der prozessualen Interessenlage führte schließlich zur gegenteiligen Auffassung: Das öffentliche Interesse an Rechtsfrieden und Rechtsgewissheit rechtfertige die Annahme, dass die Rechtskraft der Parteidisposition entzogen sei[121], was die Schöpfer der CPO noch anders gesehen hatten[122].

In anderen Rechtsordnungen, wie z. B. Frankreich, Belgien, Italien und Griechenland wird die Rechtskraft nicht von Amts wegen, sondern nur auf die Einrede der Partei hin berücksichtigt[123]. Weichen die Auffassungen im Urteils- und Anerkennungsstaat voneinander ab, fragt es sich, welche Rechtsordnung maßgeblich ist. Nach einer Ansicht[124] unterliegt die Frage, ob eine Tatsache von Amts wegen zu berücksichtigen ist oder nicht, der lex fori des Anerkennungsstaates. Dagegen wird vorgebracht, ein Urteil dürfe im Zweitstaat keine anderen Wirkungen haben als im Erststaat. Deshalb sei die Rechtskraft nur dann zu berücksichtigen, wenn sie einredeweise geltend gemacht werde, sofern der Erststaat dies verlange[125].

Die Frage erscheint bedeutsam, wenn der ersten Auffassung gefolgt wird. Ein deutsches Urteil wäre dann von Amts wegen zu beachten, ein französisches nicht. Bei Säumnis des Beklagten müsste das Gericht - sofern ihm die entgegenstehende Rechtskraft des vorhergehenden Urteils bekannt ist - die Klage im We-

---

Bülow, AcP 83 (1884), 1; Kohler: Prozeßrechtliche Forschungen, S. 97; Pagenstecher: Zur Lehre von der materiellen Rechtskraft, S. 341 f.; Gaul, FS Flume, 443 (512 ff); Rosenberg/Schwab/Gottwald: ZPR, § 150 III 4; MüKo/Gottwald: ZPO, Bd. 1, § 322, Rz. 52; Stein/Jonas/Leipold: ZPO, Bd. 4/1, § 322, Rz. 211.

[118] Vgl. Herrmann (Fn. 104), S. 18 f m. w. N..

[119] RGZ 46, 334 (336 f); RG SeuffArch 81(1927) Nr. 59.

[120] Schmidt: ZPR, 2. Aufl., S. 749 (im Gegensatz zu seiner Meinung in der ersten Auflage seines Lehrbuches, vgl., S. 807); Weismann: ZPR, § 61 VIII.

[121] Herrmann (Fn. 104), S. 45.

[122] Mugdan I, S. 555.

[123] Habscheid, Festschrift für Fragistas, S. 529, 532, 540; Geimer: IZPR, Rn. 2807.

[124] Lenenbach: Die Behandlung von Unvereinbarkeiten zwischen rechtskräftigen Zivilurteilen nach deutschem und europäischen Zivilprozeßrecht, S. 159 f.

[125] Geimer: IZPR, Rn. 2807.

ge eines unechten Versäumnisurteils abweisen, wenn es sich um das Urteil eines deutschen Gerichts handelt, dagegen bei einem französischen Urteil ein echtes Versäumnisurteil gegen den Beklagten erlassen.

III. Die Wirkungen der Rechtskraft

Bei den Wirkungen der Rechtskraft wird zwischen formeller und materieller Rechtskraft unterschieden. Die formelle oder äußere Rechtskraft ist die Voraussetzung dafür, dass die Entscheidung für die Parteien eine inhaltliche Bindungswirkung entfaltet. Materielle Rechtskraft bedeutet, dass der Inhalt der Entscheidung für die Parteien und ein neu angerufenes Gericht maßgeblich ist, sofern es in einem neuen Verfahren um denselben prozessualen Anspruch geht[126]. Dabei muss zwischen direkter Rechtskraftwirkung bei gleichem Streitgegenstand und der Frage der Maßgeblichkeit des Ersturteils für eine im zweiten Prozess erheblichen Vorfrage (Präjudizialwirkung) unterschieden werden.

Von der Rechtskraft zu trennen ist auch die innerprozessuale Bindungswirkung, welche besagt, dass das Gericht an seine eigenen End- und Zwischenurteile gebunden ist (vgl. § 318 ZPO). Sowohl § 322 wie auch § 318 sind Ausfluss der res iudicata[127]. Das Gericht selber kann Änderungen oder Ergänzungen seines eigenen Urteils nur noch im Rahmen der §§ 319-321 ZPO vornehmen, nachdem das Urteil verkündet und zugestellt worden ist.

Zu unterscheiden ist darüber hinaus zwischen Tatbestands- und Gestaltungswirkungen des Urteils. Die Gestaltungswirkung hat das zu ändernde Rechtsverhältnis zum Gegenstand, etwa die Scheidung der Ehe[128] oder die Auflösung der oHG. "Echte" Tatbestandswirkung hat das Urteil dann, wenn das Bestehen der Entscheidung unabhängig von ihrem Inhalt die Tatbestandsvoraussetzung einer Norm bildet. Das Urteil ist Tatbestandsvoraussetzung für das Entstehen von Ansprüchen, etwa für den Schadensersatzanspruch wegen ungerechtfertigter Vollstreckung (§§ 302 IV, 600 II, 717 II, III ZPO), oder schließt solche aus, wenn beispielsweise demjenigen, der eine Sache durch verbotene Eigenmacht erlangt hat, gem. § 864 Abs. 2 BGB das Recht an der Sache rechtskräftig zugesprochen wird[129].

---

[126] Vgl. MüKo/Gottwald: ZPO, Bd. 1, § 322, Rz. 1; auch Brox, JuS 1962, 121 m. w. N.
[127] Vgl. Bötticher (Fn. 117), S. 145 ff.
[128] Brox, JuS 1962, 121 (122).
[129] Vgl. auch §§ 775 Abs. 1 Nr. 4, 281 und 218 Abs. 1 S. 1 BGB.

1. Formelle Rechtskraft

Eine Entscheidung ist formell rechtskräftig, wenn die Frist für die Einlegung des zulässigen Rechtsmittels oder des zulässigen Einspruchs abgelaufen ist (Umkehrschluss aus § 705 S. 1 ZPO). Der Eintritt wird gem. § 705 S. 2 ZPO durch die rechtzeitige Einlegung des Rechtsmittels oder des Einspruchs gehemmt.

Zunächst muss daher eine Entscheidung, um formell rechtskräftig zu werden, der Rechtskraft fähig und nicht mehr abänderbar sein[130]. Begrifflich ist die formelle Rechtskraft mit der Endgültigkeit der Entscheidung in Zusammenhang zu bringen. Die Endgültigkeit hat zur Folge, dass, von der Wiedereinsetzung in den vorherigen Stand und der Wiederaufnahme des Verfahrens abgesehen, die Entscheidung im Instanzenzug nicht mehr abgeändert werden kann. Unanfechtbarkeit des Urteils und formelle Rechtskraft besagen dasselbe[131].

2. Materielle Rechtskraft

Zur Erklärung der Wirkungen der materiellen Rechtskraft existieren eine Vielzahl von Theorien. Es geht hierbei um die Frage, wann eine Entscheidung über denselben prozessualen Anspruch ansteht. Diesbezüglich überschneidet sich der Theorienstreit mit der Streitgegenstandsproblematik. Der Urteilsgegenstand wird trotz abweichender Terminologie in den §§ 261 ("Streitsache"), 322 Abs. 1 ("erhobener Anspruch") und 148 ZPO ("Gegenstand") vom Streitgegenstand in der letzten mündlichen Verhandlung bestimmt. Dogmatisch ist zwischen einem älteren materiellrechtlichen und einem prozessualen Verständnis der Rechtskraft zu unterscheiden.

a) Materiellrechtliche Theorie

Nach der materiellrechtlichen Theorie[132] begründet das Urteil das darin festgestellte Recht neu: Das richtige Urteil schaffe einen zusätzlichen Tatbestand für die darin ausgesprochene Rechtsfolge; ein falsches Urteil bringe ein zuvor bestehendes Recht zum Erlöschen. Angelehnt ist diese Vorstellung an die Litiskontestation des römischen Rechts: Durch das Urteil wird ein neues Rechtsverhältnis geschaffen, das den materiellrechtlichen Anspruch konsumiert. Dieser

---

[130] Bötticher (Fn. 117), S. 30 ff.; vgl. zum Zeitpunkt des Eintritts der Rechtskraft der einzelnen Entscheidungen: Schilken: ZPR, Rz. 999 ff.

[131] Bötticher (Fn. 117), S. 67.

[132] Kohler: Prozeß als Rechtsverhältnis, S. 74, 111 f; Pagenstecher (Fn. 117), S. 305 ff. Als Begründer dieser Theorie gilt Savigny; vgl. Gaul, FS Flume, S. 443 (456). Der eigentliche Sinn der Rechtskraft liegt für Savigny in der "Fiktion der Wahrheit" (Savigny, System VI, S. 271, 277, 413).

Vorstellung folgen die Länder des common law[133], bei denen die Vorstellung vorherrscht, mit dem Urteilserlass gehe der ursprüngliche Anspruch unter und verschmelze mit dem Anspruch aus dem Urteil (merger)[134]. In Deutschland ist die materielle Rechtskrafttheorie in ihrer ursprünglichen Form heute weitgehend aufgegeben worden[135]. Eine moderne Variante[136] der materiellrechtlichen Theorie findet sich noch bei *Pohle*[137], der die Ansicht vertritt, das rechtskräftige Urteil schaffe eine unwiderlegbare Vermutung für die in ihm festgelegte Rechtsfolge; diese Vermutung gehöre nämlich dem materiellen Recht an.

Einen neueren Vertreter hat die materiellrechtliche Theorie wohl auch in *Martens* gefunden. Er geht davon aus, dass die Aufgabe des Prozesses darin bestehe, durch eine Willensentscheidung des Richters das materielle Recht zu vervollständigen[138]. Dem Urteil sei eine Gestaltungswirkung beizumessen[139]. Welche Auswirkungen diese Ansicht auf die Grenzen der subjektiven und objektiven Rechtskraft hat, wird sich im weiteren Verlauf der Arbeit zeigen.

b) Prozessuale Theorie

Dagegen erschöpft sich nach der prozessualen Theorie die materielle Rechtskraft in der Maßgeblichkeit der ersten Entscheidung für künftige Prozesse. Die h. M. ist bereits seit langem von der römisch-rechtlichen Ansicht einer Konsumtion des materiellrechtlichen Anspruchs durch die Wirkungen des Urteils abgerückt. Abgesehen von der Entscheidung über eine Gestaltungsklage, hat das Ur-

---

[133] Die Trennung zwischen Recht (Anspruch) und Rechtsschutz ist im deutschen Rechtskreis vor allem eine Leistung der Pandektisten des 19. Jahrhunderts, insbesondere Windscheids. Demgegenüber ist die Befreiung vom aktionenrechtlichen Denken im angloamerikanischen Rechtskreis nicht so weit fortgeschritten. Dort gibt es zwar seit alters die Unterscheidung zwischen "right" und "remedy", aber " die Entwicklung zu einer völligen Freilegung des materiellen, vorprozessualen Rechts aus den verbliebenen Resten der prozessualen Verschalung ist noch im Gange". Lange Zeit hing das Recht von dem Vortrag eines passenden "writs" ab; vgl. Geimer: IZPR, Rn. 343.

[134] James-Hazard, Civil Procedure, 3rd ed. 1985, § 11.3; Restatement (Second) of Judgements, §§17, 18; Spencer Bower/Turner, The Doctrine of Res Judicata, no 433; Halsbury's Law of England, Vol 26, Judgments para 551.

[135] Zöller/Vollkommer: ZPO, Vor § 322, Rz. 16.

[136] Vgl. Stein/Jonas/Leipold: ZPO, Bd. 4/1, § 322, Rz. 25.

[137] Pohle, GS Calamandrei, 1958, S. 377 f; ähnlich Blomeyer, Jürgen, JR 1968, 407(409), der in der materiellen Rechtskraft eine Verbindung sieht aus einer materiellrechtlichen Vermutung, die nicht widerlegt werden kann, und ihrer formellen Zugehörigkeit zur Prozessebene; zum französischen Recht vgl. Art. 1350-1352 Code Civile, worin die Rechtskraftwirkungen ebenfalls als gesetzliche Vermutung angesprochen werden.

[138] Martens, ZZP 79 (1966), S. 404, 417 ff.

[139] Martens, ZZP 79 (1966), S. 404, 433.

teil nach heute ganz herrschender Meinung[140] keinen Einfluss auf die materielle Rechtslage. Der *Bundesgerichtshof*[141] formuliert das folgendermaßen: "Die Rechtskraft verändert nicht die materielle Rechtslage; sie ist keine causa für den Erwerb oder Verlust von Rechten, sondern besteht in der bindenden Kraft der im Urteil enthaltenen Feststellung." Unterschiede ergeben sich innerhalb der prozessualen Theorie bezüglich der negativen und positiven Funktion der Rechtskraft. Vorherrschend ist die Ansicht, dass eine neue Sachentscheidung bezüglich desselben Streitgegenstandes unzulässig sei (ne bis in idem- Lehre), weil die Rechtskraft des ersten Urteils dem Zweiturteil als negative Prozessvoraussetzung entgegenstehe[142].

Streit herrscht innerhalb der prozessualen Theorie über die Frage, ob die Rechtskraft ein prozessuales Mittel ist, um dem Gegner einen bestimmten, materiellrechtlichen Sachvortrag abzuschneiden, wovon beispielsweise *Lent*[143] ausgeht, oder ob die Einrede der Rechtskraft ein Verteidigungsmittel darstellt[144]. Nach ersterer Ansicht steht die Rechtskraft nur einem erneuten Sachvortrag bezüglich der Rechtslage entgegen, stellt also einen unwiderleglichen Beweis bezüglich der materiellen Rechtslage auf[145]. Demgegenüber bewirkt die Rechtskraft nach der zweiten Ansicht in ihrer negativen Funktion bei gleichem Streitgegenstand[146], dass der zweite Richter nach dem Grundsatz "ne bis in idem" an einer inhaltlichen Äußerung über den Streitgegenstand gehindert ist. Die positive Funktion der Rechtskraft bestehe dagegen darin, dass der zweite Richter bei verschiedenen Streitgegenständen die sachliche Beurteilung, die sich aus der Vorentscheidung ergibt, seinem Urteil zugrunde legen muss und nicht von ihr abweichen darf. *Bötticher*[147] folgert aus dem staatlichen Interesse an Rechtssicherheit und Rechtsgewissheit, dass durch die Rechtskraft jede neue Verhandlung ausgeschlossen werden solle. Die Rechtskraft bewirke daher in ihrer negativen Funktion eine völlige Ablehnung jeder neuen Sachentscheidung. Sie habe daher die (negative) Wirkung, die Unzulässigkeit einer erneuten Sachentscheidung zu begründen[148]. Dies führe dazu, dass eine Klage bei bereits rechtskräftig entschiedenem Streitgegenstand unzulässig sei. Eine Nichtbeachtung der Rechtskraft stellt nach erstgenannter Meinung einen Mangel des Urteilsinhal-

---

[140] Vgl. MüKo/Gottwald: ZPO, Bd. 1, § 322, Rz. 9.
[141] BGHZ 3, 83 (85).
[142]BGHZ 34, 337 ff.; 35, 338 ff.; 36, 365; Bötticher: Kritische Beiträge von der Lehre der materiellen Rechtskraft im Zivilprozeß, S. 128 ff, 220 ff; Stein/Jonas/Leipold: ZPO, Bd. 4/1, § 322, Rz. 39; Zöller/Vollkommer: ZPO, § 322, Rz. 21.
[143] Lent: Die Gesetzeskonkurrenz im bürgerlichen Recht und Zivilprozeß, Bd. II, S. 313 f.
[144] So Bötticher (Fn. 117), S. 154 ff.
[145] Blomeyer, Jürgen, JR 1968, 407 (409).
[146] Z. B. Bötticher (Fn. 117), S. 220 ff.
[147] Bötticher (Fn. 117), S. 220 ff.
[148] Vgl. auch Bötticher (Fn. 117)., S. 220 ff;.

tes[149], nach *Bötticher* jedoch einen Verfahrensmangel dar. Bei direkter Rechtskraftwirkung sei eine nochmalige Entscheidung unzulässig, die Rechtskraft also negative Prozessvoraussetzung; bei Präjudizialität dagegen ein bestimmter Sachvortrag abgeschnitten; die Klage sei zulässig, möglicherweise aber unbegründet.

In ihrer positiven Funktion bewirkt die Rechtskraft bei verschiedenem Streitgegenstand, dass der Richter das Ergebnis des Vorprozesses seinem Urteil zugrunde legen muss, er ist an das Urteil positiv gebunden. Man spricht in diesem Fall auch von Präjudizialität.

3. Präjudizialität

Allein eine Frage der Begründetheit der Klage ist demnach bei Vorgreiflichkeit gegeben, wenn der Streitgegenstand des Erstprozesses eine Vorfrage für den Zweitprozess darstellt. Unproblematisch liegt Präjudizialität vor, wenn im Erstprozess über eine Vorfrage des Zweitverfahrens als Hauptfrage entschieden wurde. Fraglich erscheint allerdings, ob Vorgreiflichkeit auch schon dann gegeben ist, wenn sich dieselbe Vorfrage in beiden Prozessen stellt.

a) Im Rahmen der materiellen Theorie wurde insbesondere von *Savigny* und *Windscheid* die Auffassung vertreten, dass auch die Entscheidung über Vorfragen selbst in Rechtskraft erwachse[150]. Damit würden alle das Ersturteil tragenden Elemente des Klagebegehrens für nachfolgende Urteile verbindlich sein. Das Vindikationsurteil würde beispielsweise nicht nur zur Herausgabe des Gegenstandes verpflichten, sondern auch die Eigentumslage verbindlich festlegen. Noch weiter geht *Windscheid*[151]; er dehnt die Urteilswirkungen sogar auf die Entscheidung über Tatsachen aus. In neuerer Zeit hat sich *Bettermann*[152] für eine Ausdehnung der Rechtskraft auf Vorfragen ausgesprochen.

b) Die CPO-Kommission ist dieser Ansicht von Anfang an nicht gefolgt, sondern hat sich vielmehr ausdrücklich der Gegenansicht von *Wetzell* und *Unger* angeschlossen[153]. Danach beschränkt sich der Umfang der Rechtskraft auf den konkret geltend gemachten Klageanspruch selbst. Hauptargument der Kommission gegen die Lehre *Savignys* und *Windscheids* war bei ihren Beratungen, dass

---

[149] Ebenso Stein/Jonas/Leipold: ZPO, Bd. 4/1, § 322, Rz. 21.

[150] Savigny: System des heutigen römischen Rechts, VI, 350, 429, 450); vgl.: Gaul, FS Flume, S. 443, 447 ff.

[151] Lehrbuch des Pandektenrechts, 3. Aufl. (1870), Bd. I, S. 396.

[152] Rechtshängigkeit und Rechtsschutzform, S. 34 ff.

[153] Nachweise bei Otte (Fn. 14), S. 25 f.; Unger: System des allgemeinen österreichischen Privatrechts, 1859, Bd. II, S. 615 ff; vgl. auch Koch: Unvereinbare Entscheidungen, S. 94 f.

die Parteien vor überraschenden und unberechenbaren Urteilswirkungen geschützt werden müssten. Die Parteien könnten an Feststellungen des Gerichts gebunden werden, über deren Inhalt sie gar nicht gestritten hätten und deren Bedeutung für sie nicht erkennbar gewesen sei. Unter dem Gesichtspunkt der Überschaubarkeit und Überrumpelungsgefahr ist die Ansicht Savignys nicht akzeptabel und abzulehnen; außerdem widerspricht sie dem Gesetzeswortlaut.

4. Die objektiven Grenzen der Rechtskraft

Die Rechtskraft des Sachurteils bindet den Zweitrichter, wenn derselbe Streitgegenstand erneut zur Entscheidung steht. Zunächst ist die Entscheidung über den Streitgegenstand von deren Gründen abzugrenzen, die an der materiellen Rechtskraft nicht teilnehmen.

a) Die enge Rechtskrafttheorie

aa) Die Begrenzung der Wirkungsweise der Rechtskraft

Die Grundfrage[154], welche gewöhnlich unter der Bezeichnung "objektive Grenzen der Rechtskraft" erörtert wird, lautet zum einen: Bindet der Inhalt einer früheren Entscheidung den Richter in einem späteren, unter denselben Parteien geführten Rechtsstreit? Im Anschluss stellt sich zum anderen die Frage nach dem Umfang dieser Bindung. Dabei ist zwischen dem gefundenen Entscheidungssatz und dem rechtlichen und tatsächlichen Fundament, auf dem er aufbaut (den Urteilselementen), zu unterscheiden[155].

Nicht rechtkräftig festgestellt werden nach der h. M.

- Tatsachen[156],
- abstrakte Rechtsfragen[157] und die gezogenen rechtlichen Folgerungen[158],
- präjudizielle Rechtsverhältnisse und Vorfragen, wenn sie nicht Streitgegenstand waren[159],
- Einwendungen, Einreden und Gegenrechte[160].

---

[154] Brox, JuS 1962, 121 (122).
[155] Zöller/Vollkommer: ZPO, Vor § 322, Rz. 32.
[156] Zöller/Vollkommer: ZPO, Vor. § 322, Rz. 33.
[157] BGH NJW 1983, 2032 m.w.N.
[158] BGH NJW-RR 1987, 526 = MDR 1987, 574.
[159] BGH NJW-RR 1999, 377; Jauernig: ZPR, § 63 III 2; Zöller/Vollkommer: ZPO, Vor § 322, Rz. 34.
[160] BGHZ 117, 1 ff. = NJW 1192, 1172; Zöller/Vollkommer: ZPO, Vor § 322, Rz. 34 a; anders die Aufrechnungsforderung des Beklagten, § 322 II ZPO.

Nicht rechtskräftig werden daher z. B. die Kapitalforderung im Prozess über den Zinsanspruch[161] oder der rechtswirksame Abschluss und Fortbestand des Vertrages, wenn Ansprüche auf vertragliche Leistungen[162], Schadensersatz-[163] oder Rückgewähransprüche[164] geltend gemacht werden.

bb) Die Rechtskraft des klageabweisenden Urteils

Wird die streitige Rechtsfolge bejaht, so stimmen Streitgegenstand und Urteilsgegenstand überein. Wird die Klage dagegen abgewiesen, so stellt sich die Frage, ob das Urteil die streitige Rechtsfolge unter allen rechtlichen Gesichtspunkten verneint oder in einem Zweitprozess wenigstens solche rechtliche Gesichtspunkte erneut geprüft werden dürfen, die das Urteil des ersten Verfahrens nicht behandelt hat. Stellt das klageabweisende Urteil einer Leistungs- oder Feststellungsklage fest, dass die streitige Rechtsfolge unter keinem rechtlichen Gesichtspunkt aus dem Lebenssachverhalt hergeleitet werden kann?

Ferner ist zu fragen, ob die Abweisung der negativen Feststellungsklage die Feststellung des kontradiktorischen Gegenteils beinhaltet, d. h. ob die Abweisung der Klage zu einer positiven Feststellung der Forderung führt. Das Reichsgericht vertrat ursprünglich die Ansicht, die Abweisung der Feststellungsklage beinhalte nicht die Feststellung des Bestehens der Forderung[165], später ist es von dieser engen Grenzziehung wieder abgerückt[166]. Dem BGH reicht es für die Feststellung aus, dass die negative Feststellungsklage aus sachlichen Gründen abgewiesen wurde[167]; dem hat die neuere Lehre weitgehend zugestimmt[168].

Zunächst ist in diesem Zusammenhang festzuhalten, dass nach der h. M. der Streitgegenstand der positiven und negativen Feststellungsklage deckungsgleich ist[169]. Bei der negativen Feststellungsklage soll es sich um eine Feststellungsklage mit situationsbedingt anderen Vorzeichen handeln, dem Tausch der Parteirollen von Gläubiger und Schuldner. Nicht der Gläubiger behauptet ein Rechtsverhältnis, sondern der Schuldner bestreitet es. Daher soll Streitgegenstand der ne-

---

[161] RGZ 70, 27.
[162] BGHZ 42, 340 (350).
[163] RG JW 26, 791.
[164] RG JW 27, 2121.
[165] So RGZ 6, 385 f.
[166] RGZ 29, 345 (347 f); RG JW 1894, 361; 1886, 335; vgl. zur Rechtsprechung des Reichsgerichts: Stetter-Lingemann: Die materielle Rechtskraft eines die negative Feststellungsklage abweisenden Urteils - insbesondere bei unrichtiger Beweislastverteilung, S. 15 ff.
[167] BGH VersR 1995, 1507; vgl. auch BGH JZ 1986, 650; BGH NJW 1983, 2032; BGH NJW 1986, 2508;
[168] Tiedke, NJW 1990, 1697; Habscheid, NJW 1988, 2641; vgl. auch Otte (Fn. 14), S. 31 ff.
[169] Baltzer: Die neg. Feststellungsklage aus § 256 I ZPO, S. 89.

gativen wie der positiven Feststellungsklage das Bestehen des Rechtsverhältnisses sein. Demzufolge stellt die Abweisung der negativen Feststellungsklage das Rechtsverhältnis fest, eine Stattgabe verneint es. Umgekehrt verhält es sich bei der positiven Feststellungsklage: eine Stattgabe stellt das Rechtsverhältnis fest, eine Abweisung negiert es.

Streit hat sich dagegen an einer Entscheidung des *III. Zivilsenates des Bundesgerichtshofs*[170]entzündet[171]. Nach dem Sachverhalt dieser Entscheidung hatte ein Darlehensschuldner eine negative Feststellungsklage erhoben, die mit der fehlerhaften Begründung[172] abgewiesen worden war, er habe den ihm als Feststellungskläger obliegenden Beweis nicht erbringen können, dass er das Darlehn nicht erhalten habe. Auch wenn der Darlehensgläubiger in dem Zweitverfahren nicht den Beweis erbringen konnte, dass er das Darlehn ausgezahlt hat, stellt der BGH fest, dass der Darlehensschuldner wegen der Rechtskraft der (abgewiesenen) negativen Feststellungsklage nicht mit dem Einwand gehört werde, er habe das Darlehn nicht erhalten.

Dagegen wurde eingewandt, die Forderung dürfe nach der Rechtsprechung des *Reichsgerichts* nur dann als bestehend angesehen werden, wenn die negative Feststellungsklage eben mit dieser Begründung abgewiesen wurde[173]. Begründet wird die Kritik mit der Auffassung, der Umfang der Rechtskraft des Urteils werde durch den Inhalt des Urteils bestimmt, der sich in den Urteilsgründen wiederfinde. Weise der Richter die negative Feststellungsklage nicht mit der Begründung ab, die Forderung bestehe, sondern nur unter fehlerhafter Würdigung der Beweislast, stelle das Urteil das Bestehen der Forderung gerade nicht positiv fest[174].

Die Ansicht wird dogmatisch untermauert mit dem Argument, es fehle an der Deckungsgleichheit zwischen Urteilsgründen und Tenor. Dieser Mangel führe zu einer Störung der Identität des Streitgegenstandes von positiver und negativer Feststellungsklage[175]. Es handle sich nicht mehr um eine Feststellung des

---

[170] BGH NJW 1983, 2032.

[171] Zustimmend Messer, JZ 1983, 396; Arens, in: FS Müller-Freienfels, 1986, 22 ff; Kapp, MDR 1988, 710; Habscheid, NJW 1988, 2641; a. A. BGH (VI. ZS) BGH NJW 1972, 1043; BGH (II. S) NJW 1975, 1320 f; OLG Hamm NJW-RR 1986, 1123; Baumbach/Lauterbach/Albers/Hartmann: ZPO, § 322, Rz. 41; Künzl, JR 1987, 57 f.; Koussoulis, Beiträge zur modernen Rechtskraftlehre, S. 200, 201; Tiedtke, NJW 1983, 2011, ders. NJW 1990, 1697; Stein/Jonas/ Schumann: ZPO, § 267, Rz. 167, Fn. 351; Stetter-Lingemann (Fn. 166), S. 1 ff.; vgl. auch Otte (Fn. 14), S. 32 f.

[172] Vgl. Habscheid, NJW 1988, 2641.

[173] Tiedtke, NJW 1983, 2011 (2013).

[174] Tiedtke, NJW 1990, 1697 ff.; Lepp, NJW 1988, 806 ff.

[175] Stetter-Lingemann (Fn. 166), S. 148 f.

Rechtsverhältnisses, sondern lediglich um ein non-liquet, die Feststellung der Möglichkeit des Bestehens. Eine solche non-liquet-Entscheidung sei keine Entscheidung über den Streitgegenstand mehr. Im Ergebnis geht es diesen kritischen Stimmen darum, die Entscheidungsfreiheit des Zweitgerichts zu erweitern, indem sie dafür plädieren, nicht - wie die h. M. - auf den Subsumtionsschluss, sondern nur auf die Urteilsgründe abzustellen, um die Folgewirkung des ersten Fehlschlusses zu verhindern.

Demgegenüber ist zunächst Folgendes festzuhalten: Auch die Kritik erkennt an, dass eine non-liquet-Entscheidung im vorliegenden Fall unzulässig ist, weil sie das im Justizgewährungsanspruch enthaltene Rechtsverweigerungsverbot verletzt, den Prozess in der Schwebe hält und dem Zweck jeden Prozesses, nämlich der Streitentscheidung, zuwiderläuft[176]. Die Entscheidung über das Bestehen eines Rechtsverhältnisses kann nur mit einem "Ja" oder "Nein" beantwortet werden, nicht jedoch mit einem "Vielleicht". Verkennt das Gericht im Prozess die Verteilung der Beweislast, stellt sich das Urteil erst einmal als unrichtig dar. Die Beweislast ergibt sich nach der herrschenden Normentheorie in allen Klagearten gleichermaßen aus dem zugrunde liegenden materiellen Recht[177]. Daher ist auch die Beweislastverteilung sowohl bei der negativen als auch bei der positiven Feststellungsklage und der Leistungsklage identisch. Auch wenn der Kläger der Leistungsklage unter fehlerhafter rechtlicher Würdigung der Beweislast durch das Gericht unterliegt, führt dies nicht zu einer "Durchbrechung" der Rechtskraft. Wäre dies anders, würde der Schuldner der Forderung durch die Erhebung der negativen Feststellungsklage bessergestellt: Während der Gläubiger stets an das (unrichtige) Leistungsurteil gebunden wäre und das volle Prozessrisiko trüge, könnte der Schuldner trotz Abweisung seiner negativen Feststellungsklage geltend machen, das Urteil sei unrichtig. Ein solches Ergebnis ist mit der Gleichwertigkeit der Klagearten nicht zu vereinbaren. Beide Parteien müssen im Ergebnis dasselbe Prozessrisiko tragen.

Aber auch vor der bisher skizzierten Wirkungsweise der Rechtskraft erscheint diese Mindermeinung äußerst zweifelhaft. Wird die Klage durch Sachurteil abgewiesen, dann muss der Tenor als Ausspruch über den Streitgegenstand mit Hilfe der Gründe gelesen und danach abgegrenzt werden, welcher aus Lebenssachverhalt und Rechtsbehauptung gebildete prozessuale Anspruch verneint wurde. Dementsprechend ist auch die negative Feststellungsklage zu behandeln. Aus den Gründen ist allein zu entnehmen, welches Rechtsverhältnis Gegenstand des Rechtsstreits war. Diese Auslegung des Urteils ist etwas ganz anderes, als die Mindermeinung postuliert, indem sie den Streitgegenstand auf das non-liquet

---

[176] Stetter-Lingemann (Fn. 166), S. 211 m. w. N.
[177] Stetter-Lingemann (Fn. 166), S. 225 ff m. w. N.

beschränkt. Dieser Urteilsgrund nimmt an der Rechtskraft nicht teil[178]. Der *III. Zivilsenat des Bundesgerichtshofs* beschränkt daher die auf den Subsumtionsschluß zielende Regel des Reichsgerichts, nach der das kontradiktorische Gegenteil in Rechtskraft erwächst, zu Recht nur auf den Streitgegenstand und bezieht die tragenden Urteilsgründe selbst nicht ein.

Im Ergebnis ist daher festzuhalten, dass es sich hierbei nicht um die Rechtskraftwirkung von Urteilselementen, sondern um die Rechtskraftwirkung der Feststellungsklage selber handelt. Auch das unrichtige Urteil bindet eben die Parteien des nachfolgenden Prozesses[179].

b) Die Aufweichung der objektiven Grenzen der Rechtskraft

Die gleichsam zum legislativen Konzept erhobene Beschränkung der materiellen Rechtskraft auf den erhobenen Anspruch und auf ihren Einsatz bei Identität oder bei Präjudizialität der Streitgegenstände nach einem antragsbezogenen Streitgegenstandsbegriff ist in neuerer Zeit bedeutenden Angriffen ausgesetzt[180]. Während sich die Rechtsprechung und h. M. durch die Entwicklung einer Kasuistik schleichend von der engen Grenzziehung der Rechtskraft entfernt, ohne eine Erosion ihrer Grundhaltung zu befürchten, wird eine Ausweitung der objektiven Grenzen der Rechtskraft von einigen Autoren offen gefordert und begründet.

aa) Unterlassungs-, Schadensersatz- und Auskunftsansprüche

Über die Rechtskraftwirkungen einer Entscheidung, die über einen vertraglichen, negatorischen oder quasi-negatorischen Unterlassungsanspruch ergeht, für den nachfolgenden Rechtsstreit, der sich mit Schadensersatz- oder Auskunftsansprüchen wegen der Verletzung der durch den Unterlassungsanspruchs geschützten Rechte befasst, ist bislang keine Einigkeit erzielt worden[181].

Nach Auffassung der Rechtsprechung stellt das Urteil, das einem auf Vertrag gegründeten Unterlassungsanspruch stattgibt, die Unterlassungspflicht für die

---

[178] Vgl. auch Habscheid, NJW 1988, 2641(2643).
[179] Otte (Fn. 14), S. 31 ff.
[180] Zeuner: Die objektiven Grenzen der Rechtskraft; Henckel: Prozeßrecht und materielles Recht, S. 175 ff.; Grunsky: Grundlagen des Verfahrensrechts, § 47 IV 2b; Martens, ZZP 79 (1966), 404, 440 f; Reischl: Die objektiven Grenzen der Rechtskraft im Zivilprozeß; Wernecke: Die Einheitlichkeit des europäischen und des nationalen Begriffes vom Streitgegenstand, S. 70 ff.; vgl. auch Otte (Fn. 14) S. 34 ff.
[181] Vgl. Rimmelspacher: Materiellrechtlicher Anspruch und Streitgegenstandsprobleme im Zivilprozeßrecht, S. 278 ff.

Zeit ab Erhebung der Unterlassungsklage fest[182]. Wird bei einer deliktischen Unterlassungsklage die Rechtswidrigkeit eines bestimmten Verhaltens bejaht oder verneint, steht diese auch für den nachfolgenden Prozess fest[183]. Die Rechtskraft der Abweisung einer Schadensersatzklage auf Naturalrestitution schließt die Rechtskraft über das Fehlen eines Anspruchs auf Geldersatz mit ein[184]. Ebenso stellt ein rechtskräftiges Urteil über das Bestehen eines Herausgabeanspruchs des Eigentümers (§ 985 BGB) den Anspruch auf Herausgabe von Nutzungen fest[185], nicht jedoch das Eigentum selbst[186].

Ferner soll die Entscheidung über den Grundbuchberichtigungsanspruch gem. § 894 BGB Rechtskraft für das umstrittene dingliche Recht schaffen[187]: Auch wenn es sich bei der Frage des Eigentums genau genommen nur um eine Vorfrage handele, sei § 894 BGB die spezifische Form einer Feststellungsklage über das dingliche Recht. Mit diesem Kunstgriff kommt die h. M. zu dem Ergebnis, dass eine Entscheidung über den Grundbuchberichtigungsanspruch gem. § 894 BGB, nicht aber die Herausgabeklage gem. § 985 BGB, das streitige Eigentum rechtskräftig feststellt[188].

Noch weiter geht folgende Entscheidung[189]: Nachdem der Kläger der Beklagten, einem Factoring-Unternehmen, in einem ersten Rechtsstreit über den Abrechnungssaldo nach Kündigung des Factoring-Vertrages unterlegen war, konnte er den Kaufpreis weiterer abgetretener Forderungen in einem identischen Abrechungszeitraum nicht geltend machen, weil der Bundesgerichtshof der Forderung die Einrede der Rechtskraft entgegensetzte: Saldenabrechnung, Ankäufe, Vergütungen, Rückbelastungen, Provisionen, Spesen, u. ä. sollten einen einheit-

---

182 BGHZ 42, 340 ff.; BGH NJW 1969, 1117 f.; Stein/Jonas/Leipold: ZPO, Bd. 4/1, § 322, Rz. 206.

183 Stein/Jonas/Leipold: ZPO, Bd. 4/1, § 322, Rz. 219; BGHZ 42, 340 ff. lässt die Frage offen; a. A. RGZ 49, 33; 160, 163 (165 f.); RG JW 1937, 1895.

184 BGH NJW 1991, 2014 f.; Blomeyer: FS für Lent, S. 43 ff. (83 f.); Zeuner: Die objetiven Grenzen der Rechtskraft im Rahmen rechtlicher Sinnzusammenhänge, S. 164 ff.; Stein/Jonas/Leipold: ZPO, Bd. 4/1, § 322, Rz. 206; a. A. Rosenberg/Schwab/Gottwald: ZPR, § 154 I; Habscheid: Der Streitgegenstand im Zivilprozeß, S. 43; Nikisch: Der Streitgegenstand im Zivilprozeß, S. 120.

185 BGH NJW 1983, 1514; 1983, 164; Stein/Jonas/Leipold: ZPO, Bd. 4/1, § 322, Rz. 206; krit. Mädrich MDR 1982, 455 f.

186 BGH NJW-RR 1999, 377; Jauernig: ZPR, § 63 III 2; a. A. Reischl (Fn. 180), S. 194 ff.

187 RG JW 1936, 3047; RGZ 158, 43; BGH WM 1978, 194 f.; offengelassen BGH NJW-RR 2002, 516 f.; Zeuner, (Fn.180), S. 133 ff.; Stein/Jonas/Gottwald: ZPO, Bd. 4/1, § 322, Rz. 220; a. A. Zöller/Vollkommer: ZPO, vor § 322, Rz. 36.

188 Vgl. Stein/Jonas/Gottwald: ZPO, Bd. 4/1, § 322, Rz. 220 m. w. N.; dagegen geht Wernecke (Fn. 180), S.71, von einer rechtskräftigen Feststellung des Eigentums aus.

189 BGHZ 123, 137 ff.

lichen Lebenssachverhalt darstellen, der mit der Frage der Kaufpreiszahlung identisch sei.

Dagegen ist jedoch einzuwenden, dass jede Forderungsabtretung des Klägers an die Beklagte für sich genommen zu betrachten ist und einen eigenen Streitgegenstand bildet. Zu prüfen ist daher, ob die im Zweitverfahren geltend gemachten Forderungen bereits in den Abrechungssaldo des Ersturteils eingestellt waren. Allein der Bezug zu dem einmal festgestellten Abrechungssaldo für einen bestimmten Abrechnungszeitraum als einheitlicher Streitgegenstand ist mit dem Konzept der Beschränkung der materiellen Rechtskraft nicht vereinbar.

bb) Bereicherungsansprüche

Umgekehrt soll mit der rechtskräftigen Feststellung des einen Anspruchs auch die Aberkennung anderer Ansprüche verbunden sein. Die rechtskräftige Feststellung des Bestehens eines Anspruchs führt zur Verneinung eines Bereicherungsanspruchs (§ 812 Abs. 1 S. 1 BGB), weil der Grund für die Leistung feststehe[190].

Ausgangspunkt ist folgender Fall[191]: A verklagt B auf Zahlung von DM X für die Warenlieferung aus Kaufvertrag. Die Klage wird abgewiesen, weil kein gültiger Vertragsschluss vorliegt. Das Urteil erwächst in Rechtskraft. A will nun erneut klagen, indem er sich darauf beruft, B habe die Waren verbraucht.

Hier beruft sich die h. M. auf die schon aus der Streitgegenstandslehre bekannte Grenzziehung des Lebenssachverhalts. Sowohl der Kauf als auch der Verbrauch der Waren im Beispielsfall werden, obwohl es sich um unterschiedliche Einzelvorgänge handelt, zu einem Lebenssachverhalt zusammengefasst. “So bilden Bestellung, Lieferung, und Verbrauch von Waren *einen* Lebenssachverhalt”[192]. Tatsachen, die einen einheitlichen Lebenssachverhalt bilden, können also in einem Zweitprozess nur noch vorgetragen werden, wenn sie nach der letzten mündlichen Verhandlung eingetreten sind. Begründet wird dies mit dem Wortlaut des § 322 Abs. 1 ZPO: “Urteile sind der Rechtskraft nur *insoweit* fähig, als über den durch die Klage oder durch Widerklage erhobenen Anspruch entschieden wurde”. Obwohl es sich im Beispielsfall materiellrechtlich einerseits um Ansprüche aus Vertrag, andererseits um solche aus ungerechtfertigter Bereicherung handelt, werden diese zu einem einheitlichen prozessualen Anspruch, *ei-*

---

[190] BGH NJW-RR 1987, 831; RGZ 1, 94; 36, 205; 39, 142; 46, 77; RG JW 1900, 440; SeuffArch 88 (1934) Nr. 140.

[191] Nach Habscheid: Der Streitgegenstand, S. 284 ff.

[192] Habscheid: Streitgegenstand, S. 286.

nem Streitgegenstand, zusammengefasst. *Lent*[193] wendet dagegen ein, der Bereicherungsanspruch sei eben nicht identisch mit dem Vertragsanspruch; vielmehr handele es sich um zwei eigenständige Streitgegenstände. Die Rechtskraft erfasse nur die konkret im Prozess vorgebrachten Ansprüche.

cc) Sinn- oder Ausgleichszusammenhänge

Die objektive Rechtskraftbegrenzung hat *Zeuner*[194] - in Anlehnung an das angelsächsische und französische Rechtskraftmodell[195] - insgesamt in Zweifel gezogen und für die Ermittlung der Rechtskraftgrenzen sachliche Abgrenzungsgesichtspunkte formuliert. Nach seiner Ansicht sind die vorgenannten Rechtskraftwirkungen von Urteilselementen mit dem herrschenden engen Rechtskraftbegriff nicht erklärbar. *Zeuner* ist der Auffassung, bei der Bestimmung der Rechtskraft sei nicht allein auf den Streitgegenstand und den Subsumtionsschluss, sondern den Sinnzusammenhang der im ersten und zweiten Verfahren geltend gemachten Rechtsfolgen abzustellen[196]. Dabei sei die vom materiellen Recht "intendierte Ordnung" der Reichweite der Rechtskraft zugrunde zu legen. Es sei unbefriedigend, die Beachtung der Rechtskraftwirkung auf die Fälle von Präjudizialität zu beschränken, also solche, auf die § 148 ZPO passt. Deshalb versucht er die Rechtskraftwirkungen auf Urteilselemente zu erstrecken mit der Begründung, dass Präjudizialität keine Frage einer eigenständigen prozessrechtlichen Abgrenzung sei, sondern die Verknüpfung der Vorfragen durch das materielle Recht erfolge. Die Feststellungen im Erst- und Zweitprozess über dieselbe Vorfrage seien in der materiellrechtlichen Ordnung miteinander verknüpft. Erstreitet A gegen B gem. § 985 BGB ein rechtskräftiges Herausgabeurteil, steht damit nach der Ansicht *Zeuners*[197] das Eigentum des A fest, weil sich die Grenzen der Rechtskraft nicht aus dem Prozessrecht, sondern aus der entschiedenen materiellrechtlichen Fragestellung ergeben. Klagt nun B auf Rückgabe der inzwischen herausgegebenen Sache, hat er schon aufgrund der Rechtskraftwir-

---

[193] ZZP 65 (1952), S. 315, 349 ff.

[194] Zeuner: Die objektiven Grenzen der Rechtskraft; ihm weitgehend folgend: Henckel: Prozeßrecht und materielles Recht, S. 175 ff., 198 ff.; Grunsky: Grundlagen des Verfahrensrechts, § 47 IV 2b; Martens, ZZP 79 (1966), 404, 440 f; a. A. Brox, JuS 1962, 121 (123 ff.); Jauernig: ZPR, § 63 III 2; Habscheid, FamRZ 1963, 381 f.; Lent, ZZP 65 (1952), 315 ff.; Rosenberg/Schwab/Gottwald: ZPR, § 154 IV; Schilken: ZPR, Rz. 1023 ff. Schwab, JZ 1959, 786 f.; Stein/Jonas/Leipold: ZPO, Bd. 4/1, § 322, Rz. 216 ff.; Otte: Umfassende Streitentscheidung durch Beachtung von Sinnzusammenhängen, S. 35 ff.; Zöller/Vollkommer: ZPO, vor § 322, Rz. 36.

[195] Otte (Fn. 14), S. 35; zur Parallele der Rechtskraft der Entscheidungsgründe im gemeinen und ausländischen Recht: Kerameus, AcP 167 (1967), S. 241 ff.

[196] Zeuner (Fn. 193), S. 40, 42 ff.,51 f.

[197] Zeuner (Fn. 194), S. 45 ff.

kung des ersten Urteils keinen Erfolg, auch wenn die Streitgegenstände, ausgehend von den Klageanträgen, verschieden sind.

Im Rahmen sog. *Ausgleichszusammenhänge* seien Anspruch und Gegenanspruch durch die materiellrechtliche Ordnung verknüpft[198]. Die Zahlungsklage des Verkäufers aufgrund eines Kaufvertrages stelle das Bestehen des Vertrages wirksam fest. Nach Aberkennung des Zahlungsanspruchs wegen Wandlung könne der Rückgewähranspruch des Verkäufers nicht mehr mit der Begründung verneint werden, der zwischen den Parteien geschlossene Kaufvertrag bestehe unbeeinträchtigt fort[199]. Entgegen der h. M. soll auch der *Erfüllungseinwand* in Rechtskraft erwachsen. Auch die Entscheidung über den Auskunftsanspruch im Wege der Stufenklage stelle den Zahlungsanspruch dem Grunde nach rechtskräftig fest[200].

dd) Schutz des Urteilsinhalts

Auch *Reischl* legt ein weites Rechtskraftverständnis zugrunde und geht davon aus, dass sich der Umfang der materiellen Rechtskraft insoweit auch auf solche "Urteilsbegründungselemente" erstrecke, die erforderlich sind, um die Entscheidung mit Blick auf nachfolgende Urteile prozessual abzusichern und die im Urteilstenor enthaltene Entscheidung über den Streitgegenstand vor inhaltlicher Entwertung in Folgeprozessen zu schützen[201]. Maßgeblich für die Rechtskraftwirkung von Urteils(begründungs)elementen seien aber nicht vorgenannte Sinn- oder Ausgleichszusammenhänge zwischen materiellrechtlichen Ansprüchen, sondern der Tatsachen- und Normkomplex der Erstentscheidung[202]. Schutzgut der Rechtskraft sei in erster Linie der Urteilsinhalt.

ee) Stellungnahme

Gegen die von *Zeuner* herausgearbeiteten Abgrenzungskriterien des "rechtlichen Sinnzusammenhangs" und der "intendierten Ordnung" ist von der Rechtsprechung[203] und Lehre[204] eingewandt worden, sie seien zu unbestimmt, um eine be-

---

198 Zeuner (Fn. 194). S. 75 ff; auch Doderer, NJW 1991, 878 ff. nimmt an, dass Zahlungsurteil bei Werklohn- oder Kaufpreisansprüchen sei präjudiziell für eventuelle Gewährleistungsansprüche.

199 Zeuner (Fn. 194), S. 80.

200 Zeuner (Fn. 194), S. 157 ff.

201 Reischl (Fn. 180), S. 138 ff., 313 f.

202 Reischl (Fn. 180), S. 180 ff., 208 ff.

203 BGH NJW 1983, 2032; BGHZ 93, 330 (335) = NJW 1985, 1340; BGHZ 94, 29, 33 = NJW 1985, 2481, 2482; BGH NJW-RR 1986, 1066; die Lehre Zeuners findet jedoch in der neueren Rechtsprechung zunehmend Beachtung: Wird der Beklagte nur Zug-um-Zug zur

rechenbare Anwendung zu gestatten. Wollte die unterliegende Partei der Gefahr begegnen, dass gegen ihren Willen präjudizielle Rechtsverhältnisse rechtskräftig festgestellt werden, müsste sie stets Rechtsmittel einlegen, um ihre Aussichten in den nachfolgenden Prozessen nicht durch unerwünschte Urteilswirkungen zu gefährden; die Gefahr von Überraschungsentscheidungen wäre bei komplizierten rechtlichen Sachlagen kaum abschätzbar[205]. *Jauernig*[206] weist in diesem Zusammenhang zu Recht darauf hin, dass es den Prozessbeteiligten unbenommen bleibe, präjudizielle Rechtsverhältnisse durch eine Zwischenfeststellungsklage gem. § 256 II ZPO feststellen zu lassen, um auf diese Weise Sinnzusammenhänge zu wahren. Außerdem könne der widersprüchliche Vortrag im Zweitprozess als rechtsmissbräuchlich behandelt werden.

Ebenso besteht kein Bedürfnis, mit der Aberkennung eines vertraglichen Anspruchs eine (rechtskräftige) Verneinung des Bereicherungsanspruchs zu verbinden. Eine zweite Klage ist hier in der Regel gem. § 242 BGB treuwidrig. Hat sich zum Beispiel in einem ersten Verfahren der Schuldner mit Erfolg gegenüber dem Leistungsanspruch des Gläubigers auf die Nichtigkeit des Vertrages berufen, ist es rechtsmissbräuchlich, wenn er in einem zweiten Verfahren seinen Anspruch auf die Gegenleistung nunmehr auf den als nichtig betrachteten Vertrag stützt. Dieser Umstand führt aber eben nicht dazu, dass vertragliche Ansprüche und solche aus ungerechtfertigter Bereichung identisch werden. Auch äußert der Bundesgerichtshof nunmehr in BGH NJW-RR 2002, 516 zu Recht Zweifel, ob die Entscheidung über die Grundbuchberichtigungsklage gem. § 894 BGB Rechtskraft für das umstrittene dingliche Recht schafft. Weite Rechtskraftgrenzen sind nicht wünschenswert. Genau genommen handelt es sich bei der Feststellung des Eigentums nur um eine Vorfrage, wenn man nicht den Kunstgriff anwendet, über die Behauptung einer Inzidentfeststellungsklage, das Eigentum betreffend, zu einer rechtskräftigen Feststellung zu gelangen.

Die Begrenzung der Rechtskraft erlaubt eine Verringerung des Prozess- und Fehlerbeurteilungsrisikos. Die Kehrseite der weiten Rechtskraftbindung ist nämlich, dass neu erlangte Kenntnisse über das Bestehen oder Nichtbestehen des

---

Leistung verurteilt, soll auch die Entscheidung in Bezug auf das geltend gemachte Zurückbehaltungsrecht in Rechtskraft erwachsen, vgl. BGHZ 117, 1 ff.

204 Jauernig: ZPR, § 63 III 2; Otte: Umfassende Streitentscheidung durch die Beachtung von Sachzusammenhängen, S. 47 ff.; Stein/Jonas/Gottwald: ZPO, Bd. 4/1, § 322, Rz. 212 ff.; Rosenberg/Schwab/Gottwald: ZPR, § 154 IV; Zöller/Vollkommer: ZPO, § 322, Rz. 36.

205 Jauernig: ZPR, § 63 III 2; a. A. Otte (Fn. 204), S. 50 ff., 59: Drohende Streitaufblähung sei nur ein schwaches Argument. Allerdings muss auch *Otte* einräumen, dass in "kompliziert gelagerten Fällen" die Gefahr von Überraschungsentscheidungen wächst. Gerade solche Sachverhalte bereiten der Justiz und den Prozessparteien viel eher Schwierigkeiten als einfache Fälle.

206 Jauernig: ZPR, § 63 III 2.

Anspruchsgrundes nicht mehr verwertbar sind und das Gericht "sehenden Auges" ein materiellrechtlich falsches Urteil fällen muss. Andererseits wird das Zweitgericht in der Regel nicht ohne Grund von der Erstentscheidung abweichen, unabhängig davon, ob im Einzelfall eine Rechtskraftbindung eingetreten ist oder nicht[207]. Besteht Anlass zur Vermutung, dass die Erstentscheidung für das Zweitverfahren erheblich ist, wird das Gericht zu seiner eigenen Arbeitsentlastung ohnehin der Partei, die sich darauf beruft, aufgeben, die Entscheidung vorzulegen. Praktisch wird damit der Unterschied, der darin liegt, dass sich ohne Rechtskraftbindung die Partei auf die Erstentscheidung berufen muss, während entgegenstehende Rechtskraft von Amts wegen zu berücksichtigen ist, zu einer vernachlässigenden Größe. Ein ohnehin notorisch überlastetes Gericht wird ohne Veranlassung durch eine Partei nicht nach präjudiziellen Urteilen forschen. Dieselben Argumente sprechen auch gegen die Auffassung von *Reischl*. Die falsche Entscheidung unterliegt eben allein in ihrer Begründung keinem Schutz durch das Institut der Rechtskraft.

Zusammenfassend lässt sich feststellen, dass sich die objektiven Grenzen der Rechtskraft in Literatur und Rechtsprechung zunehmend zugunsten eines weitergehenden Rechtskraftbegriffes auflösen. Die objektive Rechtskraftwirkung soll nach wie vor Urteilselemente der Vorentscheidung nicht erfassen. Weite Rechtskraftgrenzen sind aber weder prozessökonomisch noch dienen sie den Parteiinteressen, weil die Gefahr von Überraschungsentscheidungen wächst und die Möglichkeit der Fehlerkontrolle schwindet. Die Gefahr der Streitaufblähung wächst, weil die Parteien zu Rechtsmitteln gezwungen werden, selbst wenn sie nicht das Ergebnis der Entscheidung beseitigen wollen, aber mit Blick auf nachfolgende Prozesse gegen für sie ungünstige Urteilsfeststellungen vorgehen müssen. Die Rechtskraft eines Urteils und seine Feststellungen über materielle Rechtsverhältnisse als Vorfragen der Entscheidung sind eben nicht identisch.

5. Die subjektiven Grenzen der Rechtskraft

Schon ein Blick über die §§ 325 ff ZPO zeigt, dass eine rechtskräftige Feststellung nicht nur zwischen denselben Parteien, sondern auch für Dritte von Bedeutung sein kann. Ist an einem anhängigen Rechtsverhältnis ein Dritter beteiligt, kann für ihn das Urteil zwischen den Parteien nicht in gleicher Weise bindend sein. Denn die Rechtskraft des Urteils wirkt gem. §§ 325 ff. ZPO nur zwischen den Parteien und ihren Rechtsnachfolgern.

---

[207] Otte (Fn. 14)., S. 58 f., sieht die Gefahr der Fortwirkung einer falschen Entscheidung als entscheidendes Argument gegen die Annahme weiter reichender Rechtskraftwirkungen.

a) Drittwirkung der Rechtskraft kraft materiellrechtlicher Abhängigkeit
Unterschiede zwischen prozessualer und materiellrechtlicher Rechtskrafttheorie treten bei dem Versuch auf, das Phänomen der Rechtskrafterstreckung zu erklären. Die materiellrechtliche Theorie erklärt die Rechtskrafterstreckung damit, dass das Urteil "von dem Augenblick der Rechtskraft ab insoweit wirksam (wird), als überhaupt die Parteien rechtsgeschäftlich auf die Verhältnisse Dritter zu wirken vermögen"[208]. Konsequenterweise müsste man vom Standpunkt der materiellrechtlichen Theorie aus von einer Drittwirkung der Rechtskraft sprechen. Wenn das Urteil materiellrechtliche Wirkungen neu schafft, gilt diese eben auch für Dritte[209]. Soweit das neuere Schrifttum der materiellrechtlichen Theorie nahe steht, wird versucht, die hieraus resultierenden, aber unerwünschten umfassenden Rechtskraftwirkungen durch eine Eingrenzung des Personenkreises zu vermeiden.

aa) *Blomeyer*[210] unterscheidet zum einen die Rechtskrafterstreckung aus "prozessualen Gründen" und zum anderen die Rechtskrafterstreckung "kraft Zivilrechts". Rechtskrafterstreckung aus "prozessualen Gründen" trete gem. § 325 ZPO dann ein, wenn der Kläger den streitigen Anspruch oder der Beklagte die streitbefangene Sache während des Prozesses veräußere und den Prozess in gesetzlicher Prozessstandschaft (§ 265 ZPO) zu Ende führe. Die Rechtskrafterstreckung "kraft Zivilrechts" sei in § 325 ZPO insoweit normiert, als nach dieser Vorschrift auch bei Rechtsnachfolge nach rechtskräftigem Urteil eine Rechtskrafterstreckung eintrete. Zu dieser Gruppe sollen auch zahlreiche andere Fälle gehören, die sich alle dadurch auszeichnen, dass das Urteil des Erstprozesses für den Zweitprozess materiellrechtlich von Bedeutung sei, wobei in der Regel die Abhängigkeit in der Präjudizialität des ersten Urteils für den Zweitprozess zutage trete. Hierunter fielen die Schuldnachfolge nach Rechtskraft, Fälle der Akzessorietät von Hauptverbindlichkeit und Nebenforderung[211], schließlich die Fälle der Statusfeststellung beispielsweise im Familien- und Erbrecht. Die von

---

[208] Wach: Zur Lehre der Rechtskraft, S. 16 ff.
[209] Schwab, ZZP 77 (1964), 127 ff. (132); Koussoulis: Beiträge zur modernen Rechtskraftlehre, S. 37 ff., 114 ff; Blomeyer, ZZP 75 (1962), 1 ff. (4), bemerkt, dass nach der materiellrechtlichen Theorie von jeher die Rechtskraft des Urteils auch das Verhältnis zu Dritten beeinflusst.
[210] ZZP 75 (1962), 1 ff; auch Blomeyer: Zivilprozeßrecht, § 91 II und § 93; ; ähnlich Bettermann: Die Vollstreckung des Zivilurteils in den Grenzen seiner Rechtskraft, S. 207 ff.; Martens, ZZP 79 (1966) 404 ff. (427 ff.); Nach Foerste, ZZP 108 (1995), 167 ff. (188 ff.) soll in einem Zweitprozess ein Mitglied einer parteiunfähigen Gesamthandsgemeinschaft an das Ergebnis eines Erstprozesses gebunden sein, an dem es nicht beteiligt war; kritisch hierzu Schwab, ZZP 77, 124 ff. a. A. die h. M. vgl. MünchKomm/Gottwald: ZPO, Bd. 1, § 325, Rz. 2 ff.; Stein/Jonas/Leipold: ZPO, Bd. 4/1, § 325, Rz. 77 ff. jeweils m.w.N.
[211] Blomeyer, ZZP 75 (1962), 1ff. (21 ff.).

Blomeyer aufgestellten Grundsätze zur Rechtskrafterstreckung gehen ohne Zweifel sehr weit.

Schwab bemerkt zu Recht, dass die von *Blomeyer* behandelten prozessualen Konstellationen die Fälle betreffen, in denen in einem Zweitprozess ein anderer Streitgegenstand zugrunde liegt als dem Erstprozess[212]. So ist z. B. im Falle der Akzessorietät von Hauptverbindlichkeit und Nebenforderung, etwa bei der Bürgschaft, die Hauptverbindlichkeit (Hauptforderung) präjudiziell für das Bestehen der Nebenforderung (Bürgschaft). Der Streitgegenstand des Vorprozesses sei mit dem zweiten nicht identisch, weil der Gläubiger zum einen die Zahlung der Hauptforderung, zum anderen die Zahlung der Bürgschaftsschuld begehre.

Ähnlich sieht *Blomeyer* auch das Verhältnis zwischen Vermieter, Hauptmieter und Untermieter. Das Besitzrecht des Untermieters sei abhängig vom Besitzrecht des Hauptmieters, § 546 II BGB n. F. Das Räumungsurteil gegen den Hauptmieter binde auch den Untermieter, indem es die Beendigung des Mietverhältnisses rechtskräftig feststelle[213].

Um die von *Blomeyer* gefundenen Ergebnisse zu bestätigen, versucht *Schwab*, weitere Voraussetzungen aufzustellen, die der Eingrenzung der subjektiven Rechtskraftwirkung dienen. Er schlägt vor, nur auf solche Fälle die Rechtskraft zu erstrecken, in denen zusätzlich "objektive Identität" des Streitgegenstandes aus Erst- und Zweitprozess bestehe. Dabei sei zwischen "Drittwirkung der Rechtskraft" und "Rechtskrafterstreckung" zu unterscheiden[214]. Eine "Drittwirkung" liege dann vor, wenn das Ersturteil für den Zweitprozess gegenüber einem Dritten präjudiziell sei. Präjudiziell ist nach *Schwab* beispielsweise das Urteil über die Hauptforderung für den Bürgen. Dieser kann das Bestehen der Forderung in einem Folgeprozess nicht mehr bestreiten, das nachfolgende Gericht ist an die rechtskräftige Feststellung gebunden. Wohl aber bleibt ihm die Möglichkeit, vorzutragen, der Bürgschaftsvertrag sei nichtig[215]. Diese "absolute Wir-

[212] Schwab, ZZP 77 (1964), 124 (126); Koussoulis (Fn. 208), S. 119 ff.
[213] Bettermann (Fn. 210), S. 217; Blomeyer (Fn. 209), S. 21 (26); Häsemeyer, ZZP 101 (1988), 385 (404); a. A. MünchKomm/Gottwald: ZPO, Bd. 1, § 325, Rz. 74; Musielak: ZPO, § 325, Rz. 18; Stein/Jonas/Leipold: ZPO, Bd. 4/1, § 325, Rz. 91; Schilken: Veränderungen der Passivlegitimation im Zivilprozeß, S. 77 ff; stets muss der Vermieter aber einen eigenen Titel auch gegen den Untermieter erwirken - vgl. Palandt/Weidenkaff: BGB, § 546, Rz. 24.
[214] Schwab, ZZP 77 (1964), 124 ff. (142 f).
[215] Schwab ZZP 77 (1964) 124 ff. (142 f.); Koussoulis (Fn. 209), S. 169 f.; anders die Rechtsprechung: vgl. BGHZ 3, 385 (390). Blomeyer und Bettermann nehmen eine "Drittwirkung" im hier dargestellten Bürgschaftsfall nur an, wenn sich der Dritte nach der rechtskräftigen Entscheidung verbürgt hat; vgl. Blomeyer, ZZP 75 (1962), 1 (22 ff); Bettermann: Die Vollstreckung des Zivilurteils in den Grenzen seiner Rechtskraft, S. 137 ff. Im umgekehrten Fall,

kung der relativen Feststellung" bezeichnet *Schwab* als "Drittwirkung der Rechtskraft". „Echte Rechtskrafterstreckung" liege dagegen vor, wenn der Dritte den rechtskräftig entschiedenen Anspruch nicht mehr erheben könne, wenn er ihn als Beklagter gegen sich gelten lassen müsse, als sei er selbst verurteilt worden. Das sei immer dann der Fall, wenn der Dritte Rechtsnachfolger gem. §§ 325 ff ZPO des Klägers bzw. Beklagten geworden sei.

bb) Anders sehen dies die Anhänger der herrschenden prozessualen Theorie[216]. Zwar sei die zivilrechtliche Abhängigkeit ein Gesichtspunkt, der für eine Rechtskrafterstreckung sprechen könne. Doch rechtfertige eine solche Abhängigkeit allein keine Rechtskrafterstreckung und eine Abweichung vom Gesetz. Für die Vertreter einer prozessualen Rechtskrafttheorie kommt eine Einwirkung des rechtskräftigen Urteils auf Dritte - von den Fällen der Rechtskrafterstreckung gem. §§ 325 ff. ZPO abgesehen - nicht in Frage. Allein die Präjudizialität der festgestellten materiellen Rechtslage für die Rechtsverhältnisse eines Dritten reiche nicht aus, um die Bindung eines Dritten herbeizuführen.

Wird z. B. der Zahlungsklage des Gläubigers gegen den Hauptschuldner stattgegeben, entfalte das Urteil keine präjudiziellen Rechtskraftwirkungen im Prozess gegen den Bürgen. Andererseits könne der Bürge im Falle der Abweisung der Zahlungsklage gegen den Hauptschuldner dem Gläubiger die Einrede der Rechtskraft des Ersturteils entgegenhalten. Diese Einrede bestünde jedoch nicht aufgrund einer prozessualen "Drittwirkung", sondern kraft materiell-rechtlicher Abhängigkeit, weil der Bürge gem. § 768 BGB auch die dem Hauptschuldner zustehenden Einreden geltend machen könne. Dazu gehöre die Einrede, die Klage auf Zahlung der Hauptschuld sei bereits rechtskräftig abgewiesen worden. Die Präjudizialität der festgestellten Rechtslage reiche nicht aus, um für die Rechtsverhältnisse des Dritten eine Bindung herbeizuführen. Der Räumungstitel gegen den Mieter binde den Zweitrichter in der Räumungsklage gegen den Untermieter eben nicht.

b) Tatbestandswirkungen kraft materiellrechtlicher Abhängigkeit

Von einer Tatbestandswirkung (oder Nebenwirkung) spricht man dagegen, wenn bestimmte weitere Rechtsfolgen an den Erlass eines Urteils geknüpft sind, wenn also auch das Urteil selbst als Tatbestandsmerkmal in einer Rechtsnorm

---

dass die Klage gegen den Hauptschuldner abgewiesen wurde, wird eine Drittwirkung auf den Bürgen von der h. M. bejaht: vgl. Bettermann, aaO., S. 139; Huber, JuS 1972, 621 ff.

[216] Vgl. Huber: Rechtskrafterstreckung bei Urteilen über präjudizielle Rechtsverhältnisse: JuS 1972, 621 ff.; Jauernig, ZZP 101 (1988), S. 361ff.; MünchKomm/Gottwald: ZPO, Bd. 1, § 325, Rz. 2 ff.; Schilken: Veränderungen der Passivlegitimation im Zivilprozess, S. 77 ff.; ders. ZZP 101 (1988), 106 ff.; Stein/Jonas/Leipold: ZPO, Bd. 4/1, § 325, Rz. 80 ff..

auftaucht[217]. Soweit einem Urteil Tatbestandswirkungen beigelegt sind, kommt es nicht auf die materielle Rechtskraft und ihre Grenzen an, vielmehr entscheidet die jeweilige Rechtsnorm, ob formelle Rechtskraft erforderlich ist oder nicht[218]. Solche Tatbestandswirkungen sind unabhängig von der Frage der subjektiven Grenzen der Rechtskraft auch gegenüber Dritten denkbar.

Tatbestandswirkungen sind regelmäßig vertraglich oder gesetzlich normiert. Im Versicherungsrecht ist nach dem sog. Trennungsprinzip[219] zu entscheiden, ob der Versicherungsnehmer im Haftpflichtprozess dem Geschädigten haftet, im Deckungsprozess dagegen, ob dem Versicherungsnehmer Versicherungsschutz zu gewähren ist. Erwirkt der Geschädigte gegenüber dem Versicherungsnehmer (Schädiger) im Haftpflichtprozess ein rechtskräftiges Urteil, kann der Versicherer im Deckungsprozess nicht mehr einwenden, in Wahrheit bestehe gar kein Schadensersatzanspruch des Geschädigten gegen den Versicherungsnehmer[220]. Der Versicherer muss das Urteil - wie auch ein Anerkenntnis oder einen Vergleich - gegen sich wirken lassen und muss die Versicherungssumme gem. §§ 149, 154 Abs. 1, 156 Abs. 2 VVG binnen zwei Wochen in der Regel an den Geschädigten auskehren. An den Versicherungsnehmer darf er nur zahlen, wenn sich sein Freistellungs- in einen Zahlungsanspruch umgewandelt hat[221]. Der Versicherer ist ausreichend geschützt. Denn gem. § 5 AHB darf der Versicherungsnehmer im Regelfall weder den Anspruch anerkennen noch einen Vergleich schließen, vielmehr muss er die Abwicklung und die Prozessführung dem Versicherer überlassen. Wann der Versicherungsfall eintritt, überlässt das VVG dem Vertragsrecht (z. B. § 5 Nr. 1 AHB oder § 5 Nr. 1 AVB). Ist der Haftpflichtprozess noch nicht entschieden, widerspricht eine Aussetzung des Deckungsprozesses gem. § 148 ZPO grob dem Zweck der Haftpflichtversicherung[222]. Nur einvernehmlich können die Parteien den Deckungsprozess ruhen lassen.

---

[217] S. 2. Teil, 1. Abschn. III
[218] Stein/Jonas/Leipold: ZPO, Bd. 4/1, § 322, Rz. 16 f.
[219] Prölss/Martin/Voit: VVG, § 149, Rn. 24 m. w. N.
[220] BGHZ 119, 276 (278 f) m. w. N.; Prölss/Martin/Voit: VVG, § 149, Rn. 29 ff m w. N.; Im Rahmen der KfZ-Haftpflichtversicherung hat der Geschädigte gem. § 3 Nr. 1 u. 2. PflVersG ausnahmsweise einen eigenen Anspruch gegen den Versicherer. § 3 Nr. 8 PflVersG bestimmt ausdrücklich, dass dem Dritten kein Anspruch gegen den Versicherer zusteht, wenn seine Klage gegen den Versicherungsnehmer abgewiesen wurde und umgekehrt. Urteile zugunsten des Geschädigten gegen den Versicherungsnehmer entfalten nach den allgemeinen Regeln Bindungswirkung gegenüber dem Versicherer - vgl. Prölss/Martin/Knappmann: § 3 Nr. 8 PflVersG, Rz. 7.
[221] Vgl. Prölss/Martin/Voit: VVG, § 149 Rn. 3 und § 156 Rn. 8 ff.
[222] Prölss/Martin/Voit: VVG, § 149, Rz. 25 m. w. N.

Nach keiner der vorstehenden Auffassungen von den subjektiven Grenzen der Rechtskraft entfaltet das Urteil im Verhältnis Versicherungsnehmer und Versicherung materielle Rechtskraftwirkungen. Genau genommen handelt es sich nämlich im Deckungs- und Haftpflichtprozess um zwei *unabhängige* Rechtsverhältnisse, wobei das Vorliegen eines *Urteils* im Deckungsprozess im Haftpflichtprozess erheblich ist[223]. Kraft materiellen Rechts ist dem Versicherer die Einwendung abgeschnitten, das Schadensereignis sei nicht eingetreten. Eine Rechtskrafterstreckung kraft Präjudizialität kommt auch nach der weitestgehenden Auffassung nicht in Betracht.

Zu Recht weist *Otte*[224] darauf hin, dass auch in den übrigen Fällen die von *Bettermann* und *Blomeyer* behaupteten Rechtskraftwirkungen kraft materiellrechtlicher Abhängigkeit durch die Tatbestandswirkungen des Urteils zu erklären sind. Der Bürge kann dem Gläubiger gem. § 768 BGB eben die Einwendungen entgegensetzen, die dem Hauptschuldner zustehen. Ein Zusammenhang zwischen materiellrechtlicher Abhängigkeit und subjektiven Grenzen der Rechtskraft lassen sich nicht finden. Eine solche materiellrechtliche Norm fehlt im Verhältnis von Vermieter zum Untermieter. Deshalb muss sich der Untermieter eben nicht die rechtskräftige Feststellung in einem Urteil gegenüber dem Hauptmieter entgegen halten lassen, das Mietverhältnis bestehe nicht.

c) Der Schutz von Sinnzusammenhängen kraft materiellrechtlicher Abhängigkeit - Zwischenergebnis

Im Ergebnis lässt sich daher festhalten, dass die Rechtskraft - mit Ausnahme der Tatbestände der §§ 325 ff. ZPO - nach dem klaren Wortlaut von § 325 Abs. 1 ZPO auf die Prozessparteien beschränkt bleibt. Materiellrechtliche Abhängigkeiten und Sinnzusammenhänge werden nicht durch die subjektiven Grenzen der Rechtskraft, sondern durch die Tatbestandswirkungen des Urteils im Rahmen des materiellen Rechts gewahrt. Eine Erweiterung der subjektiven Grenzen der Rechtskraft ist daher entgegen der Ansicht von *Blomeyer* und *Schwab* nicht notwendig, sondern nach Funktion und Wirkungsweise der Rechtskraft eher schädlich. Zweifel an einer materiellrechtlichen Drittwirkung ergeben sich auch insofern, als die Bindung des Dritten an die Ergebnisse eines Vorprozesses, an dem er nicht teilgenommen hat, das rechtliche Gehör verletzen könnte[225]. Die

---

[223] Vgl. U. Huber, JuS 1972, 621 (623 f.); BGH VersR 69 413 = NJW 1969, 928; VersR 59, 256.

[224] Otte (Fn. 14), S. 66 ff.; auch Gaul, FS Zeuner, S. 317 ff., kommt zu dem Ergebnis, dass sich die Bindung des nachfolgenden Richters an die Tatbestandswirkungen des vorhergehenden Urteils aus dem materiellen Recht ergibt.

[225] So Jauernig, ZZP 101 (1988), S. 361 ff; Otte (Fn. 14), S. 72 ff; Schilken, ZZP 101 (1988), S. 106 ff.; wohl auch Gaul, FS Zeuner, S. 317 ff. (340 ff.).

Rechtsstellung des Bürgen, Versicherers oder Untermieters richtet sich allein nach dem materiellen Recht; diese verleiht ihnen prozessual die Möglichkeit der Nebenintervention (§ 66 ZPO) und Streitverkündung (§ 72 ZPO).

Blomeyer und *Schwab* verkennen, dass der Gesetzgeber die gemeinsame Vorfrage nicht vom Ausgang des vorgreiflichen Prozesses, sondern von materiellrechtlichen Normen (z. B. § 768 BGB oder § 149 VVG) oder den Wirkungen der Nebenintervention abhängig macht. Der Nebenintervenient muss nämlich die tragenden Feststellungen des Urteils gem. § 68 ZPO in der Regel gegen sich gelten lassen, der Versicherer gewinnt über das Versicherungsvertragsrecht Einfluss auf die Prozessführung. Nur wenn das materielle Recht, wie beispielsweise das Versicherungsrecht, eine solche Abhängigkeit kennt oder der Dritte durch seine Nebenintervention dies auslöst, wirkt das Urteil für oder gegen ihn. Die Lehre von *Blomeyer* und *Schwab* verwischt gerade die Grenzen zwischen materiellrechtlicher Abhängigkeit und einer Abhängigkeit kraft prozessualen Handelns.

Im Versicherungsrecht kompensiert die vertragsrechtliche Einflussmöglichkeit des Versicherers die Erstreckung der Urteilswirkungen. Die Rechte des Nebenintervenienten kompensieren seine Bindung an das Urteil zwischen den Prozessparteien. Der Versicherer oder der Nebenintervenient sind durch die Erstentscheidung in ihrem rechtlichen Gehör nicht verletzt, weil sie eine Einflussmöglichkeit auf den Prozess haben. Diese Einflussmöglichkeiten fehlen dagegen dem Untermieter bzw. Bürgen, der mangels Streitverkündung oder Nebenintervention dem Prozess nicht beigetreten ist. Ohne Einflussmöglichkeit auf den Prozess ist aber das rechtliche Gehör verletzt. Deshalb wirkt das Urteil im Hauptprozess nur zugunsten, nicht aber zulasten des Bürgen. Zu Recht stellt *Otte*[226] fest, dass der Dritte, der am Verfahren nicht formell, sondern nur materiell beteiligt ist, hier "präventiv" durch enge Rechtskraftgrenzen zu schützen ist.

6. Zusammenfassung

In Rechtskraft erwachsen Endurteile und Prozessurteile. Zwischenurteile werden nur rechtskräftig, soweit sie Dritten gegenüber Rechte und Pflichten endgültig festlegen, z. B. nach §§ 71, 135, 387 und 402 ZPO. Beschlüsse sind der Rechtskraft fähig, soweit sie in formeller Rechtskraft erwachsen und inhaltlich eine rechtskraftfähige Entscheidung enthalten. Auch Vollstreckungsbescheide, Schiedssprüche, Versäumnisurteile und Arrest- und Verfügungsurteile sind der Rechtskraft fähig, nicht dagegen Vorbehaltsurteile, Grundurteile und Prozessvergleiche. Die Rechtskraft ist von Amts wegen zu beachten. Eine Entscheidung

[226] Otte (Fn. 14), S. 72.

ist formell rechtskräftig und somit nicht mehr abänderbar, wenn die Frist für die Einlegung des zulässigen Rechtsmittels oder Einspruchs abgelaufen ist. Die formelle oder äußere Rechtskraft ist die Voraussetzung dafür, dass die Entscheidung zwischen den Parteien inhaltliche Bindungswirkung entfaltet.

Der Begriff der Rechtskraft unterliegt einem prozessualen Verständnis. Materielle Rechtskraft bedeutet in ihrer negativen Funktion, dass eine neue Sachentscheidung über denselben Streitgegenstand unzulässig ist. In ihrer positiven Funktion bindet die materielle Rechtskraft den nachfolgenden Richter an den Entscheidungsausspruch. Vorfragen erwachsen nicht in Rechtskraft. Allerdings werden die objektiven Grenzen der Rechtskraft von der Rechtsprechung und der Literatur zunehmend zugunsten eines weiten Rechtskraftbegriffs aufgelöst und auf bestimmte Urteilselemente oder Vorfragen erweitert. Unter Zugrundelegung eines rein prozessualen Rechtskraftbegriffes lässt sich ein solches Verständnis der Rechtskraft nicht erklären.

Weil gem. § 322 Abs. 1 ZPO bei der Leistungsklage nur der Urteilsausspruch über den Klageanspruch in materielle Rechtskraft erwächst, nicht aber die Beurteilung vorgreiflicher Rechtsverhältnisse durch das Gericht, steht dem Kläger oder dem Beklagten allein die Möglichkeit zur Verfügung, gem. § 256 Abs. 2 ZPO Zwischenfeststellungsklage bzw. Zwischenfeststellungswiderklage zu erheben. § 256 Abs. 2 ZPO ermöglicht den Parteien, einen rechtskräftigen Ausspruch über alle für die Hauptklage vorgreiflichen Rechtsverhältnisse herbeizuführen.

Auch in subjektiver Hinsicht bleibt die Rechtskraft - mit Ausnahme der Tatbestände des § 325 Abs. 1 ZPO auf die Prozessparteien beschränkt. Eine Drittwirkung der Rechtskraft kraft materiellrechtlicher Abhängigkeit ist abzulehnen. Soweit Dritte außerhalb der Vorschrift des § 325 ZPO kraft materiellrechtlicher Abhängigkeit (beispielsweise durch § 768 BGB oder § 149 VVG) an Urteilsergebnisse gebunden werden, handelt es sich allein um sog. Tatbestandswirkungen des Urteils. Diese vom materiellen Recht in bestimmten Fällen angeordneten Wirkungen eines Urteils lassen aber keine allgemeine Erweiterung der Rechtskraft auf Dritte zu. Weite Rechtskraftgrenzen sind weder prozessökonomisch noch dienen sie den Parteiinteressen, weil einerseits die Gefahr von Überraschungsentscheidungen wächst und die Möglichkeit der Fehlerkontrolle schwindet, andererseits das rechtliche Gehör des am Verfahren nicht beteiligten Dritten nicht gewährleistet ist.

2. Abschnitt. Die Rechtskraftwirkung im europäischen Zivilprozessrecht

I. Bezugsrahmen

Die Anerkennung ausländischer Entscheidungen dient zum einen den Interessen der Parteien, der Gerichte und des Staates, zum anderen dem internationalen Entscheidungseinklang und damit dem Ordnungsinteresse[227]. Den Parteien erspart die Anerkennung ausländischer Urteile die Mühe und Kosten eines zweiten inländischen Verfahrens. Für den Kläger wäre es höchst lästig, wenn er ein zweites inländisches Verfahren anstrengen müsste und zu seinem Rechtsschutz nur "scheibchenweise" gelangen könnte. Auch für den Beklagten, der ein obsiegendes Urteil erstritten hat, ist es unzumutbar, sich erneut auf einen neuen Prozess in einem anderen Land einlassen zu müssen. Wichtig ist ferner, dass sich der Schuldner nicht dem Erlass eines ungünstigen Urteils entziehen kann, indem er sich mit seinem Vermögen ins Ausland "absetzt".

Die Gerichte haben schon aus prozessökonomischen Gründen ein Interesse an der Anerkennung, weil ein Anerkennungsverfahren in der Regel weniger arbeitsaufwendig ist als die Durchführung des gesamten Rechtsstreits in tatsächlicher und rechtlicher Hinsicht. Darüber hinaus dient die Verhinderung sich widersprechender Entscheidungen sowohl dem Ansehen der Justiz, als auch dem Interesse des Staates, weil die Anerkennung ausländischer Urteile den internationalen Handelsverkehr erleichtert. Rechtliche Risiken der Parteien werden durch die Anerkennung gesenkt. Urteils- oder Entscheidungswirkungen dienen dazu, nachfolgende widersprechende Entscheidungen erst gar nicht aufkommen zu lassen.

II. Die Rechtskraftwirkungen in anderen europäischen Verfahrensordnungen

Bezüglich der Rechtskraftwirkungen unterscheiden sich die nationalen europäischen Zivilprozessrechtsordnungen erheblich[228]. Der Umfang grenzüberschreitender Anerkennung von Urteilen hängt davon ab, wie gut die Anpassung eines engen Rechtskraftbegriffs eines Anerkennungsstaates an einen weiter gezogenen eines Urteilsstaates gelingt. Die Rechtskraftwirkungen von Urteilen, die auf der Grundlage anderer europäischer Verfahrensordnungen ergangen sind, wurden in

---

[227] Vgl. Schack, IZVR, Rz. 787 ff.

[228] Otte (Fn. 14), S. 133; Schack, IZVR, Rz. 913 ff.; zu den Tatbestandswirkungen von Urteilen in den Zivilverfahrensrechten: Schack, IZVR, Rz. 780: Knüpft das vom IPR berufene materielle Recht an die Existenz des Urteils bestimmte Rechtsfolgen, bestimmt ausschließlich das anwendbare Sachrecht, nicht das Prozessrecht, ob dieses Tatbestandsmerkmal auch durch das ausländische Urteil ausgefüllt werden kann.

der deutschen Prozessrechtslehre bereits eingehend untersucht und verglichen[229]. Die bereits gewonnenen Erkenntnisse anderer Untersuchungen werden im Folgenden noch einmal kurz zusammengefasst.

Der englischsprachige und der frankophone Rechtskreis kennen ebenso wie die griechische Rechtsordnung in unterschiedlicher Ausprägung die Rechtskraftwirkung tragender Urteilselemente. Die Mehrheit der Vertragsstaaten (d. h. der deutschsprachige und skandinavische Rechtskreis, ferner das italienische, spanische und portugiesische Recht) zieht dagegen ein Rechtskraftverständnis vor, das nur auf die Entscheidungsformel als Ergebnis eines Subsumtionsschlusses Bezug nimmt und die Urteilsgründe an der Rechtskraft nicht teilnehmen lässt[230]. In unserem Zusammenhang interessieren zunächst die weitergehenden Rechtskraftwirkungen der erstgenannten Rechtsordnungen.

Wie bereits dargestellt, laufen in Frankreich bei der Beschreibung des Klagegrundes die Ansichten über den Umfang der Rechtskraftwirkung seit langem weit auseinander[231]. Anknüpfungspunkt bildet dabei grundsätzlich der Urteilstenor[232]. Das Gesetz stellt dazu in Art. 1350 Nr. 3 Code Civil die unwiderlegliche Vermutung auf, das Urteil stelle die Wahrheit über Tatsachen und Recht fest; die Regelung ähnelt damit der ursprünglichen materiellen Rechtskrafttheorie. Der auf den Tenor bezogene Rechtskraftgrundsatz wird dabei zum Teil durchbrochen; Urteilsgründe können zur Auslegung des Tenors herangezogen werden und erwachsen in Rechtskraft, wenn nur der Klagegrund (cause) den Rechtskraftumfang bestimmen kann. In diesem Sinne erfasst z. B. die Rechtskraft der abweisenden Entscheidung im Gegensatz zur h. M. in der deutschen Rechtslehre sämtliche mit dem Hauptanspruch verbundene Neben- und Folgeansprüche. Präjudizielle Rechtsverhältnisse werden - wie auch im belgischen Recht[233] - von der Rechtskraft erfasst[234].

Die Entscheidung über den Mietzins schließt nach französischem Recht beispielsweise eine rechtskräftige Entscheidung über das Bestehen des Mietvertrages mit ein, sofern das Gericht hierüber Feststellungen trifft. An der Rechtskraft nehmen nach französischer Doktrin auch diejenigen Teile der Entscheidungsgründe teil, die mit dem Tenor in einem untrennbaren logischen Sinnzusammenhang stehen. Die Identität des Tenors und der Entscheidungsgründe zweier

229 Koch (Fn. 26), S. 89 ff.; Lenenbach (Fn. 45), S. 164 ff.; Otte (Fn. 14), S. 95 ff.
230 Otte (Fn. 14), S. 133.
231 Vgl. 1. Teil; I., 5.
232 Vgl. Otte (Fn. 14), S. 106 ff.; Lenenbach (Fn. 45), S. 164 ff; Koch (Fn. 26), S. 134 f.
233 Otte (Fn. 14), S. 112 f.; Koch (Fn. 26), S. 136 f.
234 Anders bei der Teilklage: Die Abweisung der Teilklage stellt nicht das Bestehen oder Nichtbestehen des Teiles fest, über den nicht entschieden wurde.

Klagen richten sich nach der Identität von Gegenstand und Grund der Klagen. Klagegrund ist das materielle Recht. Die Lehre versteht darunter die tatsächliche Basis des erhobenen Anspruchs im Sinne eines klagebegründenen Sachverhalts, die Rechtsprechung die zur Begründung des Vorbringens geltend gemachten Gesetzesbestimmungen. So kann nach französischer Auffassung eine Partei bei rechtskräftiger Verneinung eines bestimmten Vorganges des Eigentumserwerbes einen neuen Prozess auf einen anderen Erwerbsgrund stützen. Verschiedene Unwirksamkeitsgründe eines Vertrages, Geschäftsunfähigkeit, Irrtümer oder Formmängel, können in verschiedenen Prozessen geltend gemacht werden. Auch nach englischem Recht erwachsen die Feststellungen hinsichtlich der die Rechtsfolge begründenden Rechtsverhältnisse in Rechtskraft. Dritten, denen der Streit verkündet oder die dem Prozess beigetreten sind, misst der romanische Rechtskreis der Rechtskraft gleiche Wirkungen und z. T. auch eine Bindung an die Urteilsfeststellungen zu.

Nach englischem Recht erwachsen auch die Urteilsfeststellungen hinsichtlich der gewürdigten Tatsachen in Rechtskraft[235]. Eine Partei ist folglich gehindert, in einem zweiten Prozess Tatsachen vorzutragen, die im ersten Verfahren bereits (gleich oder anders) rechtlich gewürdigt wurden. Urteilserwägungen, die als Vorfrage rechtlicher Art den logisch notwendigen Schritt zur Bestimmung des Subsumtionsschlusses bilden, erwachsen in Rechtskraft.

Nach griechischem Recht erwachsen präjudizielle Rechtsverhältnisse ebenfalls in Rechtskraft[236]. Zu klären ist daher, ob solche Rechtskraftwirkungen ausländischer Urteile, die das deutsche Zivilverfahrensrecht nicht kennt, nach dem autonomen deutschen internationalen Zivilverfahrensrecht anerkannt werden können bzw. nach dem europäischen Zivilverfahrensrecht anerkannt werden müssen. Es stellt sich die Frage, welche Rückschlüsse für die Lehre von der Rechtskraft nach deutschem Recht zu ziehen sind.

III. Anerkennung und Vollstreckung ausländischer Urteile im autonomen deutschen internationalen Zivilverfahrensrecht

Bei der Anerkennung und Vollstreckung ausländischer Urteile stellt sich zum einen die Frage, welche Wirkungen einem ausländischen Urteil beigelegt werden sollen, wenn es im Inland anzuerkennen ist. Kollidieren diese Wirkungen mit denen einer inländischen Entscheidung, stellt sich die Frage, welchem Urteil der Vorzug zu geben ist. Für das Rechtsproblem widersprechender in- und aus-

[235] Otte (Fn. 14), S. 121 ff; Lenenbach (Fn. 45), S. 166 ff; Koch (Fn. 26), S. 139 ff.
[236] Otte (Fn. 14), S. 120; Koch (Fn. 26), S. 132.

ländischer Urteile stehen im internationalen Zivilverfahrensrecht drei Modelle der Auflösung zur Auswahl[237]:

- Nach dem Prioritätsprinzip wird allein die zeitlich frühere Entscheidung anerkannt,
- nach der "last in time rule" ist es die zeitlich spätere Entscheidung[238],
- und nach dem Territorialitätsprinzip wird die inländische Entscheidung bei der Anerkennung begünstigt[239].

1. Die Voraussetzungen der Anerkennung und Vollstreckung nach dem autonomen deutschen internationalen Zivilverfahrensrecht

Der deutsche Gesetzgeber hat die Anerkennung und Vollstreckung ausländischer Entscheidungen in §§ 328, 722 f. ZPO geregelt. Mit der "Anerkennung" des ausländischen Urteils werden die Urteilswirkungen - wie z. B. Rechtskraft-, Gestaltungs-, Streitverkündungswirkungen, Tatbestandswirkungen - auf das Inland erstreckt. Die Anerkennung erfolgt formlos. Jedes befasste Gericht und jede befasste Amtsstelle entscheidet inzidenter[240]. Die Vollstreckbarerklärung erfolgt in einem ordentlichen Zivilprozess. Eine "revision au fond" ist nicht zulässig. Das Gericht darf nur die Erfordernisse der Anerkennung nachprüfen, nicht die sachliche Richtigkeit der Entscheidung.

Die Erfordernisse der Anerkennung sind in § 328 ZPO nur unvollständig normiert. Allein Urteile ausländischer staatlicher Gerichte in Zivil- und Handelssachen sind anerkennungsfähig. Dabei ist auf den Streitgegenstand abzustellen, nicht auf den Gerichtszweig, dem das Erstgericht angehört. Das schließt jedoch nicht aus, dass Privatentscheidungen anerkannt werden, solange diese nicht auf dem Gebiet der Bundesrepublik erfolgt sind[241]. Anerkennungsfähig sind auch Urteile von Strafgerichten, die über den Ersatzanspruch des Verletzten entscheiden. Die ausländische Entscheidung muss aber in Rechtskraft erwachsen sein[242]. Das Gericht des Urteilsstaates muss Gerichtsbarkeit besessen haben, obwohl § 328 ZPO dies nicht erwähnt. Die Verletzung der Gerichtsbarkeit eines dritten

---

[237] V. Hoffmann: IPR, § 3, Rz. 164; Schack: IZVR, Rz. 828 ff. und 854.
[238] So im US-amerikanischen Zivilprozessrecht, vgl. Kegel/Schurig: IPR § 22 V 1 e).
[239] So etwa in England vgl. Verwaecke v. Smith (1983) 1 AC 145 (H.L.); Man (Sugar) Ltd. v. Harnyanto (No. 2)(1991) 1 Lloyd's Rep. 429, 436 (C.A.); Österreich, vgl. Musger, IPRax 1992, 108 f.; der Schweiz, vgl. Art. 27 S. 2c IPRG.
[240] Schütze: Rechtsverfolgung im Ausland, Rz. 245.
[241] Schütze (Fn. 240), Rn. 229
[242] Vgl. Schütze (Fn. 240), Rn. 232: Streitig ist, ob formelle Rechtskraft genügt oder materielle Rechtskraft zu fordern ist. Darauf kommt es im besprochenen Zusammenhang allerdings nicht an.

Staates ist völkerrechtswidrig und stellt ein absolutes Anerkennungshindernis dar[243].

Weiterhin muss das Erstgericht zur Entscheidung international zuständig gewesen sein (§ 328 Abs. 1 Nr. 1 ZPO). Mangelnde örtliche oder sachliche Zuständigkeit ist im Rahmen der Anerkennung unbeachtlich. Die Anerkennung erfolgt nach dem Spiegelbildprinzip[244]: Entscheidend ist, ob das Erstgericht zur Entscheidung zuständig gewesen wäre, wenn es die Zuständigkeitsprüfung nach deutschem Prozessrecht vorgenommen hätte. Ferner muss die prozesseinleitende Ladung oder Verfügung im Falle der Nichteinlassung des Beklagten auf das ausländische Verfahren ordnungsgemäß zugestellt worden sein (§ 328 Abs. 1 Nr. 2 ZPO). Das betrifft in erster Linie Versäumnisurteile oder sonstige einseitige Verfahren. Es darf keine Kollision mit einem deutschen Urteil oder einer anzuerkennenden früheren ausländischen Entscheidung vorliegen (§ 328 Abs. 1 Nr. 3 ZPO). Das erststaatliche Verfahren darf nicht mit einem früher rechtshängig gewordenen Verfahren in Widerspruch stehen und die deutsche Rechtshängigkeit unberücksichtigt gelassen haben. Ferner darf die ausländische Entscheidung nicht gegen den inländischen ordre public verstoßen (§ 328 Abs. 1 Nr. 4 ZPO) und die Gegenseitigkeit muss verbürgt sein (§ 328 Abs. 1 Nr. 5 ZPO).

Die Feststellung der Gegenseitigkeit erfolgt durch einen Vergleich der deutschen mit der erststaatlichen Anerkennungsregelung. Nur die tatsächliche Verbürgung der Gegenseitigkeit reicht aus, diese ist für jedes Land gesondert zu ermitteln[245].

Der deutsche Gesetzgeber hat sich in der Ausgestaltung des § 328 ZPO für eine Mischung des Territorialitäts- und des Prioritätsprinzips entschieden. Im deutschen autonomen Recht ist das Vorliegen eines (früheren oder späteren) inländischen Urteils in derselben Sache ein eigenständiger Versagungsgrund der Anerkennung (§ 328 Abs. 1 Nr. 3 ZPO). Im Verhältnis zweier ausländischer Entscheidungen geht die ältere vor[246]. Das Gesetz behandelt den Vorrang bei Kollisionen von Entscheidungen nicht als Unterfall des ordre public. Ist das ausländische Urteil nach der inländischen Entscheidung in Rechtskraft erwachsen, so ist die Anerkennung schon deshalb ausgeschlossen, weil die Rechtskraft der ausländischen Entscheidung nur relativ, die des inländischen Urteils absolut

---

243 Schütze (Fn. 240), Rn. 233.
244 Schütze (Fn. 240), Rn. 234; Stein/Jonas/Roth: ZPO, Bd. 4/1, § 328, Rn. 82.
245 Vgl. Schütze (Fn. 240), Rn. 234; Zöller/Geimer: ZPO, Anh. III; Stein/Jonas/Roth: ZPO, Bd. 4/1, § 328, Rz. 161 ff.
246 Kegel/Schurig: IPR § 22 V 1 e).

wirkt[247]. Die Anerkennung wird durch eine "gewissermaßen verlängerte exceptio rei iudicata" ausgeschlossen[248].

Zu einer Kollision der Rechtskraftwirkung zweier Urteile kommt es nicht, weil die Rechtskraft des inländischen Urteils die Rechtskrafterstreckung der fremden Entscheidung ausschließt. Soweit die Rechtskraft des ausländischen Urteils vor der Rechtskraft der inländischen Entscheidung eintritt, greift § 328 Abs. 1 Nr. 3 ZPO ein und bewirkt eine Anerkennungssperre. Der Versagungsgrund des § 328 Abs. 1 Nr. 3 ZPO besteht dann - und hat nur insoweit Bedeutung -, wenn die ausländische Entscheidung zeitliche Priorität vor der inländischen hat[249].

Ist noch kein Urteil im Inland ergangen, aber ein Parallelverfahren anhängig, greift § 328 Abs. 1 Nr. 3 ZPO nicht ein. Vielmehr steht der inländische Rechtshängigkeitseinwand der Anerkennung des ausländischen Urteils entgegen. Hat das ausländische Gericht die inländische Rechtshängigkeit nicht berücksichtigt, dann kann das ausländische Urteil nicht anerkannt werden[250]. Unerheblich ist, ob der ausländische Richter nach seiner lex fori die deutsche Rechtshängigkeit beachten musste oder nicht. Auch in den Fällen, in denen der Erstrichter gehindert war, die deutsche Rechtshängigkeit zu beachten, kann das Urteil nicht anerkannt werden. Der Versagungsgrund der Nichtbeachtung deutscher Rechtshängigkeit spielt nur so lange eine Rolle, solange kein deutsches Urteil ergangen ist.

2. Die Grenzen der Rechtskraft ausländischer Urteile im autonomen deutschen Zivilverfahrensrecht

Zum Zweiten stellt sich die Frage, welche Wirkungen einem ausländischen Urteil beigelegt werden sollen, wenn es im Inland anzuerkennen ist. Nach dem EuGVÜ/Brüssel-I-VO stellt sich das Problem der Rechtskraft dann, wenn die Rechtskraft einer ausländischen Entscheidung der inländischen entgegensteht.

---

[247] Vgl. Kallmann: Anerkennung und Vollstreckung ausländischer Zivilurteile und Vergleiche, S. 220, Fn. 17; Rietzler: Internationales Zivilprozeßrecht, S. 521.

[248] Kallmann, (Fn. 247), S. 223.

[249] Lenenbach (Fn. 45), S. 201 ff; MüKo/Gottwald: ZPO, § 328, Rz. 81; Zöller/Geimer: ZPO, § 328, Rz. 146.

[250] Vgl. Bay ObLG FamRZ 1983, 501; OLG München NJW 1964, 979; OLG Hamm FamRz 1993, 190; Baumbach/Lauterbach/Albers/Hartmann: ZPO, § 328, Rz. 2; Geimer/Schütze: Internationale Urteilsanerkennung, Bd. I/2, 1984, S. 1664 ff.; Habscheid: Zur Berücksichtigung der Rechtshängigkeit in ausländischen Verfahren, RabelsZ 31 (1967), 254 ff. (258 f.); ders.: Non-licet bei ausländischer Rechtshängigkeit, FS Lange, S. 429 ff. (439); Schack: IZVR, Rz. 765.

Im autonomen deutschen Zivilprozessrecht wurden zwei Modelle entwickelt, um die Wirkungen einer rechtskräftigen ausländischen Entscheidung zu bestimmen:

- Nach der Theorie der *Wirkungserstreckung* entfaltet das Urteil sämtliche Wirkungen, die das Prozessrecht des Urteilsstaates vorsieht[251], auch wenn diese dem deutschen Recht unbekannt sind; diese Theorie hat sich im deutschen IZPR nicht durchsetzen können[252].
- Nach der *Kumulations- oder Gleichstellungstheorie*[253] sind die ausländischen Urteilswirkungen maßgeblich, nicht aber über das Wirkungsmaß des inländischen Prozessrechts hinaus, so dass die Obergrenze der Wirkungsmöglichkeit durch den deutschen Rechtskraftbegriff festgelegt wird.

Daher stellt sich die Frage, in welchem Umfang nach ausländischem Recht festgestellte, präjudizielle Rechtsverhältnisse im Inland anzuerkennen sind und eine weitere Entscheidung präkludieren, wenn sie nach deutschem Prozessrecht nicht rechtskräftig geworden wären. Zu Recht wird die Theorie der Wirkungserstreckung im autonomen deutschen Verfahrensrecht von der Rechtsprechung und einem großen Teil des deutschen Schrifttums abgelehnt[254]. Der deutsche Ge-

---

[251] Für das europäische Zivilverfahrensrecht: Geimer/Schütze, Art. 33 EuGVO, Rz. 13; Koch (Fn. 26), S. 102 ff.; Kropholler:EuZPR, vor Art. 33 EuGVO, Rz. 9 ff.; MüKo/Gottwald: Art. 26 EuGVÜ, Rz. 2; für das autonome IZVR: Nagel/Gottwald: Internationales Zivilverfahrensrecht, § 11, Rn. 20, 111 ff.; Hau: Positive Kompetenzkonflikte im Internationalen Zivilprozeßrecht, S. 70, 84.

[252] Schack: IZVR, Rn. 791 ff.; a. A. Hau: Positive Kompetenzkonflikte im Internationalen Zivilprozeßrecht, S. 70, 84, der die Lehre von der Wirkungserstreckung für die h. M. hält. Hau übersieht, dass die meisten von ihm zitierten Autoren Einschränkungen bei weitergehenden Rechtskraftwirkungen ausländischer Urteile machen. Es sehen allerdings einige int. Abkommen eine Wirkungserstreckung vor: So bestimmt Art. 1 I 3 des deutsch-belgischen Abkommens: "Die Anerkennung hat zur Folge, dass den Entscheidungen die Wirkung beigelegt wird, die ihnen in dem Staat, in dessen Hoheitsgebiet sie ergangen sind, zukommt."; vgl. Schack: IZVR, Rz. 791 m.w.N. Aus den bilateralen Staatsverträgen können im Verhältnis zu anderen Vertragsstaaten keine Rückschlüsse auf das EuGÜ/Brüssel-I-VO gezogen werden. Grundsätzlich gilt bezüglich der Konkurrenzen mehrerer Staatsverträge das Günstigkeitsprinzip. Dieses wird sich aber gegenüber dem EuGVÜ wegen Art. 55, 56 I EuGVÜ hier nicht durchsetzen können, vgl. Schack: IZVR, Rz. 807 f.

[253] Geimer: IZVR, Rn. 2780 ff.; Kropholler: IPR § 60 IV; Rosenberg/Schwab: Zivilprozeßrecht, § 156 I 2; Hausmann: Die kollisionsrechtlichen Schranken der Gestaltungskraft von Scheidungsklagen, S. 179 f.; Nachweise bei Stein/Jonas/Schumann: ZPO, Bd. 4/1, § 328 Rn. 8; v. Hoffmann: IPR, § 3, Rn. 154 ff.

[254] OLG Frankfurt/M. IPRax 1986, 297; LG Hamburg IPRax 1992, 251, 254; Geimer IZPR, Rz. 2780; Müller, ZZP 79 (1966), 199 ff. (203); Martiny, in:Hdb. IZVR, Bd. III/1 Kap. I, Rz. 370; Bar: Internationales Privatrecht I, Rz. 382; Schack: IZVR, Rz. 796; Hausmann: Die kollisionsrechtlichen Schranken der Gestaltungskraft von Scheidungsklagen, S. 179 f; Stein/Jonas/Schumann: ZPO, Bd. 4/1, § 328 Rn. 8; v. Hoffmann: IPR, § 3, Rn. 154 ff.; a. A.

setzgeber hat mit gutem Grund die Bindung der Gerichte an die Entscheidung über rechtliche Vorfragen (sofern sie nicht Gegenstand einer Zwischenfeststellungsklage waren, § 256 Abs. 2 ZPO) abgelehnt, um die Perpetuierung von Fehlentscheidungen zu vermeiden. Dieser Grundsatz muss im autonomen deutschen Verfahrensrecht auch gegenüber ausländischen Entscheidungen gelten[255]. Soweit die ausländischen Urteilswirkungen umfangreicher sind als vergleichbare deutsche, scheitert die Anerkennung des Urteils gleichwohl nicht vollständig. Nicht anerkannt werden lediglich die dem deutschen Recht unbekannten Wirkungen, beispielsweise Bindungswirkungen hinsichtlich im Urteil festgestellter, vorgreiflicher Rechtsverhältnisse.

Würde man anders verfahren und die ausländischen Urteilswirkungen, die über diejenigen des Anerkennungsstaates hinausgehen, anerkennen, so würde man die Verfahrensordnung des Anerkennungsstaates verletzen. Wäre der Richter in seinem späteren Verfahren im Anerkennungsstaat auch an die im ausländischen Prozess getroffenen präjudiziellen Feststellungen gebunden, womöglich gar im Verhältnis zu nichtbeteiligten Dritten, müsste er möglicherweise nicht nur die Anerkennung eines Fehlurteils akzeptieren, sondern auch den ihm vorliegenden Rechtsstreit ohne Rücksicht darauf entscheiden, ob die unterlegene Partei mit einer so weitgehenden Anerkennung von Urteilswirkungen im Inland rechnen musste. Da kein Anerkennungsstaat ein Interesse daran hat, das Risiko von Auslandsprozessen zu steigern und die Gerechtigkeit durch eine über das im Inland für erträglich gehaltene Maß hinausgehende Präklusion zu beschneiden, verbietet sich im autonomen deutschen Zivilverfahrensrecht eine uneingeschränkte Anerkennung ausländischer Urteilswirkungen. Nach der *Kumulations- oder Gleichstellungstheorie* werden weitergehende Urteilswirkungen vermieden. Würde beispielsweise ein englisches Urteil in Deutschland anerkannt, wäre das deutsche Zweitgericht entsprechend deutschen Vorstellungen zwar an den Urteilsspruch, nicht aber an die Entscheidungsgründe gebunden. Eine Überraschung der Parteien durch eine weitergehende Bindung an die Urteilsgründe ist ausgeschlossen.

Das Fehlen einer entgegenstehenden ausländischen Entscheidung ist Prozessvoraussetzung. Nach der in Deutschland herrschenden ne bis in idem-Theorie ist eine Klage mit dem gleichen Streitgegenstand, der bereits rechtskräftig ent-

---

Gottwald, ZZP 103 (1990), 257 ff. (262); Mansel in: Herausforderungen des Internationalen Zivilverfahrensrechts, hrsg. v. Heldrich u. a., S. 63 ff. (71 f.); Spellenberg, in Stoll (Hrsg.): Stellungnahmen und Gutachten zur Reform des deutschen Internationalen Insolvenzrechts, S. 183 (193); weitere Nachweise bei Borges: Doppelexequatur von Schiedssprüchen, S. 31, sowie Furtak: Die Parteifähigkeit in Zivilverfahren mit Auslandsberührung, S. 184; Nelle: Anspruch, Titel und Vollstreckung im internationalen Rechtsverkehr, S. 240 ff.

[255] Geimer: IZPR, Rn. 2780 ff.

schieden wurde, unzulässig. Grundsätzlich müsste deshalb das Vorliegen einer rechtskräftigen ausländischen Entscheidung bei einem inländischen Rechtsstreit zwischen den gleichen Parteien über denselben Streitgegenstand - eigentlich wie auch im autonomen deutschen Zivilverfahrensrecht - zur Klageabweisung als unzulässig führen, nicht aber zu einem neuen, mit der ausländischen Entscheidung übereinstimmenden Sachurteil. Die Rechtsprechung lässt jedoch Ausnahmen zu, wenn ein besonderes Rechtsschutzbedürfnis für den Erlass einer zweiten inhaltsgleichen Entscheidung besteht. Der BGH hält dieses besondere Rechtsschutzbedürfnis in der Regel für gegeben, wenn es um die Anerkennung ausländischer Urteile geht[256]. Praktisch hat der BGH damit die ne bis in idem-Lehre für ausländische Urteile außer Kraft gesetzt. Er erlässt ein zweites, mit dem ausländischen inhaltlich übereinstimmendes Sachurteil[257]. Das Sachurteil, das inhaltlich ein ausländisches Urteil bestätigt, kann aber keine weitergehenden Wirkungen haben als ein reines inländisches Sachurteil; es muss in diesem Falle das Gleiche gelten wie auch sonst im deutschen Prozessrecht.

Fraglich erscheint, ob die Kumulations- bzw. Gleichstellungstheorie und andere Besonderheiten des autonomen deutschen internationalen Zivilprozessrechts auch im Anwendungsbereich des EuGVÜ/Brüssel-I-VO gelten. Insbesondere stellt sich die Frage, welche Urteilswirkungen ausländischer Urteile im Anwendungsbereich des EuGVÜ/Brüssel-I-VO anzuerkennen sind.

IV. Die Regelung des EuGVÜ/Brüssel-I-VO

Als völkerrechtlicher Vertrag gehen die Regelungen der Art. 26 ff. EuGVÜ, als sekundäres Gemeinschaftsrecht die Brüssel-I-VO dem nationalen Prozessrecht vor. Urteile aus den Mitgliedsstaaten sind daher ohne Rückgriff auf das nationale Recht anzuerkennen.

1. Anerkennung und Vollstreckung ausländischer Entscheidungen nach dem EuGVÜ/Brüssel-I-VO

Das EuGVÜ hat sich bei der Frage der Folgen kollidierender Entscheidungen in Art. 27 Nr. 3 und 27 Abs. 5 (Art. 34 Nr. 3 und 5 Brüssel-I-VO) für eine Mischung aus Prioritäts- und Territorialitätsprinzip entschieden[258]: Die bereits er-

---

[256] BGH NJW 1964, 1626; FamRZ 1986, 665 (667); FamRZ 1987, 370.

[257] Zustimmend: OLG Düsseldorf FamRZ 1989, 97 f.; OLG Braunschweig NJW-RR 1989, 1097; OLG Hamm FamRZ 1989, 1333; 1991, 718; KG NJW-RR 1994, 138; OLG München RIW 1996, 856; Baumann IPRax 1990, 28 f.; Schack, IZVR Rz. 887. Weitere Nachweise bei Bungert IPRax 1992, 225 ff. (231); a. A. Geimer: IZPR, Rn. 2803.

[258] Hau: Positive Kompetenzkonflikte im Internationalen Zivilprozeßrecht, S. 100 f.; Otte (Fn. 14), S. 135 ff.

gangene, wirksame inländische Entscheidung wird der ausländischen vorgezogen, selbst wenn sie zeitlich nach der ausländischen Entscheidung und unter Missachtung der ausländischen Rechtshängigkeit getroffen wurde[259]. Dem Prioritätsprinzip folgt das EuGVÜ und die Brüssel-I-VO dann, wenn die ausländische Entscheidung bereits anerkannt ist; in diesem Fall wird die inländische Entscheidung verdrängt. Im Unterschied zu § 328 I Nr. 3 ZPO stellt die Nichtbeachtung einer früheren Rechtshängigkeit im Anerkennungsstaat gem. Art 21 EuGVÜ (Art. 27 Brüssel-I-VO) nach den Voraussetzungen des Art 27 EuGVÜ (Art. 34 Brüssel-I-VO) keinen Versagungsgrund dar[260].

Hau[261] hält es für wünschenswert, der Rechtskraft derjenigen Entscheidung zur Geltung zur verhelfen, deren Verfahren zuerst rechtshängig geworden ist. Priorität sollte nicht die zuerst ergangene Entscheidung haben, sondern das zuerst eingeleitete Verfahren, um die Missachtung ausländischer Rechtshängigkeit nicht zu begünstigen. Sinn und Zweck der Rechtshängigkeitssperre sprächen für eine Fortwirkung der Präklusion auf der Ebene der Rechtskraft. Das müsse auch dann gelten, wenn das zeitlich später eingeleitete Verfahren im Anerkennungsstaat selber durchgeführt werde. Positive Kompetenzkonflikte könnten nicht auf Kosten des internationalen Entscheidungseinklangs durch eine Begünstigung der eigenen Entscheidung bereinigt werden.

Die Überlegung entspricht weder der geltenden Gesetzeslage, noch erscheint sie zwingend. Der Zweitrichter wird ohnehin die Rechtskraftwirkungen der Erstentscheidung zu respektieren haben und den Inhalt der Entscheidung zur Kenntnis nehmen, weil die Verletzung der Rechtshängigkeit kein Anerkennungshindernis ist. Regelmäßig wird die Erstentscheidung für die Zweitentscheidung - wenn überhaupt - nur präjudiziell sein. "Unvereinbare" Entscheidungen ergeben sich aber nur dann, wenn auch Feststellungen über präjudizielle Rechtsverhältnisse in Rechtskraft erwachsen. Daher ist grundsätzlich denkbar, dass Urteile, die nach der Rechtsprechung des EuGH den "Kernpunkt" derselben Streitigkeit betreffen, sich in ihren Rechtskraftwirkungen nicht ausschließen. Der Nutzen für den internationalen Entscheidungseinklang erscheint daher fraglich.

---

[259] Kritisch zum Territorialitätsprinzip Schack, IZVR, Rz. 854 ff.
[260] V. Hoffmann: IPR, § 3, Rz. 263; Schack: IZVR, Rz. 857.
[261] Hau: Positive Kompetenzkonflikte im Internationalen Zivilprozeßrecht, S. 104 ff.

2. Die objektiven Grenzen der Rechtskraft ausländischer Entscheidungen nach dem EuGVÜ/Brüssel-I-VO

a) Problemstellung

Die Rechtskraftwirkungen gehen in anderen europäischen Zivilprozessordnungen weiter als die herrschenden deutschen Vorstellungen bezüglich des Umfanges der Rechtskraft. Eine materiell-rechtliche Rechtskraftwirkung von Entscheidungen im Sinne der ursprünglichen materiellrechtlichen Theorie ist im deutschen Zivilprozessrecht weitgehend überwunden. Dagegen erwachsen im französischen und englischem Rechtskreis auch die zugrunde liegenden Rechtsverhältnisse oder Teile des Tatbestandes in Rechtskraft. Damit stellt sich die Frage, welche Wirkungen im Zweitprozess anzuerkennen sind.

Das EuGVÜ/Brüssel-I-VO kennt den Begriff der Rechtskraft explizit nicht. Auch nimmt das EuGVÜ/Brüssel-I-VO in Art. 27 Nr. 3 bzw. Art. 34 Nr. 3 keine Bestimmung des Begriffs "Anerkennung" vor[262]. Nach dem von *Jenard*[263] verfassten Sachverständigenbericht zum EuGVÜ von 1968 wurde diese Vorschrift deshalb in den Vertrag eingefügt, weil Rechtskraftkonflikte mit ausländischen Entscheidungen innerhalb der Mitgliedsstaaten unterschiedlich gehandhabt würden. Zum Teil werde er vom ordre-public-Vorbehalt erfasst, zum Teil existierten nationale Vorschriften, die auf den Widerspruch einer Entscheidung des Anerkennungsstaates mit der anerkennungsbedürftigen Entscheidung des Zweitstaates abstellten[264].

Eine Kollision gem. Art. 27 Nr. 3 EuGVÜ/Art. 34 Nr. 3 Brüssel-I-VO liegt dann vor, wenn "die Entscheidung mit einer Entscheidung unvereinbar ist, die zwischen denselben Parteien in dem Staat, in dem die Anerkennung geltend gemacht wird, ergangen ist". Im Gegensatz zum autonomen deutschen Recht, das eine Anerkennung des ausländischen Urteils versagt, wenn es unter Missachtung eines vor einem deutschen Gericht rechtshängigen Verfahrens ergangen ist[265], gilt im Anwendungsbereich des EuGVÜ das Prioritätsprinzip: Solange noch keine inländische Entscheidung ergangen ist, muss ein ausländisches Urteil auch dann anerkannt werden, wenn das Gericht entgegen Art. 21 EuGVÜ/Art. 27 Brüssel-I-VO die deutsche Rechtshängigkeit missachtet hat[266].

Ein Blick auf den *Jenard*-Bericht zeigt, dass das Anerkennungshindernis des Art. 27 Nr. 3 EuGVÜ nicht nur Entscheidungen erfassen sollte, die denselben

---

[262] Kropholler: EuZPR, Vor Art. 33 EuGGVO, Rz. 9.

[263] Abl.-EG 1979 Nr. C 59/1ff.

[264] Jenard-Bericht Abl. EG 1979 Nr. C 59/45

[265] Vgl. S. 75 ff.

[266] Schack: IZVR, Rz. 765.

Streitgegenstand betreffen, sondern auch andere Urteilsdivergenzen. So sollte beispielsweise ein französisches Gericht einem Urteil eines belgischen Gerichts die Anerkennung versagen, wenn ein französisches Gericht in einem zwischen denselben Parteien ergangenen Urteil diesen Vertrag für unwirksam hält, während das belgische Gericht von der Wirksamkeit des Vertrages ausgeht[267]. Das Ergebnis wird allerdings im Bericht zur Neufassung zum EuGVÜ 1978[268] wieder relativiert, stellt die Kommission doch fest, dass es nicht ihre Aufgabe sei, die durch die Verschiedenartigkeit der nationalen Rechtsordnungen auftretenden Probleme in Bezug auf die Rechtskraftwirkungen in allgemeiner Weise zu lösen. Ein eindeutiges Bekenntnis zur Lehre der Wirkungserstreckung oder gar einheitlichen weiten Rechtskraftgrenzen liefern die Materialien selbst nicht. Zunächst ist zu klären, in welchen Fällen zwei Entscheidungen "unvereinbar" i. S. d. Art. 27 Nr. 3 EuGVÜ/Art. 34 Nr. 3 Brüssel-I-VO sind.

b) Bestimmung nach der lex fori

Nach einer Ansicht[269] sind zwei Entscheidungen unvereinbar, wenn die Rechtskraft der Entscheidung des Anerkennungsstaates der anzuerkennenden Entscheidung des ausländischen Staates entgegensteht. Der Umfang der Rechtskraft richtet sich nach dem jeweiligen (nationalen) Prozessrecht des Anerkennungsstaates (lex fori). Der BGH[270] ging wohl zunächst implizit davon aus, dass Art. 27 Nr. 3 EuGVÜ nach der lex fori auszulegen sei, denn er verzichtete zunächst auf eine Vorlage beim EuGH. Nach dieser Auffassung können Rechtskraftwirkungen ausländischer Entscheidungen entsprechend der hier für das autonome deutsche internationale Zivilverfahrensrecht vertretenen Gleichstellungstheorie nur insoweit anerkannt werden, als sie das deutsche Zivilverfahrensrecht kennt.

c) Einschränkung durch das zur Anwendung kommende Sachrecht

Nach der Lehre von der kollisionsrechtlichen Relativität der Rechtskraft[271] ist die materielle Rechtskraft einer Entscheidung auf das im jeweiligen Verfahren angewandte materielle Sachrecht begrenzt. Eine rechtskräftige Entscheidung steht daher nur dann entgegen, wenn über denselben Lebenssachverhalt nochmals auf der Grundlage desselben materiellen Rechts entschieden werden soll.

---

[267] Jenard-Bericht, Abl.-EG 1979 Nr. C59/45.

[268] Schlosser-Bericht, BT-Drs. 10/61, Nr. 191.

[269] Wolf, IPRax 1995, 365 ff ; vgl. zur älteren Rechtsprechung, die den Begriff "unvereinbare Entscheidungen" nach der lex fori auslegt, Lenenbach (Fn. 45), S. 118 Fn. 35.

[270] BGHZ 75, 167, 170 f; OLG Hamm MDR 1982, 504; RIW 1988, 131; vgl. Lenenbach (Fn. 45), S. 119 f; für eine Auslegung nach der lex fori immer noch Dohm (Fn. 27), S. 91.

[271] Hausmann: Die kollsionsrechtlichen Schranken der Gestaltungskraft von Scheidungsurteilen, S. 183 ff.; Wengler/Picone: Internationales Privatrecht, S. 387 ff.; ders.: JZ 1964, 621 ff.

Da die rechtskräftige Entscheidung eines Urteils auf die Feststellung der Rechtslage in einer bestimmten Rechtsordnung beschränkt ist, steht die Rechtskraft dieses Urteils einer Zweitentscheidung über denselben Sachverhalt auf der Grundlage einer anderen materiellen Rechtsordnung nicht entgegen. Taucht die bereits rechtskräftig entschiedene Frage nach dem Bestehen oder Nichtbestehen eines Rechtsverhältnisses in einem späteren Verfahren als Vorfrage auf, so entfaltet sie Rechtskraft nur insoweit, als sie nach demselben Recht zu beurteilen ist, nach dem sie auch im Forumstaat als Hauptfrage zu beantworten war. Die Bindungswirkung des Urteils ist also auf das Sachrecht begrenzt, welches der Erstentscheidung zugrunde liegt.

Die Theorie wurde insbesondere mit Blick auf die Gestaltungswirkung von Scheidungsurteilen ausführlich diskutiert[272]. Da die rechtskräftige Feststellung der Rechtslage auf eine bestimmte Rechtsordnung beschränkt sei, stehe die Rechtskraft dieses Urteils einer Zweitentscheidung über denselben Sachverhalt auf der Grundlage einer anderen materiellen Rechtsordnung nicht entgegen. Die Bindungswirkung des Urteils sei auf das der Entscheidung zugrunde liegende Recht begrenzt. Ein präjudizielles Rechtsverhältnis wäre demnach nur zu berücksichtigen, wenn dieses sowohl nach dem Kollisionsrecht des Urteilsstaates als auch nach der lex fori des Anerkennungsstaates nach dem gleichen materiellen Recht zu beurteilen wäre. In der Rechtsprechung hat sich die Lehre von der kollisionsrechtlichen Relativität der Rechtskraft bei der Frage nach dem Umfang der Gestaltungswirkungen ausländischer Ehescheidungen zunächst durchsetzen können[273].

Übertragen auf die Rechtshängigkeit bedeutet dies, dass Art. 21 EuGVÜ/Art. 27 Brüssel-I-VO mangels Streitgegenstandsidentität nicht eingreift, wenn die Gerichte mehrerer Vertragsstaaten über denselben Lebenssachverhalt unter Anwendung verschiedenen sachlichen Rechts entscheiden. Der misslichen Situation, dass sich die Gerichte eines Vertragsstaates zugunsten eines Forums für unzuständig erklären, weil dessen zu erwartende Entscheidung im Vollstreckungsstaat wegen der abweichenden Beurteilung einer Statusfrage nach dem früheren

---

[272] Hausmann: Die kollisionsrechtlichen Schranken der Gestaltungskraft von Scheidungsurteilen, München, 1980; Wengler/Picone: Internationales Privatrecht, S. 387 f.; ders. JZ 1964, 621 ff.; Jayme, NJW 1973, 934 f.; ders. RabelsZ 36 (1972), 19 ff.; MüKo/Coester: Art. 13 EGBGB, Rn. 51 f.; kritisch: Geimer: IZPR, Rn. 363; Martiny, in Hdb. IZVR III/1 Kap. I, Rn. 384 ff.; Lüderitz, IPRax 1987, 74.; Winkler v. Mohrenfels, IPRax 1988, 341 ff.

[273] OLG München IPRax 1988, S. 354; m. Anm. Winkler v. Mohrfels S. 341; BGH NJW 1972, S. 179 m. Anm. Jayme. BGH FamRZ 1977, S. 384 = NJW 1977, S. 1014; OLG Hamm FamRZ 1973, S. 143 m. Anm. Jayme.

Art. 27 Nr. 4 EuGVÜ[274] nicht anerkannt wird, wäre hier schon im Verfahrensstadium vorgebeugt[275].

Sowohl die Bestimmung der Grenzen der Rechtskraft nach der lex fori des Anerkennungsstaates als auch durch das zur Anwendung kommende Sachrecht haben gemeinsam, dass diese aufgrund der unterschiedlichen Regelungen der zur Anwendung berufenen Rechtsordnungen von Fall zu Fall zu verschiedenen Ergebnissen führen. Daher stellt sich die Frage, ob eine solche Anwendung unterschiedlicher nationaler Regelungen mit dem Ziel einer Vereinheitlichung des europäischen Zivilprozessrechts vereinbar ist und dem Zweck der Art. 27 Nr. 3 EuGVÜ/Art. 34 Nr. 3 Brüssel-I-VO entspricht.

d) Vertragsautonomes Verständnis der Art 27 Nr. 3 EuGVÜ/Art. 34 Nr. 3 Brüssel-I-VO

Autonome Auslegung bedeutet, dass nicht das Recht eines der beteiligten Staaten für die Auslegung eines Rechtsbegriffs maßgeblich ist, sondern die Zielsetzung und die Systematik des Übereinkommens selbst sowie allgemeine Rechtsgrundsätze, die sich aus einer rechtsvergleichenden Betrachtung der Gesamtheit der innerstaatlichen Rechtsordnungen ergeben[276].

aa) Die Auslegung des Begriffs "unvereinbar" durch den EuGH

Nach Ansicht des EuGH[277] ist der Begriff "unvereinbar" autonom auszulegen, so dass nicht das Prozessrecht des Anerkennungsstaates den Umfang der Rechtskraftwirkungen vorgibt, sondern eine eigenständige Auslegung des Begriffs erforderlich ist. Zur Frage der Anerkennung von Urteilswirkungen nimmt der Gerichtshof in der Entscheidung "Hoffmann/Krieg"[278] Stellung: "Unvereinbare" Entscheidung lägen vor, wenn sich die Urteilswirkungen gegenseitig ausschlössen. Dies sei bei einer in den Niederlanden zu vollstreckenden deutschen Unterhaltsentscheidung auf der einen Seite und einem niederländischen Schei-

---

[274] Eine Entscheidung wird gem. Art. 27 Nr. 4 EuGVÜ nicht anerkannt, wenn das Gericht bei seiner Entscheidung hinsichtlich einer Vorfrage, die den Personenstand, die Rechts- und Handlungsfähigkeit sowie die gesetzliche Vertretung einer natürlichen Person, die ehelichen Güterstände, das Gebiet des Erbrechts einschließlich des Testamtensrechts betrifft, sich in Widerspruch zu einer Vorschrift des IPR des Anerkennungsstaates gesetzt hat.

[275] Isenburg-Epple (Fn. 13), S. 252 f.

[276] V. Hoffmann: IPR, § 3, Rz. 192; grundsätzlich EuGH "Eurocontrol" NJW 1977, 489.

[277] Ganz h.M.: EuGH Gubisch/Palumbo Slg 1987, 4861 = NJW 1989, 665; Tatry/Maciej Rataj EuZW 1995, 309 (s. S. 9 ff.); zustimmend Schack, IPRax 1989, 139 (140); ders. IZVR, Rz. 859.

[278] Urt. v. 4.2.88 - Rs. 145/86 IPRax 1989, 159 ff; Anm. Schack, IPRax 1989, 139 ff. (vgl. auch S. 13 ff.).

dungsurteil auf der anderen Seite der Fall, weil das deutsche Urteil, das Unterhalt für die Zeit des Getrenntlebens zuspreche, notwendigerweise das Fortbestehen der Ehe voraussetze. Ein großer Teil der Literatur unterstellt, dass der EuGH in dieser Entscheidung der Theorie der Wirkungserstreckung folgt, stellt der EuGH doch in den Entscheidungsgründen fest, dass eine Entscheidung im Anerkennungsstaat "grundsätzlich" die Wirkungen haben soll, die er im Urteilsstaat entfaltet.[279]. Der Umfang der Einschränkung bleibt im Dunkeln.

Die Feststellung, dass sich die *Rechtsfolgen* beider Urteile gegenseitig ausschließen, war zur Begründung der Entscheidung jedoch gar nicht notwendig. Das Scheidungsurteil, das in der Entscheidung "Hoffmann ./. Krieg" eine Rolle spielte, hat stets rechtsgestaltende Wirkung; das Zweitgericht kann demnach die Voraussetzung "Scheidung der Ehe" nicht selbst prüfen, sondern ist stets an das Ersturteil gebunden, § 1313 Abs. 1 S. 2 BGB. Dies ist auch in den Niederlanden nicht anders als in Deutschland[280]. Den Schluss auf eine Rechtskraftwirkung präjudizieller Rechtsverhältnisse lässt diese Entscheidung allein nicht zu: Zum einen stellt das Scheidungsurteil die Aufhebung der Ehe rechtsgestaltend fest; es handelt sich um direkte Rechtskraftwirkung. Zum anderen dürften mit dem Begriff "unvereinbar" hier diese rechtsgestaltende Wirkung gemeint sein.

Dagegen wird eingewandt, es handle sich in der Konstellation "Hoffmann ./. Krieg" gar nicht um "unvereinbare Entscheidungen", sondern um Versäumnisse einer Prozesspartei[281]. Die Entscheidung war in Deutschland mangels Durchführung eines besondern formellen Anerkennungsverfahrens gem. Art. 7 § 1 FamRÄndG ohnehin nicht anzuerkennen, so dass ein Urteilswiderspruch tatsächlich nicht besteht. Die Entscheidung sei insofern unglücklich, als der Widerspruch prozessual hätte bereinigt werden können. Der zur Zahlung verurteilte Ehemann hätte gem. Art. 7 § 1 FamRÄndG[282] die Anerkennung des Scheidungsurteils in

---

[279] So Lenenbach (Fn. 45), S. 132; Kropholler: EuZPR, Vor 33 EuGGVO, Rz. 9 m. w. N; Geimer: IZPR, Rn 2784 ff. geht davon aus, dass anders als im autonomen Prozessrecht die Lehre von der Wirkungserstreckung im EuGVÜ gilt. Für Wirkungserstreckung auch Martiny, Hdb. IZVR Bd. III/2 Kap. II, Rz. 70; Geimer/Schütze, Art. 33 EuGGVO, Rz. 37 ff.; kritisch Otte (Fn. 14), S. 187 ff.: ein Bekenntnis zur Theorie der Wirkungserstreckung sei aus der Entscheidung nicht ablesbar; a. A. Schack, IPRax 1989, 139, 142; IZVR Rz. 796: Die Gleichstellungs- oder Kumulationstheorie gelte auch im Bereich des EuGVÜ/Brüssel-I-VO.

[280] Ein Scheidungsurteil bedarf in Anlehnung an den franz. Code Civil nach niederländischem Recht gem. Art. 1:163 BW der Eintragung in das Standesregister, um wirksam zu werden. Wird eine Wirksamkeit im vorliegenden Fall unterstellt, wirkt das Urteil wie im deutschen Recht rechtsgestaltend; vgl. Bergmann/Ferid/Henrich/Weber: Internationales Ehe- und Kindschaftsrecht, Länderteil Niederlande, S. 53 und Bachmann, StAZ 1972, 69.

[281] Vgl. Lenenbach (Fn. 45), S. 133.

[282] Nach der Brüssel-II-VO entfällt das Anerkennungsverfahren gem. Art. 7 § 1 FamRÄndG - vgl. z. B. Hohloch, FF 2001, 45 ff.

Deutschland beantragen müssen. Danach wäre gem. Art. 15 AVAG eine Vollstreckungsgegenklage (§ 767 ZPO) möglich gewesen. Das Urteil in diesem Verfahren wäre dann auch in den Niederlanden anerkannt worden.

Jedoch liegt aus Sicht des niederländischen Rechts, nach dem offensichtlich die Anerkennung der Entscheidung in Deutschland gem. Art. 7 § 1 FamRÄndG keine Wirksamkeitsvoraussetzung für das eigene Scheidungsurteil ist, ohne Zweifel ein Urteilswiderspruch vor. Letztlich lässt sich den Entscheidungsgründen nicht ohne weiteres entnehmen, dass nach Ansicht des EuGH unabhängig vom Prozessrecht des Erststaates Entscheidungen über präjudizielle Rechtsverhältnisse immer in Rechtskraft erwachsen.

bb) Konsequenzen für den Umfang der Rechtskraft

In der Entscheidung "Tatry"[283] stellt der EuGH im Rahmen des Art. 21 EuGVÜ fest, dass der Begriff "desselben Anspruchs" (demandes ayant le même objet et la même cause) sowohl den Sachverhalt als auch die Rechtsvorschriften umfasse, auf welche die Klage gestützt werde[284]. Ein Gleichlauf zwischen Rechtskraft und der Rechtshängigkeit ist indes auch nach der Rechtsprechung des EuGH nicht zwingend gegeben.

Feststellungen zur Unvereinbarkeit treffen die Entscheidungen "Tatry" und "Gubisch", in denen es allein um den Anwendungsbereich der Rechtshängigkeitssperre aus Art. 21 EuGVÜ ging, nur obiter dicta. Dass damit *sämtlichen* Urteilen weite Rechtskraftwirkungen beigelegt werden soll, auch wenn das jeweilige Prozessrecht diese nicht kennt, ist daraus nicht zu folgern. Eindeutig ist die Rechtslage allerdings nicht[285], wenn der EuGH von dem "Kernpunkt" des Rechtsstreits auf die "Unvereinbarkeit" der Entscheidungen schließt. In der Entscheidung "Tatry" standen sich die positiven Feststellungsklagen der Geschädigten auf Feststellung der Ersatzpflicht, kombiniert mit einer Klage auf Zahlung von Schadensersatz, und eine negative Feststellungsklage mit dem Antrag, dass keine Schadensersatzpflicht bestehe, gegenüber. Dieser Entscheidung liegt ein direkter Rechtskraftkonflikt zugrunde: Die Abweisung der negativen Feststellungsklage beinhaltet die Feststellung der Leistungspflicht. Daher kann aus dieser Entscheidung ein weiter Rechtskraftbegriff, der auch präjudizielle Rechtsverhältnisse umfasst, nicht hergeleitet werden. Unabhängig von der Frage, in welchen Fällen unvereinbare Entscheidungen i. S. d. Art. 34 Nr. 3 Brüssel-I-VO vorliegen, würde das autonome deutsche Zivilverfahrensrecht einen solchen direkten Rechtskraftkonflikt nicht hinnehmen und nach dem *Prioritätsprinzip* der

---

[283] EuGH EuZW 95, 309.

[284] EuGH "Tatry" Rdn. 39. S. S. 10.

[285] Vgl. Lenenbach (Fn. 45), S. 130 ff.; Otte (Fn. 14), S. 158 f.

zeitlich früheren Entscheidung den Vorzug geben oder zumindest gegen die Zweitentscheidung die Restitutionsklage gem. § 580 Nr. 7a ZPO zulassen[286].

Ganz anders stellt sich jedoch die Entscheidung "Gubisch" dar. Dort geht der EuGH auch dann von Streitgegenstandsidentität aus, wenn sich Leistungs- und Feststellungsklage gegenüberstehen, das Vertragsverhältnis aber identisch ist. Hier ist die Feststellungsklage für die Entscheidung der Leistungsklage (nur) *präjudiziell.* Zwar stellt auch die Entscheidung über die Leistungsklage unter Missachtung der Ergebnisse der Feststellungsklage einen Rechtskraftverstoß dar. Anders als bei einem direkten Rechtskraftkonflikt, bei dem sich die Rechtsfolgen gegenseitig ausschließen, können hier grundsätzlich beide Urteile nebeneinander bestehen[287]. Die vom EuGH obiter dicta gezogenen Grenzen des Begriffes der "unvereinbaren Entscheidungen" aus Art. 27 Nr. 3 EuGVÜ/Art. 34 Nr. 3 Brüssel-I-VO können mit den klassischen Grenzen der Rechtskraft nicht mehr in Einklang gebracht werden. In diesem Fall die Rechtshängigkeitssperre aus Art. 21 EuGVÜ/Art. 27 Brüssel-I-VO eingreifen zu lassen, ist zunächst vor dem gewohnten funktionellen Zusammenhang zwischen Rechtskraft und Rechtshängigkeit nicht erklärbar. Offenbar soll hier schon der abstrakten Möglichkeit eines Rechtskraftkonfliktes vorgebeugt werden.

Auch der materiellrechtliche Ansatz des EuGH stützt die Annahme einer Wirkungserstreckung. Das EuGVÜ/Brüssel-I-VO nimmt die unterschiedlichen Wirkungen der Urteile in den einzelnen Mitgliedsstaaten hin, ohne Rücksicht darauf, welche materiell-rechtlichen bzw. verfahrensrechtlichen Regeln den Wirkungen zugrunde liegen. Nach der Theorie der Wirkungserstreckung entfaltet das ausländische Urteil sämtliche Wirkungen, die das Prozessrecht des Urteilsstaates ihm beilegt, auch wenn diese dem autonomen deutschen Zivilverfahrensrecht unbekannt sind. Daher sind im europäischen Zivilverfahrensrecht auch diejenigen Rechtskraftwirkungen tragender Urteilselemente anzuerkennen, die der englischsprachige und frankophone Rechtskreis und die griechische Rechtsordnung ihren Urteilen beilegt. Widersprüche zwischen rechtskraftfähigen Feststellungen sind daher im Rahmen des europäischen Zivilprozessrechts in weit größerem Umfang zu erwarten, als dies bislang im autonomen deutschen Zivilverfahrensrecht der Fall war.

cc) Alternative Lösungsmöglichkeiten vertragsautonomer Auslegung

Schack[288] schlägt als Alternative zur Wirkungserstreckung der Rechtskraft vor, den Begriff "wegen desselben Anspruchs" in Art. 21 EuGVÜ weit, den der

---

[286] Vgl. Otte (Fn. 14), S. 136 ff.
[287] Vgl. Otte (Fn. 14), S. 141 f.
[288] Schack: IZVR, Rz. 859; IPRax 1989, 139 ff.; ebenso Otte (Fn. 13), S. 214.

"Unvereinbarkeit" in Art. 27 Nr. 3 EuGVÜ dagegen eng auszulegen. Dadurch soll verhindert werden, dass die inländische Entscheidung gem. Art. 27 Nr. 3 EuGVÜ die Anerkennung der ausländischen sperrt, andererseits sollen Rechtskraftkonflikte durch Parallelprozesse schon im Vorfeld durch die Verfahrenskoordination (Art. 21 EuGVÜ) vermieden werden. Mit der weiten Auslegung des Begriffs "desselben Anspruchs" könne der EuGH die Entstehung widersprechender Entscheidung verhindern[289].

Lenenbach[290] stellt hierzu fest: "Einander widersprechende Urteile können nach Abschluss des ersten Verfahrens nur durch die materielle Rechtskraft des ersten Urteils und deren Anerkennung nach Art. 26 Abs. 1 EuGVÜ vermieden werden. Es besteht ein enger systematischer Zusammenhang zwischen den Artt. 21, 22, 26 Abs. 1 und 27 Nr. 3 EuGVÜ, dessen Bedeutung für die Auslegung von Art. 27 Nr. 3 es zu klären gilt". Zwischen Rechtshängigkeit (Art. 21 EuGVÜ) und Unvereinbarkeit gem. Art. 27 Nr. 3 EuGVÜ bestünde ein Zusammenhang in dem Sinne, dass beide Vorschriften der Vermeidung widersprechender Entscheidungen dienten. Hieraus ließe sich aber nicht herleiten, dass der Begriff "desselben Anspruchs" genau so auszulegen sei wie der Begriff der "unvereinbarer Entscheidungen". Vielmehr sei es notwendig, die Anzahl unvereinbarer Entscheidungen durch eine enge Auslegung des Art. 27 Nr. 3 EuGVÜ zu reduzieren. *Lenenbach*[291] will die Rechtskraftwirkungen ausländischer Urteile im Bereich des EuGVÜ nach den Regeln beurteilen, die der Anerkennungsstaat der Rechtskraft seiner (inländischen) Urteile beilegt. Dadurch werde ein Gleichlauf in der Behandlung in- und ausländischer Urteile erzielt. Art. 26 Nr. 1 EuGVÜ regele nur die Anerkennung ausländischer Entscheidungen, nicht aber den Umfang der Urteilswirkungen im Folgeprozess. Demnach richte sich der Begriff der "Unvereinbarkeit" nach den nationalen Verfahrensrechten. Der Umfang der Rechtskraftwirkung richte sich nach dem jeweiligen Prozessrecht des Urteilsstaates unter Berücksichtigung von Umfang und Grenzen der Rechtskraft im Anerkennungsstaat. Klagt der Vermieter vor einem französischen Gericht auf Mietzinszahlung und vor einem englischen Gericht auf Schadensersatz wegen Beschädigung der Mietsache, sind beide Urteile unvereinbar, wenn die Gerichte das Bestehen des Mietverhältnisses unterschiedlich beurteilen. Wird vor einem deutschen Gericht geklagt, fehlt es an einer solchen Unvereinbarkeit, weil das deutsche Recht keine Rechtskraft präjudizieller Rechtsverhältnisse kennt. Hat das deutsche Gericht die französische Entscheidung übersehen, soll der Prozess gem. § 580 Nr. 7a ZPO wieder aufgenommen werden können. Für *Schack* und *Lenenbach*, die beide der Kumulations- oder Gleichstellungstheorie folgen, stellt

---

[289] Ähnlich wohl auch Rüßmann, der eine Sperrwirkung des Art. 21 in diesen Konstellationen annimmt und den Bekl. auf die Widerklage verweist, IPRax 1995, 76 ff. (80).

[290] Lenenbach (Fn. 45), S. 122 ff.

[291] Lenenbach (Fn. 45), S. 151 ff.

sich demnach das Problem der Anerkennung unbekannter Rechtskraftwirkungen nicht.

M. Wolf[292] geht dagegen vom Prinzip der "Meistbegünstigung" aus: Der Umfang der Rechtskraft des anzuerkennenden Urteiles bestimme sich nach der Rechtskraftlehre desjenigen Staates, der seinen Entscheidungen die geringsten Rechtskraftwirkung beilege. Bei autonomer Auslegung des EuGVÜ sei Unvereinbarkeit im Sinne einer Meistbegünstigung zu verstehen, d. h. die Rechtsordnung mit den großzügigsten Anerkennungsbedingungen setze den Maßstab der Unvereinbarkeit für alle Mitgliedsstaaten. Um unerträgliche Widersprüche zu vermeiden, soll aber in den Fällen, in denen inhaltliche Unvereinbarkeit bestehe, die nicht von Art. 27 Nr. 3 EuGVÜ erfaßt werde, der ordre public eingreifen.

Koch[293] will die Vorschrift des Art. 27 Nr. 3 EuGVÜ/34 Nr. 3 Brüssel-I-VO zugunsten eines weiten vertragsautonomen Rechtskraftbegriffes auslegen. Nach dieser Ansicht sind Entscheidungen immer unvereinbar, wenn sie zwar nach deutschen Vorstellungen über verschiedene Streitgegenstände ergehen, sich aber hinsichtlich der Feststellungen zu den präjudiziellen Rechtsverhältnissen widersprechen, und zwar unabhängig vom jeweiligen Rechtskraftverständnis des Urteilsstaates. *Koch* zieht damit die schärfste Konsequenz aus den Entscheidungen "Gubisch" und "Tatry" nach dem Funktionszusammenhang von Art. 21, 22 und 27 EuGVÜ. Konsequent geht er auch davon aus, dass dementsprechend präjudizielle Rechtsverhältnisse an der Rechtskraft teilnehmen. So soll auch die Entscheidung über eine Teilklage das Bestehen der zugrunde liegenden Forderung feststellen[294], die Entscheidung über die Rückzahlung des Darlehns die Wirksamkeit des Darlehensvertrages fixieren und die Herausgabeklage gem. § 985 BGB rechtskräftig die Eigentumsverhältnisse klären[295].

Mauro[296] vertritt die denkbar weiteste Auslegung des Begriffs der Unvereinbarkeit, da er unvereinbare Entscheidungen immer schon dann annimmt, wenn die Gerichte die entscheidungserheblichen Tatsachen oder Rechtsverhältnisse unterschiedlich gewürdigt haben. Während Art. 605 franz. NCPC nur von "Widerspruch" (contrariété) bei identischen Parteien und Streitgegenstand spreche, gehe der Begriff der Unvereinbarkeit weiter. Irgendein Widerspruch in den Urteilsgründen (motifs) reiche dann aus, um die Sperre des Art. 27 Nr. 3 EuGVÜ auszulösen.

---

[292] M. Wolf, FS für Schwab, S. 561, 567 ff.
[293] Koch (Fn. 26), S. 1; ähnlich: Martiny, Hdb. IZVR Bd. III/2 Kap. II, Rz. 139.
[294] Koch (Fn. 26), S. 79.
[295] Koch (Fn. 26) S. 80.
[296] Mauro, Gaz.Pal.1980,1, Doctr. 144 ff.

e) Stellungnahme

Ein Kernproblem, das sich bei der Anwendung von Staatsverträgen immer wieder stellt, ist die Frage, ob die Rechtsfindung vertragsautonom oder anhand eines staatlichen Rechtes erfolgen soll, d. h. ob die Rechtsfolge eine Verweisung in das jeweilige Sachrecht eines Staates darstellt. Dabei ist die Frage nach den Grenzen der Rechtskraft von der Frage der Auslegung des Begriffes "unvereinbar" aus Art. 27 Nr. 3 EuGVÜ/Art. 34 Nr. 3 Brüssel-I-VO zu unterscheiden. Während das EuGVÜ/Brüssel-I-VO die Folgen unvereinbarer Entscheidungen selbst regelt, findet sich dort keine ausdrückliche Aussage zu den Grenzen der Rechtskraft. Die Unterscheidung ist schon deshalb nötig, weil es nach Art. 27 Nr. 3 EuGVÜ/Art. 34 Nr. 3 Brüssel-I-VO nur um die Frage der Anerkennung geht, d. h. um die Rechtsfolge, ob die ausländische Entscheidung im Inland durchgesetzt bzw. vollstreckt werden kann oder nicht, während bei der Rechtskraft die inhaltliche Bindung eines inländischen Gerichts an die ausländische Entscheidung in Rede steht, also zu fragen ist, ob und in wieweit das entscheidende Gericht von der (anerkannten) Entscheidung des ausländischen Gerichts abweichen darf.

Die erste Frage hat die Rechtsprechung des EuGH eindeutig zugunsten einer autonomen Auslegung des Begriffes "unvereinbarer Entscheidung" entschieden, um die einheitliche Anwendung der Konvention zu gewährleisten[297]. Eine Auslegung nach der lex fori dient diesem Ziel nicht und trägt zur Rechtszersplitterung bei. Sie ist nach der Entscheidung des EuGH obsolet.

Die Lehre von der kollisionsrechtlichen Relativität der Rechtskraft nimmt keine vertragsautonome Auslegung des Begriffes vor, weil sie die Grenzen der Rechtskraft allein durch das zur Anwendung berufene Sachrecht bestimmen will. Hier fehlt es an einer einheitlichen Begriffsbildung, weil die Grenzen der Rechtskraft nach dem jeweils zur Anwendung berufenen Sachrecht variieren. Zweifelhaft erscheint bereits, ob der Streitgegenstand überhaupt nach dem zur Anwendung kommenden Sachrecht bestimmt werden kann[298]. Diese Lehre hat nichts mit der Lehre *Schumanns*[299] von der Relativität des Streitgegenstandsbegriffes gemein und bildet keinen teleologisch verstandenen prozessualen Streitgegenstandsbegriff aus, sondern entnimmt diesen aus dem anwendbaren Sachrecht. Die Auffassung ist mit dem EuGVÜ/Brüssel-I-VO nicht vereinbar, da die Rechtsanwendung des ausländischen Gerichts nicht nachgeprüft werden darf. Die Anerkennung darf nicht versagt werden, weil das Gericht des Urteilsstaates ein anderes Recht angewendet hat als dasjenige, welches nach den Vorschriften

---

[297].EuGH Gubisch/Palumbo NJW 1989, 665; Kropholler: EuZPR, Einl., Rz. 41.

[298] Isenburg-Epple (Fn. 13), S. 262 f.

[299] Vgl. 1. Teil, IV, 2d).

des internationalen Privatrechts des Anerkennungsstaates anwendbar wäre[300]. Zwar sah das Übereinkommen eine Ausnahme von dieser Regel vor, wenn es sich um Vorfragen handelte, die den Personenstand, die Rechts- und Handlungsfähigkeit oder die gesetzliche Vertretung, die ehelichen Güterstände, Testaments- und Erbschaftssachen betrafen, es sei denn, dass die Entscheidung zu dem gleichen Ergebnis geführt hätte, wenn die Regeln des internationalen Privatrechts des Anerkennungsstaates angewendet worden wären (Art. 27 Nr. 4 EuGVÜ). Der Verordnungsgeber hat jedoch Art. 27 Nr. 4 EuGVÜ nicht in die Brüssel-I-VO übernommen.

Richtig ist zwar, dass bei der Bestimmung des Rechtskraftbegriffs streng zwischen "echten" Rechtskraft- und Tatbestandswirkungen zu unterscheiden ist, welche sich nach dem anwendbaren Sachrecht beurteilen. Wie aber bereits aufgezeigt wurde, definiert die Bestimmung des Begriffes "unvereinbar" selbst nicht die Grenzen der Rechtskraft, sondern einen selbstständigen Versagungsgrund der Anerkennung ausländischer Entscheidungen. Die Lehre von der kollisionsrechtlichen Relativität der Rechtskraft verstellt den Blick auf diesen Unterschied. Auch wenn die Tatbestandswirkungen des Urteils stets der lex causa zu entnehmen sind, d. h. der materiell zur Anwendung berufenen Rechtsordnung, wird damit weder eine Aussage über die "echten" Rechtskraftwirkungen, d. h. die prozessuale Bindungswirkung des Urteils, noch über das Merkmal "unvereinbar" getroffen. Entscheidungswidersprüche sind hier vorprogrammiert. Im Übrigen sehen weder § 328 ZPO noch das EuGVÜ/Brüssel-I-VO eine kollisionsrechtliche Überprüfung der Entscheidung vor. Die Ansicht ist daher abzulehnen[301].

Schließlich können aber auch *Koch* und *Mauro* die Vertragskonformität ihrer Ansätze nicht belegen. In den dargestellten Urteilen des EuGH nahm dieser unvereinbare Entscheidungen nur bei "echten" Rechtskraftkonflikten an, ohne dass hiermit festgestellt ist, dass die Entscheidung über Vorfragen in Rechtskraft erwüchse. Wieso solche "vertragsautonome" Auslegung das Recht von mehr als der Hälfte der Vertragsstaaten im grenzüberschreitenden Kontext ignorieren darf, während es im nationalen Recht bei der Rechtskraftbegrenzung bleiben soll, bleibt unbeantwortet[302]. Die Prozessparteien im Anwendungsbereich des EuGVÜ/Brüssel-I-VO stets mit derart weitgehenden Urteilswirkungen zu überraschen, die das Verfahrensrecht des Anerkennungsstaates gar nicht kennt, berührt die Belange des rechtlichen Gehörs und sorgt für eine Rechtsfrage mit Verfassungsrang. Auch dient die Auffassung nicht dem Ziel, die Freizügigkeit der Entscheidungen zu fördern, vielmehr ist zu befürchten, dass es aufgrund der er-

[300] Jenard-Bericht, Abl. EG 1979 C 59/46.
[301] Nagel/Gottwald: IZPR, § 11, Rz. 125.
[302] Otte (Fn. 14), S. 201.

weiterten Rechtskraftwirkung vermehrt zu Entscheidungswidersprüchen kommen wird[303]. Letztlich führt die Ansicht zu einer unnötigen Streitaufblähung, die das Recht des Urteilsstaates - soweit es enge Rechtskraftgrenzen kennt - gerade vermeiden will. Um einer inhaltlich falschen Begründung des Urteils zu entgehen, sind die Parteien in vielen Fällen gezwungen, Rechtsmittel einzulegen, um nicht an die Feststellungen des Urteils gebunden zu werden.

Wer die Urteilsanerkennung dagegen stärken will, fordert wie *M. Wolf* "meistbegünstigend" die Anwendung des Rechts des anerkennungsfreundlichsten Mitgliedsstaates. Am anerkennungs-freundlichsten ist das Prozessrecht mit einem möglichst engen Rechtskraftbegriff. Inhaltlich vertritt er das genaue Gegenteil von *Koch* und *Mauro*. Auch die Anwendung des Art. 21 EuGVÜ/Art. 27 Brüssel-I-VO bleibt auf ein Mindestmaß an Kosten der Koordinierung paralleler Verfahren beschränkt. Widersprüchlich ist jedoch die Forderung, die Rechtskraftgrenzen zur Vermeidung widersprechender Entscheidungen für alle Mitgliedsstaaten auf die großzügigsten Anerkennungsbedingungen, d. h. unter Bezug auf den engsten Rechtskraftbegriff, zu begrenzen, wenn zuvor von ihm selbst die Berücksichtigung der Rechtskraftwirkungen des Urteilsstaates gefordert wurde[304]. Soll die Anerkennung der Urteils in einem Staat stattfinden, welcher ebenfalls weite Rechtskraftwirkungen kennt, werden die Rechtskraftwirkungen durch die Anerkennung nicht beseitigt. Urteilswidersprüche stehen nach seinem Verständnis des europäischen Verfahrensrechts zwar nicht in einem Rechtskraftkonflikt nach dem EuGVÜ/Brüssel-I-VO, der Rechtskraftkonflikt zu einem Urteil aus einem Staat mit weiten Rechtskraftgrenzen bestünde jedoch zumindest aus Sicht dieses Staates fort. Für einen Richter, der aus seiner Rechtsordnung weite Rechtskraftgrenzen gewohnt ist, wäre es nicht nachvollziehbar, warum die Entscheidungen vereinbar seien sollten, obwohl diese aus seiner Sicht unter einem Rechtskraftverstoß litten. Die Auffassung trägt jedoch denjenigen Staaten keine Rechnung, deren Prozessrecht einen weiten Rechtskraftbegriff kennt. Im Zweifel bestünde die Gefahr, dass die Gerichte vermehrt und aus pragmatischen Erwägungen auf den ordre public zurückgriffen, um die für sie unverständlichen Folgen zu vermeiden. Der Anerkennungsfreundlichkeit wäre damit ein Bärendienst erwiesen. Anerkennungsfreundlich ist im Grundsatz auch die in diesem Zusammenhang von *Schack* und *Lenenbach* vertretene Gleichstellungs- oder Kumulationstheorie; diese nimmt aber ebenfalls Urteilswidersprüche in Kauf. Die Begrenzung der Urteilswirkungen würde regelmäßig auf das Unverständnis solcher Staaten stoßen, die weite Rechtskraftgrenzen kennen. Sie müssten auch solche Entscheidungen anerkennen, die nach ihrem eigenen Rechtskraftverständnis im Widerspruch zu einer eigenen Entscheidung stehen.

---

[303] Lenenbach (Fn. 45), S. 146 ff.

[304] So auch Otte (Fn. 14), S. 204 ff.

Die Rechtsprechung des EuGH lässt sich durch eine Einschränkung der Urteilswirkungen nicht erklären. Weder ist nachvollziehbar, warum die Rechtshängigkeitssperre im Verhältnis zweier Vertragsstaaten mit engem Rechtskraftverständnis bereits durch das zugrunde liegende identische materiellrechtliche Rechtsverhältnis ausgelöst werden sollte, noch wäre es bei der Frage nach dem Vorliegen "unvereinbarer Entscheidungen" oder der Rechtshängigkeit notwendig oder förderlich, auf den "Kernpunkt" der Streitigkeit abzustellen. Vielmehr versucht der EuGH mit seiner "Kernpunkttheorie" zwischen allen beteiligten Rechtsordnungen zu vermitteln und Urteilswidersprüche auch dann zu vermeiden, wenn nach einem weiten Rechtskraftbegriff ein Rechtskraftverstoß zu erwarten ist. Das Verfahren sollte - wie in "Hoffmann ./. Krieg" obiter dicta zur zweiten hier aufgeworfenen Frage festgestellt wird - in der Weise koordiniert werden, dass sich die Frage nach den Grenzen der Rechtskraft nach dem Recht des Urteilsstaates beantwortet und dessen Entscheidungswirkungen vorbehaltlos anerkannt werden.

Auch die Theorie der Wirkungserstreckung vermeidet widersprechende Entscheidungen, und zwar nicht erst auf der Ebene der Anerkennung, indem die Wirkungen des Urteils entsprechend den vorgenannten Literaturauffassungen auf ein geringeres Maß gestutzt werden, sondern bereits auf der Ebene der Entscheidungsfindung, weil eben von den Feststellungen des Erstgerichts nicht abgewichen werden darf, wenn diese nach seinem Recht in Rechtskraft erwachsen. Vorbeugen ist eben mindestens genau so gut wie heilen.

Die Gleichstellungs- oder Kumulationstheorie zeigt im Verhältnis zu dritten Staaten Schwächen. Denn Urteile können nicht nur in einem, sondern in mehreren Anerkennungsstaaten vollstreckt werden. Hat das Zweitgericht aufgrund seines engen Rechtskraftverständnisses eine Vorfrage anders beantwortet als das Erstgericht, welches einen weiten Rechtskraftbegriff kennt, dürften aufgrund der Begrenzung der Urteilswirkungen durch die Gleichstellungs- und Kumulationstheorie keine "unvereinbaren Entscheidungen" i. S. d. Art. 27 Nr. 3 EuGVÜ/Art. 34 Nr. 3 Brüssel-I-VO vorliegen. Soll die eine oder andere Entscheidung in einem dritten Vertragsstaat vollstreckt werden, zeigen sich Schwierigkeiten: Die Unvereinbarkeit mit einer Entscheidung aus einem anderen (dritten) Vertragsstaat regelt das EuGVÜ nicht. Für den Anwendungsbereich des EuGVÜ ist anerkannt, dass der Drittstaat bei einem Konflikt ausländischer Entscheidungen die Zweitentscheidung nicht vollstrecken darf, weil die Erstentscheidung vorginge[305]. Die Lücke wurde durch die Neufassung des Art. 34 Nr. 4 Brüssel-I-VO geschlossen: Eine Entscheidung wird nicht anerkannt, wenn sie mit einer Entscheidung, die in einem anderen Mitgliedsstaat oder in einem Drittstaat zwi-

---

[305] Kropholler: EuZPR, bis. 6. Aufl., Art. 27 EuGVÜ, Rn. 50; Geimer/Schütze: Art. 34 EuGGVO, Rz. 164 f.

schen denselben Parteien wegen desselben Anspruchs ergangen ist, nicht vereinbar ist.

Kennt der Drittstaat ein enges Rechtskraftverständnis, wird er beide Entscheidungen vollstrecken, weil aus seiner Sicht keine Urteilskollision vorliegt. Denn durch die Begrenzung der Urteilswirkungen nach der Gleichstellungs- oder Kumulationstheorie liegen keine unvereinbaren Entscheidungen vor. Bei einem weiten Rechtskraftverständnis wird er die Vollstreckung der Zweitentscheidung wohl ablehnen. In diesem Fall wird der Drittstaat auch rechtskräftige Feststellungen über Vorfragen anerkennen, so dass er beide Entscheidungen für unvereinbar halten muss. Die Beliebigkeit der Vollstreckung dürfte nicht gewollt sein und führt zur Rechtsunsicherheit.

Der Rechtsprechung des EuGH wurde entgegengehalten, dass rechtskräftige Feststellungen über Vorfragen *als Weg zurück zu Savigny*[306] der Dispositionsbefugnis der Parteien widersprächen und prozessökonomisch zweifelhaft erschienen. Denn die Dispositionsbefugnis der Parteien, durch ihre Anträge im Prozess zu entscheiden, welche Fragen in Rechtskraft erwachsen sollten, würde eingeschränkt. Ferner stelle sich das bereits ausführlich erörterte Problem, dass der Zweitrichter durch die weiten Rechtskraftwirkungen in einem Urteilsstaat auch ein Fehlurteil akzeptieren müsste.

Anders als im autonomen internationalen Zivilverfahrensrecht können die Argumente gegen die Theorie der Wirkungserstreckung im europäischen Zivilverfahrensrecht nicht dieselbe Geltung beanspruchen. Das europäische Zivilverfahrensrecht geht von einer generellen Gleichwertigkeit der beteiligten Verfahrensordnungen und der entsprechenden Urteile aus. Gleichstellungs- oder Kumulationstheorie führen zu einer Rechtszersplitterung der Urteilswirkungen. Das gleiche Urteil kann in unterschiedlichen Vertragsstaaten verschiedene Wirkungen hervorrufen. Wenn das deutsche Prozessrecht in § 322 ZPO enge Rechtskraftgrenzen in einem geschlossenen System setzt, weil es den Prozessaufwand in einem für Gericht und Parteien zumutbaren Rahmen halten und die Parteien vor Überraschungen schützen möchte, so ergibt dies im Inland Sinn, weil dort mit engen Rechtskraftgrenzen zu rechnen ist. Auch im autonomen deutschen internationalen Zivilverfahrensrecht ist es allein dem eigenen Recht überlassen, die Grenzen der Anerkennung ausländischer Urteile zu definieren, weil das Völkerrecht eine generelle Anerkennung ausländischer Urteile nicht vorschreibt und die Anerkennung ausländischer Urteile nicht gewährleisten will. Hier bliebe es dem Gesetzgeber überlassen, ob er ein ausländisches Fehlurteil hinnehmen oder die Gerichte an dieses binden will. Anders ist dies jedoch, wenn sich der Ge-

[306] Rüßmann, ZZP 111 (1998), 399, 421; Otte (Fn. 14), S. 187 ff. teilt diese Bedenken im Ergebnis nicht.

setzgeber in ein System begibt, das die grenzüberschreitende Anerkennung von Entscheidungen gewährleisten will.

Begibt sich der Gesetzgeber in ein System grenzüberschreitender Urteilsanerkennung, kann er die Überprüfung ausländischer Urteile nicht in demselben Maße wie sonst im internationalen Rechtsraum für sich in Anspruch nehmen. Hier reduziert sich die Einschätzungsprärogative, in welchen Fällen der Akzeptanz von Fehlurteilen entgegengewirkt werden darf, nach dem Sinn und Zweck des grenzüberschreitenden Systems. Muss der Anerkennungsstaat im eigenen internationalen Zivilverfahrensrecht ausländische Fehlurteile nicht hinnehmen, weil ihm allein die Entscheidung obliegt, welche Urteile er überhaupt anerkennt, trifft dies aufgrund der vorausgesetzten Gleichwertigkeit der beteiligten Rechtsordnungen im Anwendungsbereich des EuGVÜ/Brüssel-I-VO nicht zu. Das EuGVÜ/Brüssel-I-VO geht von einer Gleichwertigkeit in- und ausländischer Gerichte aus. Eine sachliche Überprüfung (révision au fond) ist nach dem EuGVÜ/Brüssel-I-VO ausgeschlossen. Dies spricht dafür, das Urteil in dem Kontext zu verstehen, in dem es der ausländische Richter erlassen hat.

Auch das Argument der Überraschungsgefahr taugt in diesem Zusammenhang nur begrenzt für Staaten, in denen die Parteien mit weitergehenden Urteilswirkungen rechnen mussten[307]. Wird von einer Gleichwertigkeit der Gerichte ausgegangen, ist es den Prozessparteien stets zumutbar, sich auf das jeweilige Verfahren und anzuwendende Recht einstellen. Die anderen Prozessordnungen tragen den aus dem weiten Rechtskraftverständnis resultierenden Problem der Überraschungsgefahren Rechnung und mindern diese, indem sie weite Rechtskraftwirkungen von verfahrensrechtlichen Besonderheiten abhängig machen. So erwachsen Vorfragen nach französischem Recht nur dann in Rechtskraft, wenn diese in den Prozess eingeführt wurden und ausdrücklich über diese entschieden wurde[308]. Englisches Prozessrecht fixiert das Streitprogramm in einem Vorverfahren[309]. Unbekannten Rechtskraftwirkungen trägt das Zivilprozessrecht des Urteilsstaates Rechnung. Kennt beispielsweise das französische Zivilprozessrecht im Gegensatz zum deutschen die Erstreckung der Entscheidung über das Bestehen der Verbindlichkeit gegen den Hauptschuldner auch auf den Bürgen, ist dies gerechtfertigt, weil dem Bürgen zur Abwehr der Ansprüche Möglichkeiten zur Verfügung stehen, die das deutsche Recht eben nicht kennt. Das Anliegen der Gleichstellungstheorie, durch die Begrenzung der Rechtskraftwirkung die Anerkennung von Fehlurteilen zu verhindern, widerspricht dem Grundsatz der Gleichwertigkeit der Gerichte. Im autonomen deutschen Zivilverfahrensrecht bindet auch das unrichtige Urteil und kann nicht, wie in der Diskussion zur

[307] Otte (Fn. 14), S. 190 ff.
[308] Otte (Fn. 14), S. 106 ff.
[309] Fischer, in FS für Henckel, S. 199 (206).

Rechtskraft des die negative Feststellungsklage abweisenden Urteils dargestellt, mit dem Hinweis umgangen werden, die Entscheidung sei fehlerhaft. Die dem deutschen Prozessrecht unbekannte Fixierung des Streitprogramms durch ausländische Gerichte kann nicht einfach mit dem Hinweis negiert werden, die Ausgestaltung des ausländischen Verfahrensrechts sei missglückt und schieße über das für richtig befundene Maß hinaus.

Auch das Motiv, keine bindenden richterlichen Feststellungen von Vorfragen zuzulassen, um den Streit nicht unnötig aufzublähen und die Prozessparteien zu Rechtsmitteln gegen das Urteil zu zwingen, hat nur für die eigenen Urteile seine Existenzberechtigung. Die Ressourcen des Anerkennungsstaates werden durch die Anerkennung weitergehender Urteilswirkungen nicht belastet. Der Streit wird im Urteilsstaat "aufgebläht", nicht im Anerkennungsstaat. Auch kann der Anerkennungsstaat eine Streitaufblähung im Urteilsstaat nachträglich nicht verhindern. Eine Sanktion durch die Missachtung ausländischer Urteilswirkungen im europäischen Zivilverfahrensrecht ist daher fehl am Platze. Hier ist das Recht des Urteilsstaates zu beachten, ohne dass zu prüfen wäre, ob dessen Rechtsgrundsätze wünschenswert sind. Werden die Urteilswirkungen durch im Sinne der Gleichstellungs- oder Kumulationstheorie die lex fori begrenzt, liegt dem kein wirklich vertragsautonomes Verständnis zugrunde.

Gegen die Theorie der Wirkungserstreckung lässt sich auch nicht einwenden, der Umfang der Rechtskraft läge außerhalb des Regelungsbereichs des EuGVÜ; mehr als die Gleichstellung ausländischer Urteile könne man auch im Anwendungsbereich des EuGVÜ/Brüssel-I-VO vernünftigerweise nicht erwarten[310]. Zwar wurden im *Schlosser*-Bericht die dezidierten Feststellungen zum Umfang der Rechtskraft im *Jenard*-Bericht wieder relativiert, die Bildung eigener Begriffe ist damit jedoch nicht ausgeschlossen. Auch wenn der Begriff der Rechtskraft im nationalen Recht und der Begriff "unvereinbarer Entscheidungen" gem. Art. 27 Nr. 3/Art. 34 Nr. 3 EuGVÜ selbst nicht identisch sind, lassen sie sich nicht von einander trennen[311]. Der Zweck des EuGVÜ/Brüssel-I-VO, die Anerkennung und Vollstreckung ausländischer Urteile zu gewährleisten, verlangt, dass entweder zwecks Vermeidung unvereinbarer Entscheidungen stets enge Rechtskraftgrenzen gezogen werden oder die notwendige Verfahrenskoordination bereits durch die Beachtung der Rechtskraft nach Maßgabe aller beteiligten Prozessrechtsordnungen erfolgt, um Rechtskraftverstöße auch aus Sicht der anderen Vertragsstaaten zu vermeiden.

---

[310] So aber Schack: IZVR, Rz. 791 ff., 796; ders., IPRax 1989, 139, 142; Dohm (Fn. 27), S. 79 ff.

[311] Ähnlich Lenenbach (Fn. 45), S. 138.

Zusammenfassend lässt sich feststellen, dass im Rahmen des europäischen Zivilprozessrechts für die Anwendung der Theorie der Wirkungserstreckung gute Gründe sprechen. Die Theorie der Wirkungserstreckung lässt den weiten Rechtskraftbegriff des englischsprachigen, frankophonen und griechischen Prozessrechts nicht unberücksichtigt und eliminiert anders als die Gleichstellungs- oder Kumulationstheorie sämtliche denkbaren Rechtskraftverstöße. Die Argumente, die für ein enges Rechtskraftverständnis sprechen, überzeugen im europäischen Kontext nicht. Das Anliegen der Gleichstellungs- oder Kumulationstheorie, durch die Begrenzung der Rechtskraftwirkungen die Anerkennung von Fehlurteilen zu verhindern, widerspricht dem Grundsatz der Gleichwertigkeit der Gerichte der Mitgliedsstaaten. Auch der Grundsatz der Prozessökonomie kann für die Gleichstellungs- oder Kumulationstheorie nicht ins Feld geführt werden. Soweit die Parteien im Urteilsstaat wegen des weiten Rechtskraftverständnisses zur Einlegung von Rechtsmitteln gezwungen werden, belastet dies die Ressourcen des Anerkennungsstaates nicht. Der Rechtsprechung des EuGH ist daher - begrenzt auf den Anwendungsbereich des EuGVÜ und der Brüssel-I-VO - zuzustimmen. Allerdings besteht keine Notwendigkeit, im autonomen deutschen internationalen Zivilverfahrensrecht von der Gleichstellungs- oder Kumulationstheorie abzurücken. Hier gilt anders als im vereinheitlichten europäischen Rechtsraum keine staatsvertraglich oder gemeinschaftsrechtlich veranlasste Verpflichtung, weitergehende Urteilswirkungen (z. B. auch fehlerhafter Entscheidungen) anzuerkennen.

3. Die subjektiven Grenzen der Rechtskraft ausländischer Entscheidungen nach dem EuGVÜ/Brüssel-I-VO

Nach Art. 27 Nr. 3 EuGVÜ/Art. 34 Nr. 3 Brüssel-I-VO müssen die unvereinbaren Entscheidungen zwischen denselben Parteien ergangen sein. Ob auch derjenige, auf den sich die Rechtskraft des Urteils erstreckt, beispielsweise der Rechtsnachfolger, dieses Tatbestandsmerkmal erfüllt, ist bislang von der Rechtsprechung nicht geklärt[312]. Nach der Theorie der Wirkungserstreckung richten sich Umfang und Grenzen der Urteilswirkungen nach der Rechtsordnung des Urteilsstaates, so dass ein deutsches Urteil in anderen Vertragsstaaten auch gegen eine Person wirken soll, auf welche gem. § 325 ff. ZPO die Rechtskraft erstreckt wird[313]. Die nationalen Rechtsordnungen differieren hier erheblich.

Einige Rechtsordnungen erweitern die subjektiven Grenzen der Rechtskraft. In Frankreich wirkt beispielsweise - anders als in Deutschland - das gegen den Hauptschuldner erlassene Urteil auch gegen den Bürgen, der nicht am Verfahren teilgenommen hat; ihm steht in Frankreich die "tierce opposition", ein der

---

312 Vgl. Otte (Fn. 14), S. 162.

313 Lenenbach (Fn. 45), S. 173; Otte (Fn. 14), S. 214.

Drittwiderspruchsklage ähnlicher Rechtsbehelf zur Seite. Anzuerkennen seien nach dem EuGVÜ/Brüssel-I-VO daher auch die Rechtskraftwirkungen gegenüber dem Bürgen, wenn dessen Verpflichtung von der Rechtskraft des Urteils des Hauptprozesses erfasst wird, d. h. bei der Inanspruchnahme des Bürgen dürfte ein deutsches Gericht Einwendungen gegen das Bestehen der Hauptschuld nicht prüfen[314]. Dagegen entfaltet das Urteil gegen den Hauptschuldner nach deutschem Recht nur Tatbestandswirkungen, der Bürge kann die Abweisung der Zahlungsklage dem Gläubiger gem. § 768 BGB entgegensetzen. In Frankreich hat der Bürge eben eine ganz andere prozessuale Stellung.

Offenbar will sich der EuGH in seiner Entscheidung vom 19.5.1998[315] die Möglichkeit durch eine weite Auslegung des Art. 21 EuGVÜ/Art. 27 Brüssel-I-VO offen halten, auch die subjektiven Grenzen der Rechtskraft weiter zu ziehen als bisher gewohnt. Zwar handelt es sich in diesem Fall nicht um die gewohnte Konstellation Haftpflicht- und Deckungsprozess, sondern um die Klärung der Haftung im Innenverhältnis. Das Gericht lässt obiter dicta erkennen, dass unabhängig von der Personenidentität der Parteien die Rechtshängigkeitssperre auch dann eingreifen solle, wenn dargetan sei, dass die Interessen verschiedener Personen - hier Eigner und Schiffsversicherer - identisch seien. Offen bleibt, ob diese "Interessenidentität" nur bei Rechtskrafterstreckung oder bereits bei entsprechenden Tatbestandswirkungen des zu erwartenden Urteils gegeben sein soll. Im europäischen Zivilprozessrecht lassen sich aufgrund der Verschiedenheit der nationalen Prozessrechtsordnungen Rechtskraft- und Tatbestandswirkungen nicht vollständig trennen.

Dasselbe gilt auch für Interventions- und Streitverkündungswirkungen. Interventions- und Streitverkündungswirkungen gem. §§ 68, 72 ff. ZPO gegenüber Dritten sind gem. Art. 65 Brüssel-I-VO in anderen Mitgliedsstaaten ebenfalls anzuerkennen[316]. Während die romanischen Rechte und der angloamerikanische Rechtskreis die Möglichkeit der Interventionsklage bzw. Gewährleistungsklage kennen, die einen Dritten am Gerichtsstand der Hauptsache in das Urteil als Partei mit einbezieht[317], beschränkt sich deutsches Recht auf die Streitverkündung und Nebenintervention. Das europäische Zivilprozessrecht folgt dem romanischen Modell und schafft in Art. 6 Nr. 2 und 10 EuGVÜ/Brüssel-I-VO eine besondere Zuständigkeit für Interventions- und Gewährleistungsklagen kraft Sachzusammenhangs. Macht der Käufer gegen den Verkäufer Gewährleistungsansprüche geltend, kann der Verkäufer in anderen Vertragsstaaten an demselben

---

314 Martiny, Hdb. IZVR Bd. III/2 Kap. II, Rz. 74.

315 EuGH VersR 1999, 594 ff., vgl. S. 12.

316 Kropholler: EuZPR, Art. 6, Rn. 23 und vor. Art. 33, Rn. 16; kritisch Otte (Fn. 14), S. 214 ff.

317 Stürner, in FS Schwab, S. 479 (482 f.); Otte (Fn. 14), S. 718 ff., 723 ff.

Gerichtsstand gegen den Hersteller klagen. In Deutschland bleibt dagegen nur die Möglichkeit der Streitverkündung. Ausländische Gerichte sind bei wirksamer Streitverkündung an die Feststellungen des Urteils - so weit von der Streitverkündung erfasst werden - gebunden. Ausländische Entscheidungen sind daher auch dann "unvereinbar", wenn sie mit inländischen Interventionswirkungen kollidieren[318]. Die ausländische Entscheidung wird wegen der entgegenstehenden Wirkung der Streitverkündung nicht anerkannt werden, diese entfaltet hier rechtskraft-gleiche Bindungswirkung. Dem kann nicht entgegengehalten werden, auf diese Weise würde das europäische Zivilverfahrensrecht anfällig für Blockadetaktiken. Dem Kläger vor den Gerichten anderer Mitgliedsstaaten steht ähnlich der Streitverkündung die Möglichkeit einer Gewährleistungs- oder Interventionsklage gem. Art. 6 Nr. 2 EuGVÜ/Brüssel-I-VO offen, welche ohne weiteres Rechtskraftwirkung entfaltet. Würde der Streitverkündung keine gleiche Wirkung zugemessen, käme der deutsche Gerichtsstand ins Hintertreffen.

4. Zwischenergebnis

Vor dem Hintergrund der Rechtsprechung des EuGH ist davon auszugehen, dass nach dem EuGVÜ/Brüssel-I-VO auch solche Urteilswirkungen anzuerkennen sind, die über die eigenen Grenzen der Rechtskraft hinausgehen (Theorie der Wirkungserstreckung). Je nach Ausprägung des Verfahrensrechts des Urteilsstaates sind auch rechtskräftige Feststellungen über Vorfragen oder Tatsachen beachtlich. Die Einschränkungen der Gleichstellungs- oder Kumulationstheorie gelten im Anwendungsbereich des EuGVÜ/Brüssel-I-VO nicht. Anderenfalls ließe sich die Rechtssprechung des EuGH zu den Fragen der Rechtshängigkeit und der Vereinbarkeit von Entscheidungen, die im Zusammenhang gesehen werden müssen, nicht erklären. Nur wenn ein weiter, an materiell-rechtlichen Verknüpfungen orientierter Streitgegenstandsbegriff zugrunde gelegt wird, leuchtet es ein, den Anwendungsbereich der Rechtshängigkeitssperre nach Maßgabe der Entscheidungen "Gubisch" und "Tatry" zu erweitern. Die Grenzen der Rechtskraft bestimmen sich daher nach dem Verfahrensrecht des Urteilsstaates. Erwachsen nach diesem auch Feststellungen über Vorfragen in Rechtskraft, ist an einen einheitlichen europäischen Rechtskraftbegriff nur zu denken, wenn alle Staaten im internationalen Verfahrensrecht ihre Grenzen der Rechtskraft entsprechend erweitern. Eine Einengung der Rechtskraftwirkungen ist mit der Rechtsprechung des EuGH nicht vereinbar.

Wer der Theorie der Wirkungserstreckung folgt, d. h. die Anerkennungssperre des Art. 27 Nr. 3 EuGVÜ/Art. 34 Nr. 3 Brüssel-I-VO auch auf tragende Urteils-

---

[318] Mansel, in: Herausforderungen des Internationalen Zivilverfahrensrechts, S. 63 (82), für den Anwendungsbereich des § 328 ZPO im autonomen deutschen Zivilverfahrensrecht; a. A. Otte (Fn. 14), S. 214 ff.

elemente ausdehnt, muss auch zu einem *veränderten Verständnis der Rechtshängigkeit* und einer Ausdehnung des Anwendungsbereichs des Art. 21 EuGVÜ/Art. 27 Brüssel-I-VO kommen, weil Rechtskraft und Rechtshängigkeit zusammenhängen und aufeinander abgestimmt werden müssen. Sofern man die Anerkennungssperre des Art. 27 Nr. 3 EuGVÜ/Art. 34 Nr. 3 Brüssel-I-VO auf Widersprüche in den Urteilselementen ausdehnt, besteht zunehmend die Gefahr eines Verfahrenswettlaufs, um eine entgegenstehende (d.h. "unvereinbare") inländische Entscheidung herbeizuführen. Denn bei solch weitreichenden Folgen der Rechtskraft tut es Not, als Gegengewicht eine Verfahrenskoordination anzustreben, die zu einer Verfahrensverhinderung schon bei Teilidentität von Vorfragen ansetzt. Die Rechtshängigkeitssperre des Art. 21 EuGVÜ ist dafür der Ausweg. Die Auslegung des Art. 21 EuGVÜ stellt dabei die Schnittstelle für die Frage dar, welche Rolle der Einwand entgegenstehender Rechtshängigkeit und der Einwand entgegenstehender Rechtskraft im Rahmen der Verfahrenskoordination spielen soll.

Auch mit Blick auf die subjektiven Grenzen der Rechtskraft bringt das europäische Zivilprozessrecht Neuerungen. War bisher eindeutig zwischen Rechtskraft und Interventions- und Streitverkündungswirkungen zu unterscheiden, stehen bei der Frage, ob zwei Entscheidungen unvereinbar i. S. d. Art. 27 Nr. 3 EuGVÜ/Art. 34 Nr. 3 Brüssel-I-VO sind, auch solche Wirkungen der Rechtskraft gleich. Anders als im autonomen deutschen Zivilverfahrensrecht sind hier Nebenintervenient und Streitverkündungsempfänger wie Prozessparteien zu behandeln.

Ist im autonomen deutschen Zivilprozessrecht das Verhältnis zwischen Rechtskraft, Rechtshängigkeit und Aussetzung mehr oder weniger kohärent, führt die Lehre von der Wirkungserstreckung zu *Friktionen* zwischen deutschem und europäischem Zivilprozessrecht, die es zu lösen gilt. Differieren die Urteilswirkungen erheblich, stellt sich die Frage, ob widersprechenden Entscheidungen nicht bereits auf der Ebene der Verfahrenskoordination durch die Einrede der Rechtshängigkeit oder die Aussetzung des Verfahrens begegnet werden kann.

3. Teil: Die Koordination paralleler Verfahren durch die Einrede der Rechtshängigkeit und die Aussetzung des Verfahrens

Die Abwehr eines Zweitverfahrens mit gleichem Streitgegenstand ist nicht erst nach Urteilserlass durch die Rechtskraftwirkungen der Erstentscheidung zulässig, sondern bereits während der Anhängigkeit des Erstverfahrens. Ziel ist die vollständige Verhinderung des zweiten Verfahrens durch den Einwand der Rechtshängigkeit. Ergänzend sichert eine mögliche Aussetzung des Parallelverfahrens die Aufgabe der Rechtshängigkeit, doppelte Inanspruchnahme staatlicher Gerichte bezüglich der gleichen Streitsache zu unterbinden. Im autonomen deutschen Zivilverfahrensrecht ist deshalb zwischen Identität des Streitgegenstandes und Präjudizialität zu unterscheiden: Handelt es sich um Identität, kommen die Regeln über die Rechtshängigkeit (§ 261 ZPO) zur Anwendung, geht es um die Vorgreiflichkeit einer anderen Streitsache, ist an eine Aussetzung gem. § 148 ZPO zu denken.

1. Abschnitt: Die Bestimmung des Verhältnisses von Rechtskraft, Rechtshängigkeit und Aussetzung

Der EuGH betont in allen Entscheidungen, dass die Einrede der Rechtshängigkeit gem. Art. 21 EuGVÜ/Art. 27 Brüssel-I-VO der Vermeidung unvereinbarer Entscheidungen gem. Art. 27 Nr. 3 EuGVÜ/Art. 34 Nr. 3 Brüssel-I-VO diene. Der Schluss ist aus Sicht des autonomen deutschen Zivilverfahrensrechtes nicht zwingend. Fraglich erscheint, in welchem Verhältnis Rechtskraft, Rechtshängigkeit und Aussetzung überhaupt stehen. Dieser Streit um das Verhältnis von Rechtshängigkeit (Art. 21 EuGVÜ/Art. 27 Brüssel-I-VO), Aussetzung (Art. 22 EuGVÜ/Art. 28 Brüssel-I-VO) und Rechtskraft (Art. 27 Nr. 3 EuGVÜ/Art. 34 Nr. 3 Brüssel-I-VO) ist dem autonomen deutschen Zivilprozessrecht nicht fremd.

Die Zweckgleichheit der beiden Institute Rechtshängigkeit und Rechtskraft wurde von der Literatur weder im Rahmen des EuGVÜ/Brüssel-I-VO noch im autonomen internationalen Zivilverfahrensrecht in Frage gestellt[319]. Sowohl im Rahmen des EuGVÜ/Brüssel-I-VO als auch im autonomen deutschen Zivilver-

---

[319] Dohm (Fn. 27), S. 32 f.; Habscheid, RabelsZ 31(1967), 254 f.; Hau (Fn. 258), S. 114 f.; Schütze, RabelsZ 31(1967), S. 233 f.; ders.: Rechtsverfolgung im Ausland, Rz. 266; kritisch Bäumler (Fn. 27), S. 78 ff.; Wittibschlager: Die Rechtshängigkeit in internationalen Verhältnissen, S. 12 ff.

fahrensrecht ist der funktionale Zusammenhang zwischen Rechtskraft und Rechtshängigkeit anerkannt. Wenn die Rechtskraft eines ausländischen Urteils zu beachten ist, ist es geboten, die Rechtshängigkeit eines im Ausland eingeleiteten Verfahrens als Vorstufe zur materiellen Rechtskraft der dort zu erwartenden Entscheidung im Inland zu berücksichtigen. Die Beachtung ausländischer Rechtshängigkeit[320] dient der Verhinderung widersprechender Entscheidungen und wahrt die Prozessökonomie, wenn deren Zweck, eine vermehrte und die Kapazität der Justiz belastende Doppelprozessführung zu vermeiden, auch von untergeordneter Bedeutung ist.

I. Die Lehre von der Zweckgleichheit von Rechtshängigkeit und Rechtskraft

Einhellig wird in der Rechtslehre die Auffassung vertreten, dass Rechtskraft und Rechtshängigkeit auf den Grundsatz "ne bis in idem" zurückzuführen sind. Über die gemeinsame Aufgabe von Rechtshängigkeit und Rechtskraft herrscht in der Rechtsdogmatik des autonomen deutschen Zivilverfahrensrechts aber Streit. Während die Rechtsprechung und ein Teil der Lehre davon ausgehen, dass beide Prozessrechtsinstitute demselben Schutzzweck dienen, nämlich sich widersprechende Entscheidungen zu verhindern[321], lehnen einige Autoren diese Zweckgleichheit ab[322]. Nach der ersten Ansicht stellt die prozessuale Sperrwirkung der Litispendenz eine vorverlagerte Sicherung der mit dem Urteil zu erwartenden Rechtskraftwirkungen dar. Diese Vorverlagerung korrespondiert mit dem Schutzzweck der Aussetzung. Während die Rechtshängigkeit die sog. negativen Rechtskraftwirkungen schütze, sei es der Zweck der Aussetzung, den positiven

---

[320] Die Beachtung ausländischer Rechtshängigkeit steht heute in analoger Anwendung des § 261 III Nr. 1 ZPO bei zu erwartender Anerkennung des ausländischen Urteils außer Frage, vgl. Stein/Jonas/Schumann: ZPO, Bd. 3, § 261, Rz. 11 m. w. N.

[321] BGHZ 4, 314 (322); 57, 242 ff; BAGE 4, 301 (303 f.); Bettermann: Rechtshängigkeit und Rechtsschutzform, S. 9 f; Bötticher: Kritische Beiträge zur Lehre von der materiellen Rechtskraft, S. 237 f.; Habscheid, RabelsZ 31 (1967), S. 254 f.; Koussoulis: Beiträge zur modernen Rechtskraftlehre, S. 225 f.; Mittenzwei, Ingo: Die Aussetzung des Prozesses zur Klärung von Vorfragen, S. 66 f.; Schütze: Rechtsverfolgung im Ausland, Rz. 266; Schollmeyer: Die Compensationseinrede im Deutschen Reichs-Civilprozeß, 1894, S. 10 f.; Stein/Jonas/Schumann: ZPO, Bd 3, § 261, Rz. 3; Rosenberg/Schwab/Gottwald: ZPR, § 97 III 1; Wittibschlager: Rechtshängigkeit in internationalen Verhältnissen, S. 12 ff.; weitere Nachweise bei Herrmann: Die Grundstruktur der Rechtshängigkeit, S. 6 ff. Auch der Gesetzgeber ging von einem Zusammenhang zwischen Rechtskraft und Rechtshängigkeit aus, vgl. Hahn-Stegemann, Ges. Materialien, 1. Abt., S. 259.

[322] Herrmann (Fn. 104), S. 28 ff; Kraemer, ZZP 64 (1951), 90 f; Hellwig: Anspruch und Klagerecht, S. 178 f.; ders.: System des deutschen Zivilprozeßrechts, Bd. I, S. 383; Kleinfeller, ZZP 56 (1931), S. 129 ff. weitere Nachweise bei Herrmann (Fn. 104), S. 8 ff; differenzierend: MüKo/Lüke: ZPO, Bd. 1, § 261, Rz. 6; Baumbach/Lauterbach/Albers/Hartmann: ZPO, § 261, Rz. 27.

Wirkungen der Rechtskraft zur Geltung zu verhelfen. Unter diesem Gesichtspunkt stellen Rechtskraft, Rechtshängigkeit und Aussetzung eine Trias dar, die demselben Zweck dient, nämlich der Verhinderung widersprechender Entscheidungen.

II. Die Auffassung Herrmanns

Nach einer Mindermeinung dient die Rechtshängigkeit anders als die Rechtskraft nicht der Vermeidung widersprechender Entscheidungen, sondern lediglich der Unterbindung einer doppelten Prozessführung. Trotz der gemeinsamen Wurzeln wird die Zweckgleichheit von Rechtshängigkeit und Rechtskraft geleugnet. Anknüpfungspunkt für die abweichende Interpretation ist die Inkongruenz der Anwendungsbereiche von Rechtshängigkeit und Rechtskraft; die Rechtshängigkeit hat eine Reihe von Wirkungen, die der Rechtskraft naturgemäß nicht zukommen können. Nicht die Rechtshängigkeit missbillige mehrfache Entscheidungen über einen identischen Streitgegenstand, sondern die Restitutionsklage. § 580 Nr. 7a ZPO räume deshalb eine besondere Klagemöglichkeit ein. Gestützt wird diese Behauptung auf drei Fallgruppen, die von *Rimmelspacher*[323] herausgearbeitet wurden; *Herrmann*[324] dienen sie für seine These, die Rechtshängigkeit sei bei der Verhütung von kollidierenden Entscheidungen "nahezu" überflüssig.

In einem ersten Fall erwächst das Urteil im Parallelprozess vor der letzten mündlichen Verhandlung in Rechtskraft. Hier muss das Zweitgericht unproblematisch die Rechtskraft des Ersturteils berücksichtigen. Wird das Ersturteil dagegen erst nach Abschluss der mündlichen Verhandlung, aber vor Verkündung des Zweiturteils, rechtskräftig, sei es dem Richter nach dem Zweck von § 580 Nr. 7a ZPO nicht zumutbar, eine Entscheidung zu fällen, die durch die Restitutionsklage anfechtbar sei. In diesem zweiten Fall wird er die mündliche Verhandlung gem. § 156 ZPO wieder eröffnen müssen. In einer dritten Fallgruppe hilft die Rechtskraft nicht. Wird ein Urteil rechtskräftig, nachdem ein zweites Urteil erlassen, aber noch nicht rechtskräftig ist, kann dieses über das Institut der Rechtskraft keine Berücksichtigung finden. Allein diese Fallgruppe sei so klein, dass sie für die Frage, ob die Rechtshängigkeit den Zweck habe, kollidierende Entscheidungen zu verhindern, nicht ins Gewicht falle. Einen genügenden Anlass für die Einrichtung der Rechtshängigkeitssperre biete die dritte Fallgruppe nicht. *Herrmann* folgert deshalb vorwiegend aus den ersten beiden Fallgruppen, dass nicht die Rechtshängigkeit, sondern allein die Möglichkeit einer Restitutionsklage widersprechenden Entscheidungen entgegenwirke. Der Einwand der

---

[323] Rimmelspacher: Materiellrechtlicher Anspruch und Streitgegenstand im Zivilprozeßrecht, S. 311 ff.

[324] (Fn. 104), S. 30 ff., 38.

Rechtskraft reiche in aller Regel aus, um kollidierende Urteile zu verhindern; die Annahme, die Rechtshängigkeit diene dem gleichen Zweck, sei dogmatisch nicht zu halten[325]

III. Stellungnahme

Die Auffassung *Herrmanns* ist in der Literatur auf Kritik gestoßen[326]. Zuzugeben ist ihm zwar, dass das Institut der Rechtshängigkeit die Aufgabe erfüllt, widersprechende Urteile zu verhüten. Um eine Zweckgleichheit zu bejahen, muss aber kein identischer Anwendungsbereich vorliegen, vielmehr genügt dafür, eine Überschneidung der Aufgabenbereiche der Rechtsinstitute aufzuzeigen. Insofern ist die oben erwähnte dritte Fallgruppe durchaus ein beachtenswertes Argument. Mit Blick auf das internationale Zivilverfahrensrecht stellt *Bäumler*[327] fest, dass der Einwand *Herrmanns* hier überhaupt keine Bedeutung hat, weil aus der Anerkennung der ausländischen Rechtskraft gem. § 328 ZPO zugleich die Anerkennung der ausländischen Rechtshängigkeit hergeleitet wird. Rechtskraft und Rechtshängigkeit werden in diesem Rechtsbereich durchaus in ihrem historischen und funktionellen Zusammenhang gesehen und entsprechende Schlussfolgerungen gezogen.

Auch berücksichtigt *Herrmann* die große Gruppe der Fälle nicht, in denen weder in dem einen noch dem anderen Verfahren bisher ein Urteil ergangen ist. Liegen identische Streitgegenstände vor, besteht hier stets die Möglichkeit eines Rechtskraftkonflikts, dem die Rechtshängigkeitssperre vorbeugen will. Offen bleibt, welches Institut diesen in der Zukunft möglichen Rechtskraftkonflikt zu vermeiden sucht, wenn nicht die Rechtshängigkeitssperre. *Herrmann* weist darauf hin, dass ein Rechtskraftkonflikt nur vermieden würde, wenn dem Gericht der parallele Rechtsstreit überhaupt bekannt sei. Es sei aber eher wahrscheinlich, dass dem Gericht ein rechtskräftiges Urteil bekannt würde als nur mehrfache Prozessführung[328]. Die Annahme erscheint lebensfremd. Wird die gleiche Klage zweimal erhoben, wird schon der Beklagte dafür Sorgen, dass das Gericht dies erfährt. Selbst bei kontradiktorischen Klagen dürfte dies nicht anders sein. Auch hier wird der Beklagte stets den ihm günstigen Einwand geltend machen und nicht geneigt sein, das doppelte Prozessrisiko zweier Verfahren auf sich zu nehmen, wenn er bereits jetzt die Abweisung einer Klage erreichen kann.

Ebenfalls ist die Annahme *Herrmanns* nicht haltbar, dass die Rechtshängigkeit nicht zweckgleich mit der Rechtskraft sei, weil auch präjudizielle Rechtskraft-

---

[325] Herrmann (Fn. 104)., S. 38.
[326] Bäumler (Fn. 27), S. 84 ff; Wittibschlager (Fn. 319), S. 15 f.
[327] Bäumler (Fn. 27), S. 85
[328] Herrmann (Fn. 104), S. 35.

wirkungen durch die fakultative Aussetzung des Verfahrens gem. § 148 ZPO keinem wirklichen Schutz unterlägen[329]. Dieses Rechtsinstitut wahrt sehr wohl präjudizielle Rechtskraftwirkungen, indem der Zweitrichter das Verfahren aussetzt, bis das Urteil über das vorgreifliche Rechtsverhältnis vorliegt. Rechtshängigkeit und Aussetzung des Verfahrens decken eben verschiedene Bereiche der Rechtskraftwirkungen ab und kommen nie zugleich zum Zuge. Die Aussetzung ist deshalb nicht zwingend geboten, weil bei der Prognose der Vorgreiflichkeit größere Unsicherheit als bei identischen Klagen herrscht.

Auch folgende Überlegung spricht gegen die Ansicht von *Herrmann:* Nach der h. M. geht zwar das Ersturteil dem Zweiturteil vor[330]. Folgt dagegen einem Leistungsurteil ein Feststellungsurteil zeitlich nach, das für das im Leistungsverfahren vorgreifliche Rechtsverhältnis abweichend feststellt, geht keine Entscheidung der anderen vor, weil kein direkter Rechtskraftkonflikt vorliegt. § 580 Nr. 7a ZPO greift in diesem Fall nicht ein. Dem rechtskräftigen Ersturteil wird die materiellrechtliche Grundlage entzogen, ohne dass die jeweiligen Urteilswirkungen miteinander kollidieren. Auch sonst wird das Feststellungsurteil nicht zu beseitigen sein[331]. Für Verfahren über Folgeansprüche ist das Feststellungsurteil jedoch präjudiziell, das Leistungsurteil nicht. Wird der Konflikt allein über die Grundsätze der Restitutionsklage gelöst, sind widersprechende Entscheidungen nicht zu verhindern. Wird eine Klage ausgesetzt, bleibt der Rechtsfrieden gewahrt. Das Beispiel zeigt, dass wegen des begrenzten Anwendungsbereichs des § 580 Nr. 7a ZPO der Schutz vor widersprechenden Entscheidungen durch weitere Rechtsinstitute notwendig ist.

Wird darüber hinaus, wie im europäischen Kontext, auf den "Kernpunkt" der Rechtsstreitigkeiten abgestellt, trifft auch die Behauptung nicht zu, dem Beklagten sei es gleichgültig, aus welchem Grunde die Klage abgewiesen worden sei. Wie bereits dargestellt, erstreckt sich die Anerkennung ausländischer Entscheidungen nach dem EuGVÜ/Brüssel-I-VO gem. der Theorie der Wirkungserstreckung nach den jeweiligen Verfahrensrechten der Urteilsstaaten ggfs. auch auf Vorfragen, die nach dem eigenen Verfahrensrecht nicht von der Rechtskraft erfasst werden. Besteht die Gefahr, dass auf diese Vorfragen aufbauende Folgeansprüche noch geltend gemacht werden, hat der Beklagte ein Interesse daran, dass die Klage aus einem bestimmten Grund abgewiesen wird, um das Anerkennungshindernis widersprechender Entscheidungen zu schaffen. Dem Beklagten

---

[329] Hermann (Fn. 104), S. 37.

[330] BGH NJW 1981, 1517 (1518); BAG NJW 1986, 1831 f.; Koussoulis, Rechtskraftlehre, S. 82; Gaul: Rechtskraftdurchbrechung, S. 18 f.; Lenenbach (Fn. 45), S. 59 ff.; Otte (Fn. 14), S. 136 ff.; für den Vorrang des Zweiturteils: RGZ 52, 216 (218); Bruns, FamRZ 1957, 201 (203); Hellwig: System, Bd. I, S. 810.

[331] Vgl. Otte (Fn. 14), S. 141 ff.

bleibt aber auch in diesem Fall der Restitutionsantrag gem. § 580 Nr. 7a ZPO verschlossen, wenn die eine Klage aus anderen Gründen abgewiesen wurde als die andere.

Dem Schutz der Rechtskraft dient ferner die Aussetzung des Verfahrens gem. § 148 ZPO. Während die Rechtshängigkeit mit der direkten Rechtskraftwirkung eines Urteils bei gleichem Streitgegenstand korrespondiert, dient die Möglichkeit der Aussetzung dem Schutz von präjudiziellen Rechtskraftwirkungen, die bei materiellrechtlichen Zusammenhängen zwischen verschiedenen Rechtsfolgen entstehen können. Folglich muss der Richter bei der Entscheidung, ob ein Verfahren auszusetzen ist, prüfen, ob widersprechende Entscheidungen außerhalb eines direkten Rechtskraftkonfliktes zu erwarten sind. Ist ein Prozess anderweitig anhängig, in dem ein vorgreiflicher Verfahrensgegenstand verhandelt wird, kommt eine Klageabweisung wegen Rechtshängigkeit nicht in Betracht, wohl aber eine Aussetzung gem. § 148 ZPO nach pflichtgemäßen Ermessen.

Rechtshängigkeit und Rechtskraft dienen demselben prozessualen Schutzzweck, nämlich widersprechende Entscheidungen zu vermeiden. Durch die Einrede der Rechtshängigkeit soll ein in der Zukunft möglicher Rechtskraftverstoß vermieden werden. Während die Rechtshängigkeit die direkten Rechtskraftwirkungen schützen soll, dient die Aussetzung des Verfahrens gem. § 148 ZPO dem Schutz präjudizieller Rechtskraftwirkungen, die bei materiellrechtlichen Zusammenhängen zwischen verschiedenen Rechtsfolgen bestehen können.

2. Abschnitt: Die Einrede der Rechtshängigkeit nach autonomen deutschen Zivilverfahrensrecht

Litispendenzeinwand und res judicata haben als Rechtsinstitute, die heute aus einem funktionierenden Prozessrecht nicht mehr hinwegzudenken sind, eine lange historische Entwicklung hinter sich.

I. Historische Entwicklung

1. Römisches Recht

Mit der Streitbezeugung[332] (litis contestatio) verband sich das Verbot, über denselben Streitgegenstand ein zweites Urteil zu fällen[333]. Nachdem die Konsumtionswirkung der Erteilung der formula durch die Aufhebung der Zweiteilung des römischen Zivilverfahrens entfallen war, bestand das Bedürfnis, den Beklagten vor einer schikanösen Wiederholung der Klage während des Prozesses zu schützen und dieselbe Streitsache nicht zum Gegenstand wiederholter, richterlicher Beurteilung werden zu lassen. Dabei griff man schlicht auf die alte Rechtsfigur zurück. Zwar bestand die Konsumtionswirkung der litis contestatio nicht mehr, dennoch wurde das Verbot, über denselben Streitgegenstand ein zweites Urteil zu fällen, aufrechterhalten und die Führung eines zweiten Prozesses schlicht als unstatthaft abgelehnt[334]. Die Einrede der Rechtshängigkeit beruhte demnach nicht mehr auf der Änderung der materiellen Rechtslage (Klagekonsumtion), sondern stellte ein eigenes Prozesshindernis dar und hat seitdem prozessualen Charakter[335].

2. Deutsches Recht

Die Spuren und Ansätze zu einer deutschsprachigen Begriffsbildung zeigten sich bereits im 15. und 16. Jahrhundert. Im Prozessleben entwickelte sich die Formulierung, dass die Prozesssache im Gerichte hänge[336]. Dabei verstand man unter "Hängen im Gericht" sowohl die Verbindung der Prozesssache als auch der Parteien mit dem Gericht. Der Ausdruck wandelte sich dann in den Prozessordnungen dahingehend, dass er sich nur noch auf die "Sache", den Gegenstand des Prozesses, bezog. So sprach das ALR I 11 § 383 von der "Abtretung rechtshängiger Sachen" und § 384 von der "Zession einer rechtshängigen Sache".

---

[332] Vgl. 2. Teil, 1. Abschnitt, I.
[333] Kaser/Knütel: Römisches Privatrecht, § 82 III 2b).
[334] Planck: Mehrheit von Rechtsstreitigkeiten, S. 13 ff.
[335] Herrmann (Fn. 104), S. 21; Gaul, FS für Flume, S. 509.
[336] Vgl. Kleinfeller, ZZP 55 (1930), S. 193 f.; Nachweise auch bei Bäumler (Fn. 27), S. 13.

Im sogenannten Hannoverschen Entwurf von 1866[337] ließ § 236 "die Streitsache im ganzen und in deren einzelnen Teilen rechtshängig werden". Der "Entwurf einer Deutschen Civilprozeßordnung" von 1871[338] enthielt in § 214 schon im Wesentlichen die Formulierung des § 261 ZPO.

II. Amtsprüfung

Sowohl der Entwurf einer Deutschen Civilprozeßordnung von 1871 (vgl. § 225) als auch die Motive zur ZPO ließen keinen Zweifel daran, dass die Einrede der Rechtshängigkeit zur Disposition der Parteien gestellt sein sollte[339]. Daher war es auch nicht verwunderlich, dass zunächst sowohl die Rechtsprechung[340] als auch die herrschende Meinung in der Literatur[341] eine Prüfung von Amts wegen ablehnten und die Einrede der Rechtshängigkeit zur Disposition der Parteien stellten. Unter dem Einfluss von *Bülow*[342] und *Schwarz*[343] wandelte sich das Bild in Rechtsprechung[344] und Schrifttum[345] hin zur Unverzichtbarkeit der Einrede der Rechtshängigkeit und einer Prüfung von Amts wegen, begründet mit der Verwandtschaft von Rechtshängigkeit und Rechtskraft. Der Richter beschäftige sich grundsätzlich nur einmal mit der gleichen Sache[346]. Wenn schon die Rechtshängigkeit einer präjudiziellen Vorfrage gem. § 148 ZPO zur Aussetzung des Prozesses von Amts wegen führe, müsse erst recht eine Berücksichtigung der Rechtshängigkeit von Amts wegen erfolgen, wenn es sich um die gleiche Streitsache handle[347].

---

337 Entwurf einer allgemeinen Civilprozeßordnung für die deutschen Bundesstaaten, abgedruckt bei Dahlmann, Gerhard J. (Hrsg.): Neudrucke zivilprozessualer Kodifikationen, Bd. 2, S. 59 ff.

338 Abgedruckt bei Dahlmann, (Fn. 337), Bd. 2, S. 251 ff.

339 Herrmann (Fn. 104), S. 21 m. w. N.

340 RGZ 52, 181(183); für das Scheidungsverfahren modifizierend: 104, 155(158); RG JW 1904, 390.

341 Kleinfeller, ZZP 56 (1931), 128 (130 f); Hellwig, System 1, 128 III; v. Wilmowsky/Levy, § 247 Nr. 5; Hellwig, K.: Anspruch und Klagerecht (1900), S. 180 ff und System § 128 III; Weismann, Lehrbuch, Bd. 1, S. 366; vgl. Herrmann (Fn. 104), S. 22 f.

342 Bülow, AcP 83 (1894), 1 ff. (140 ff).

343 Schwarz: Absolute Rechtskraft, in FS Dernburg, S. 345.

344 RGZ 160, 338 (344); KG JW 1938, 3057.

345 Kohler, Prozeßrechtliche Forschungen (1898), S. 99; Bötticher: Kritische Beiträge zur Lehre von der materiellen Rechtskraft im Zivilprozeß, S. 239; Linkelmann, im Magazin für das deutsche Recht der Gegenwart, Bd. 7 (1987), S. 308 ff; Oertmann, P: Der Vergleich im gemeinen Zivilrecht (1895), S. 208; Sauer, Grundlagen, S. 499 (Fn 1); Seuffert/Walsmann, § 263 2 I e;

346 Bötticher: Kritische Beiträge von der materiellen Rechtskraft im Zivilprozeß, S. 239.

347 Bülow, AcP 83 (1894), 1 ff (140 ff).

Gegen diese Ansicht führte *Kleinfeller*[348] zwei Argumente ins Feld: Die erste Klage könne zum einen vor Abweisung der zweiten Klage zurückgenommen werden. Die Berücksichtigung anderweitiger Rechtshängigkeit bedeute eine ungerechtfertigte "Nötigung" der Parteien, den früheren Prozess fortzusetzen. Eine Entlastung der Justiz sei allein über das Kostenrecht gewährleistet. Bereits die Zahlung eines Kostenvorschusses bei Klageerhebung schütze die Justiz vor mutwilligen Klagen. Zum Zweiten bringe das rechtskräftige Urteil Feststellungen mit sich, die bei bloßer Rechtshängigkeit noch fehlen. Über diese Feststellungen könnten die Parteien nicht mehr wie über den schwebenden Prozess verfügen. Die Rechtskraft stünde anders als die Wirkungen der Rechtshängigkeit eben nicht zur Disposition der Parteien. Darum könne die Rechtskraft jeden Richter binden, die Rechtshängigkeit dagegen nicht. Der Anwendungsbereich von Rechtskraft und Rechtshängigkeit sei nicht identisch, beide Rechtsinstitute verfolgten verschiedene Zwecke.

Die Ansicht von *Kleinfeller* ist abzulehnen. Sein Ergebnis ist nur dann zu halten, wenn Rechtshängigkeit und Rechtskraft nicht dieselben Zwecke verfolgten, was jedoch - wie bereits dargestellt - nicht der Fall ist. Der Schutzzweck der Rechtskraft und auch der Rechtshängigkeit, die Justiz vor doppelter Inanspruchnahme zu schützen und widersprechende Entscheidungen zu verhindern, steht eben nicht zur Disposition der Parteien. Wenn der Richter regelmäßig das Verfahren von Amts wegen auszusetzen hat, wenn präjudizielle Rechtskraftwirkungen zu erwarten sind, steht die Rechtshängigkeit wegen der zu erwartenden direkten Rechtskraftwirkungen erst recht nicht dem Belieben der Prozessparteien anheim. Die von *Bülow* begründete Ansicht hat sich in der neueren Rechtsprechung und Literatur zu Recht durchgesetzt[349]. Die Rechtshängigkeit ist nach ganz h. M.[350] als negative Prozessvoraussetzung ein von Amts wegen zu beachtendes Prozesshindernis.

III. Voraussetzungen der Rechtshängigkeitssperre

1. Identität der Streitgegenstände

§ 261 ZPO verlangt die Identität der Streitgegenstände, Präjudizialität allein reicht nicht aus, die Rechtshängigkeitssperre auszulösen. Dabei wird im deutschen Zivilverfahrensrecht in der Regel ein prozessualer Streitgegenstandsbegriff zugrunde gelegt, so dass sich das Eingreifen der Rechtshängigkeitssperre

---

348 Kleinfeller, ZZP 56 (1931), 129, 131 ff.

349 Vgl. Herrmann (Fn. 321), S. 22 f m. w. N.

350 BGH NJW 1952, 1376; WM 1985, 673; Stein/Jonas/Schumann: ZPO, Bd. 3, § 261, Rz. 52; MüKo/Lüke: ZPO, Bd. 1, § 261, Rz. 43; Schilken: ZPR, Rz. 236; Jauernig: ZPR, § 40 II; Herrmann (Fn. 320), S. 22.

zum einen nach dem von den Parteien gestellten Klageanträgen und dem zugrundeliegenden Sachverhalt, zum anderen nach der gewählten Rechtsschutzform bestimmt[351]. Allerdings soll die Rechtshängigkeitssperre auch dann eingreifen, wenn der Beklagte in umgekehrter Parteirolle in einem nachfolgenden Prozess als Kläger die Feststellung des kontradiktorischen Gegenteils beantragt. Diese Abgrenzung sieht sich jedoch Angriffen von Autoren ausgesetzt, die nicht die gewählte Rechtsschutzform, sondern das verfolgte Rechtsschutzziel als maßgeblich erachten[352]. Über die Rechtsschutzziele der einzelnen Klagearten herrscht aber auch innerhalb dieser Meinung Streit, so dass auch deren Vertreter z. T. zu den gleichen Ergebnissen kommen wie die herrschende Meinung. Im Rahmen dieser Arbeit interessiert insbesondere das Verhältnis von Feststellungs- und Leistungsklage, dem ein eigener Abschnitt gewidmet wird.

2. Subjektive Grenzen der Rechtshängigkeit

§ 261 ZPO selbst zieht bezüglich seines subjektiven Anwendungsbereichs keine Grenze; die Vorschrift verbietet lediglich den Parteien, die Sache anderweitig rechtshängig zu machen. Die Rechtshängigkeitssperre setzt voraus, dass die Parteien der beiden Prozesse identisch sind, wobei es nicht auf die Parteirolle ankommt[353]. Identität der Parteien besteht, soweit die subjektiven Grenzen der Rechtskraft gem. §§ 325 ff. ZPO reichen[354]. Die Rechtshängigkeit schützt den Beklagen vor doppelter Inanspruchnahme. Daher sind Rechtsnachfolger und Prozessstand-schafter nicht dritten Personen, sondern den Parteien gleichzustellen. Weil die Rechtshängigkeit in subjektiver Beziehung denselben Umfang wie die materielle Rechtskraft hat, wirkt sie auch gegenüber denjenigen Personen, auf die sich die materielle Rechtskraft nach §§ 325 ff. ZPO erstreckt. Die Parallele zwischen § 261 ZPO und §§ 325 ff. ZPO war nicht immer unbestritten. Eine ältere Ansicht[355] stellte hinsichtlich der subjektiven Grenzen der Rechtskraft allein auf die Regelung des § 265 Abs. 2 ZPO ab. Der Rechtsnachfolger sei bei der Veräußerung der Streitsache nach Rechtshängigkeit zwar nicht berechtigt, ohne Zustimmung des Gegners den Prozess des Rechtsvorgängers zu übernehmen. Bezüglich der Klage gegen den Rechtsnachfolger fehle es aber an einer

---

[351] Jauernig: ZPR, § 40 II 2; MüKo/Lüke: ZPO, § 261, Rz. 57; Otte (Fn. 14), S. 222 f.; Schilken: ZPR, Rz. 237;

[352] Bettermann: Rechtshängigkeit und Rechtsschutzform, S. 26 ff.; Otte (Fn. 14), S. 222 ff.

[353] MüKo/Lüke: ZPO, Bd. 1, § 261, Rz. 51.

[354] RGZ 52, 259 ff.; BGH MDR 1972, 842; OLG Koblenz NJW-RR 1990, 1023; Bettermann: Rechtshängigkeit und Rechtsschutzform, S. 10 f.; MüKo/Lüke: ZPO, Bd. 1, § 261, Rz. 52; Schwab, in GS Bruns, 181 ff. (185 f.); Schilken: ZPR, Rz. 236; Stein/Jonas/Lüke: ZPO, Bd. 3, § 261, Rn. 55; Rosenberg/Schwab/Gottwald: ZPO, § 97 III 1 b.; Zöller/Greger, § 261, Rz. 8a.

[355] Hellwig: Anspruch und Klagerecht, S. 178 f.; Lent: Die Gesetzeskonkurrenz im bürgerlichen Recht und Zivilprozeß, S. 123 ff.

entsprechenden Verbotsnorm, so dass entgegen der h. M. die Rechtshängigkeit der Klage gegen den Rechtsvorgänger eine erneute Klage gegen den Rechtsnachfolger nicht hindere. Diese Überlegung rechtfertigt jedoch nicht eine Inanspruchnahme des Rechtsnachfolgers oder des im Wege der Prozessstandschaft Beklagten in einem zweiten Prozess, weil sie dem Zweck der Rechtshängigkeit nicht gerecht wird.

IV. Prozessuale Wirkungen der Rechtshängigkeit

Die wichtigste prozessuale Wirkung der Rechtshängigkeit liegt gem. § 261 Abs. 3 Nr. 1 ZPO in der Rechtshängigkeitssperre: die Streitsache darf unter denselben Parteien nicht gleichzeitig ein weiteres Mal bei demselben oder einem anderen Gericht anhängig gemacht werden[356]. Das Fehlen anderweitiger Rechtshängigkeit ist negative Prozessvoraussetzung[357].

Eine weitere Wirkung der Rechtshängigkeit liegt gem. § 261 Abs. 3 Nr. 2 ZPO darin, dass die einmal vorhandene Zuständigkeit durch eine spätere Veränderung der Umstände nicht mehr berührt wird[358]. Diese Regelung betrifft die örtliche[359], sachliche[360] und internationale[361] Zuständigkeit des Gerichts. Bezüglich des Rechtsweges findet sich der Gedanke des perpetuatio fori in § 17 Abs. 1 GVG, der im Wesentlichen wortgleich mit § 261 Abs. 3 Nr. 2 ZPO ist. Daher berühren eine nachträgliche Erhöhung oder Verminderung des Wertes des ansonsten unveränderten Streitgegenstandes (§ 4 ZPO), eine Änderung des Wohnsitzes (§ 13 ZPO) oder Aufenthaltsortes bzw. Sitzes einer juristischen Person, der Staatsangehörigkeit oder eine Verlegung des Vermögens (§ 23 ZPO) die Zuständigkeit des Gerichts nicht.

Der Vollständigkeit halber sei noch darauf hingewiesen, dass es umstritten ist, ob der Gedanke der perpetuatio fori auch für die funktionelle Zuständigkeit gilt[362]. Diese Frage wird jedoch für den weiteren Verlauf der Arbeit keine Rolle spielen.

---

[356] MüKo/Lüke: ZPO, Bd. 1, § 261, Rz. 4, 43.
[357] MüKo/Lüke: ZPO, Bd. 1, § 261, Rz. 43; Stein/Jonas/Schumann: Bd. 3, § 261, Rz. 53.
[358] Vgl. MüKo/Lüke: ZPO, Bd. 1, § 261, Rz. 80 ff; Stein/Jonas/Schumann: ZPO, Bd. 3, § 261, Rz. 73 ff.
[359] Schilken: GVR, Rz. 328.
[360] Schilken: GVR, Rz. 320.
[361] H. M. BGH NJW 1984, 1305; Herrmann (Fn. 104), S. 83 ff; einschränkend Walchshöfer ZZP 80 (1967), 165 ff (225 ff.); verneinend Damrau, FS Bosch, S. 103 ff.
[362] Bejahend: Stein/Jonas/Schumann: ZPO, Bd. 3, § 261, Rz. 78; ablehnend: BGH NJW 1981, 2464; OLG Koblenz NJW 1977, 1735; OLG Hamm FamRZ 1978, 424; OLG Düsseldorf FamRZ 1978, 266; MüKo/Lüke: ZPO, Bd. 1, § 261, Rz. 84 f.; vgl. auch Herrmann (Fn. 104), S. 82 f

Die Rechtshängigkeit bewirkt, dass eine Klageänderung gem. § 263 ZPO in diesem Stadium des Verfahrens nur noch mit Zustimmung des Beklagten zulässig ist oder vom Gericht für sachdienlich erklärt werden muss. Dabei ist zu beachten, dass § 264 ZPO einige Ausnahmen von dieser Regel vorsieht. Die Klageänderung hat eine Änderung des Streitgegenstandes zur Folge und ist deshalb auch bei einem Parteiwechsel gegeben[363]. Ein weiterer Prozess in derselben Sache gegen einen anderen Beklagten ist folglich ohne weiteres möglich, die Auswechslung einer Partei in demselben Prozess dagegen nicht.

Die Rechtshängigkeit der Hauptklage ist Voraussetzung für die Zulässigkeit der Widerklage (§ 33 ZPO)[364]. Denknotwendig ist daher - will der Beklagte im Gerichtsstand der Hauptsache ein Recht im Wege der Widerklage geltend machen - zunächst einmal die Rechtshängigkeit der Hauptsache. Andererseits bleibt die Widerklage, wenn sie einmal wirksam erhoben wurde, von der Zurücknahme der Hauptklage unberührt.

Die Parteien sind nicht gehindert, auch nach Rechtshängigkeit die Streitsache zu veräußern oder ein Recht abzutreten. Dann stellt sich die Frage, welchen Einfluss die Veräußerung oder Abtretung auf den laufenden Prozess hat. Nach § 265 ZPO berührt die Veräußerung der Streitsache oder die Abtretung des Rechts die Zulässigkeit der Klage nach Eintritt der Rechtshängigkeit nicht[365].

V. Materiellrechtliche Wirkungen der Rechtshängigkeit

Das BGB knüpft an die Rechtshängigkeit eine ganze Reihe materiellrechtlicher Wirkungen. Daher haben die Fragen, die sich an den Eintritt der Rechtshängigkeit knüpfen, nicht lediglich einen rein prozessualen Charakter, sondern üben auch einen gewissen Einfluss auf die materielle Rechtslage aus. Die materiellrechtlichen Wirkungen treten grundsätzlich mit der Rechtshängigkeit ein, entfallen jedoch mit der Klagerücknahme rückwirkend[366].

Gem. § 204 Abs. 1 Nr. 1 BGB hemmt die Erhebung der Klage auf Leistung oder Feststellung, auf Erteilung der Vollstreckungsklausel oder Erlass eines Vollstreckungsurteils die Verjährung[367]. Wird die Klage im Ausland erhoben, tritt die

[363] Zöller/Greger: ZPO, § 263, Rz. 2 f. Ein Parteiwechsel kann zum einen aufgrund gesetzlicher Vorschriften eintreten, zum anderen ist aber auch ein gewillkürter Parteiwechsel denkbar. Die Einordnung von letzterem ist dogmatisch umstritten.

[364] BGHZ 40, 185 ff. (187); OLG Celle FamRZ 1981, 790 f; Stein/Jonas/ Schumann: ZPO, Bd. 1, § 33, Rz. 10.

[365] Vgl. Schilken: ZPR, Rz. 245.

[366] Jauernig: ZPR, § 40 III.

[367] Früher: Unterbrechung der Verjährung gem. § 209 f. BGB a. F.

gleiche Wirkung nach autonomem deutschen Zivilprozessrecht ein, wenn bezüglich der zu erwartenden Entscheidung eine positive Anerkennungsprognose besteht[368]. Auch die Verzinsung einer Geldforderung ist an den Eintritt der Rechtshängigkeit geknüpft (§ 291 BGB).

An den Eintritt der Rechtshängigkeit sind ferner eine Reihe von materiellrechtlichen Haftungsverschärfungen geknüpft. Der auf Herausgabe einer Sache verklagte Schuldner haftet mit weitreichenden Folgen

(1) für den Gegenstand eines obligatorischen Anspruches (§ 292 BGB),
(2) anstatt der Haftung aus ungerechtfertigter Bereicherung nach den allgemeinen Vorschriften (§ 818 IV BGB),
(3) im Eigentümer-Besitzer-Verhältnis nach §§ 987, 989, 994 Abs. 2, 996 BGB sowie nach zahlreichen Ausschlussfristen (§§ 801, 804, 864, 977, 1002 BGB).

Anders als die Unterbrechung der Verjährung, die gem. §§ 262, 167 ZPO n. F. bereits mit der Einreichung der Klageschrift eintritt, wenn deren Zustellung "demnächst" erfolgt, d. h. nicht durch Nachlässigkeit des Klägers verzögert wird, treten andere materiellrechtliche Folgen erst mit der Zustellung der Klageschrift ein. Durch diese wird dem Beklagten bekannt, dass er die streitbefangene Sache im Falle des Unterliegens herausgeben muss und nicht mehr nach Belieben mit ihr Verfahren darf. Erst aufgrund dieser Kenntnis erscheint es billig, den Beklage mit einer weiterreichenden Haftung zu belasten.

Im weiteren Verlauf der Erörterung wird zu beachten sein, dass der Rechtshängigkeit nicht nur prozessuale, sondern auch materiellrechtliche Erwägungen zugrunde liegen, die mit dem Prozessrecht in Einklang zu bringen sind. Die Homogenität zwischen materiellem Recht und Prozessrecht darf nicht aus den Augen verloren werden[369]. Beispielsweise erscheint es unbillig, die Rechtshängigkeit in den Bereich der "Anhängigkeit" vorzuverlagern, ohne bei den materiellrechtlichen Folgen korrigierend einzugreifen.

Die Frage, ob auch die Rechtshängigkeit ausländischer Verfahren materiellrechtliche Wirkungen im Inland entfalten kann, hat der BGH ausdrücklich offengelassen[370]. Zumindest ist anerkannt, dass die nach deutschem Recht zu beurteilende Verjährung durch eine im Ausland erhobene Klage gehemmt wird, wenn deren Rechtshängigkeit im Inland zu beachten ist, insbesondere die zu er-

---

[368] Vgl. Stein/Jonas/Schumann: ZPO, Bd. 3, § 262, Rz. 9.
[369] Schumann, FS Lüke, S 767 (775).
[370] BGH JR 1988, 22 (23).

wartende Entscheidung anerkannt werden kann[371]. Im Geltungsbereich des EuGVÜ/Brüssel-I-VO wird die Verjährung unabhängig von der internationalen Zuständigkeit des ausländischen Gerichts (Art. 28 Abs. 3 EuGVÜ/Art. 35 Abs. 3 Brüssel-I-VO) unterbrochen[372]. Ob die Unterbrechung der Verjährung aber auch durch die Erhebung einer negativen Feststellungsklage durch den Schuldner eintritt, ist wie bereits erwähnt streitig und noch näher zu beleuchten.

VI. Folgen der Missachtung der Rechtshängigkeit

Kommt es nach Missachtung der von Amts wegen zu beachtenden inländischen Rechtshängigkeitssperre zu einer rechtskräftigen Zweitentscheidung, die die Rechtskraft der ersten ignoriert, ist das Zweiturteil durch Restitutionsantrag gem. § 580 Nr. 7 a ZPO angreifbar, wenn die Partei, die sich auf die Erstentscheidung beruft, eine ihr günstige Entscheidung herbeiführen kann. Auch wenn es nicht zu einer Restitutionsklage kommt, geht das ältere Urteil dem jüngeren vor[373]. Das Zweiturteil ist überdies auch unter den Voraussetzungen des § 767 ZPO angreifbar[374]. Erging die Zweitentscheidung zu einem Zeitpunkt, in dem die Erstentscheidung noch nicht rechtskräftig war, so ist nach dem lex posterior-Grundsatz das jüngere Urteil dem älteren vorzuziehen.

Entscheidet das inländische Gericht unter Missachtung ausländischer Rechtshängigkeit, so ist nach autonomem deutschen IZVR gem. § 328 Nr. 3 ZPO die inländische der ausländischen Entscheidung vorzuziehen Die Norm verweigert trotz früherer Rechtshängigkeit bei Unvereinbarkeit mit einer deutschen oder früheren ausländischen Entscheidung dem Urteil die Anerkennung, gleichgültig ob das Urteil früher oder später ergangen ist, und wahrt mit dem stets zu beachtenden Vorrang inländischer Entscheidungen deren Rechtskraft. Einen selbstständigen Versagungsgrund der Anerkennung bildet darüber hinaus die Nichtbeachtung einer früheren deutschen Rechtshängigkeit für den Fall, dass zwar das ausländische, nicht jedoch das deutsche Urteil rechtskräftig bzw. das deutsche Verfahren noch anhängig ist. Anders als im autonomen Recht ist gegen das inländische Urteil die Restitutionsklage gem. § 580 Nr. 7a ZPO nicht möglich, selbst wenn das Urteil unter Verletzung der ausländischen Rechtshängigkeit ergangen ist[375].

---

[371] RGZ 129, 385 (389), RG JW 1929, 374; OLG Hamburg SeuffArch 63, 28 (30 f.); LG Deggendorf IPRax 1983, 125; Stein/Jonas/Schumann: ZPO, Bd. 3, § 262, Rz. 9; a. A. Schütze, DB 1977, 2129 f.; ders., MDR 1973, 905 f, der von einer Verjährungsunterbrechung durch ausländische Rechtshängigkeit unabhängig von einer Anerkennungsfähigkeit des zu erwartenden Urteils ausgeht.

[372] OLG Düsseldorf NJW 1978, 1752; Stein/Jonas/Schumann: ZPO, Bd. 3, § 262, Rz. 9.

[373] S. S. 114.

[374] Rosenberg/Schwab/Gottwald: ZPR, § 97 III 1 f.

[375] Stein/Jonas/Roth: ZPO, Bd. 4/1, § 328, Rz. 118.

VII. Zusammenfassung

Die prozessrechtlichen Wirkungen verhindern vor allem, dass sich keine Partei einseitig dem Prozess entzieht[376] und schützt die zu erwartenden Rechtskraftwirkungen des Ersturteils vor Mißachtung in einem zweiten Verfahren. Daher ist die Einrede der Rechtshängigkeit von Amts wegen zu berücksichtigen. Sie setzt den gleichen Streitgegenstand sowie die gleichen Parteien ohne Rücksicht auf die tatsächlichen Parteirollen voraus, wirkt aber auch gegenüber den Personen, auf die sich die Rechtskraft gem. §§ 325 ff. ZPO erstreckt.

Wird einer Partei die Geltendmachung eines Anspruchs wegen anderweitiger Rechtshängigkeit versagt, kann ihr wegen des Bezuges zu den Verjährungsregeln Rechtsverlust drohen. Problematisch ist in diesem Zusammenhang die Abweisung der Leistungsklage des Gläubigers wegen anderweitiger Rechtshängigkeit einer negativen Feststellungsklage des Schuldners. Denn die negative Feststellungsklage unterbricht die Verjährung nach dem Wortlaut des § 204 BGB nicht.

---

[376] Kleinfeller, ZZP 55 (1930), 193 (212).

3. Abschnitt: Die Aussetzung des Verfahrens gem. § 148 ZPO

Stellt man die Vorschriften zusammen, die eine Aussetzung des Verfahrens regeln, lassen sich zwei Gruppen unterscheiden: Einmal Vorschriften, die dem Richter die Aussetzung des Verfahrens zur Pflicht machen[377], zum anderen solche, die dem Richter eine Befugnis zur Aussetzung einräumen[378]. Im Rahmen dieser Arbeit hat nur § 148 ZPO Bedeutung. Nach dieser Vorschrift kann das Gericht seine Entscheidung aussetzen, wenn sie ganz oder zum Teil von dem Bestehen oder Nichtbestehen eines Rechtsverhältnisses abhängt, das den Gegenstand eines anderen anhängigen Rechtsstreites bildet oder von einer Verwaltungsbehörde festzustellen ist.

I. Funktion der Aussetzung

Die Aussetzung dient nach allgemeiner Meinung[379] sowohl der Prozesswirtschaftlichkeit als auch dem Schutz der präjudiziellen Rechtskraftwirkung des Urteils. Doppelte Prüfung des gleichen Prozessstoffes durch verschiedene Gerichte soll möglichst vermieden werden. Während die Rechtshängigkeitssperre eingreift, wenn in beiden Prozessen um die gleiche Hauptfrage gestritten wird[380], kommt eine Aussetzung des Verfahrens dann in Betracht, wenn die Hauptfrage des einen Prozesses von der Beantwortung einer Vorfrage abhängt, die Hauptfrage des anderen Prozesses ist. Diese im Grundsatz klare Regelung bereitet in ihrer praktischen Anwendung Schwierigkeiten.

II. Gegenstand des anhängigen Rechtsstreits

Die Entscheidung des auszusetzenden Verfahrens muss von einem “Rechtsverhältnis” abhängen, das den “Gegenstand” eines anderen gerichtlichen Verfahrens bildet. Der Begriff des Rechtsverhältnisses ist in gleicher Weise auszulegen wie bei der Feststellungsklage[381], § 256 ZPO. Nur das Rechtsverhältnis selbst, nicht seine einzelnen Elemente können Gegenstand einer Feststellungsklage sein[382]. Rechtsverhältnis ist hiernach jedes Schuldverhältnis zwischen den Parteien, insbesondere die Frage der Wirksamkeit, Auslegung oder Beendigung

---

[377] Art. 100, 126 GG, Art. 133 Hess Verf., Art. 177 Abs. 3 EGV, §§ 151-154, 578 Abs. 2 ZPO; 87, 97 V ArbGG, 60 BVerfGG, 11 Abs. 2 GebrMuG , 96 GWB, 20 Abs. 3 MSchG, 68, 83 DRiG, 95 FGG.

[378] Z. B. Art. 22 EuGVÜ, §§ 65, 148, 149, 953 ZPO, 94 VwGO, 262 Abs. 2 StPO, 114 SGG, 74 FGO, 33 BVerfGG, 127 FGG, 28 VGHG NW, 11 Abs. 1 GebrMuG, 46 Abs. 2 WEG.

[379] Vgl. Stein/Jonas/Roth, ZPO, Bd. 2, § 148, Rz. 4.

[380] Stein/Jonas/Roth, ZPO, Bd. 2, § 148, Rz. 25.

[381] I. Mittenzwei: Aussetzung, S. 36.

[382] Zöller/Greger: ZPO, § 256, Rz. 3 ff; Schilken, GS Heinze, S. 673, 675 ff.

sowie absolute Rechte der Parteien, die mit der Feststellungsklage geltend gemacht werden. Einigkeit herrscht zunächst darüber, dass eine bloße Rechtsfrage kein Rechtsverhältnis ist, ebenso wenig die Gültigkeit eines Gesetzes[383]. Unzulässig ist es auch, einen Rechtsstreit zur Klärung lediglich eines einzelnen Elementes auszusetzen, beispielsweise der Formunwirksamkeit eines Vertrages, oder einer Vorfrage des Rechtsverhältnisses, welches erst in dem parallelen Verfahren geklärt werden soll[384].

Um den Begriff "Gegenstand" zu definieren, reicht es nicht aus, allein auf den Begriff des Streitgegenstands zu verweisen, wenn dieser wie bei der Rechtshängigkeit durch Antrag und Klagegrund umrissen wird. Der Streitgegenstand in diesem Sinne stellt keinen ausreichenden Anknüpfungspunkt für ein Abhängigkeitsverhältnis dar. Auch eine Ausrichtung des Streitgegenstandsbegriffes allein am materiellen Anspruch im Sinne der materiellrechtlichen Theorie weist erhebliche Schwächen auf, weil die gewählte Rechtsschutzform keine Berücksichtigung findet. Die Schwächen der materiellrechtlichen Theorie im Beziehungsgefüge zwischen Rechtskraft und Rechtshängigkeit wurden bereits festgestellt. Entscheidend für die Frage der Aussetzung des Verfahrens ist nämlich - wie noch darzustellen ist - nicht allein der Gegenstand des anderen Rechtsstreites, sondern vielmehr dessen Vorgreiflichkeit. Vorzugswürdig ist die im Verhältnis zu den verschiedenen Definitionen des Streitgegenstandes vereinfachte Formel, dass es sich bei dem Gegenstand um das *Rechtsverhältnis* nach einem modernen prozessualen Verständnis handelt, welches in dem parallelen Verfahren vom Gericht verbindlich entschieden wird[385]. Denn die zu schützenden Rechtskraftwirkungen variieren nach der gewählten Rechtsschutzform. Gestützt auf denselben materiellen Anspruch erzeugt die Leistungsklage eben andere Rechtskraftwirkungen als die Feststellungsklage.

III. Vorgreiflichkeit des Rechtsverhältnisses

1. Die Entscheidung des Gerichts muss gem. § 148 ZPO von dem anderen Rechtsverhältnis abhängen, über welches im Parallelverfahren entschieden wird. Die Einzelheiten dieser rechtlichen "Abhängigkeit" sind umstritten. Meist wird diese mit der *Präjudizialität* gleichgesetzt. Präjudizialität ist jedoch mehr als Abhängigkeit. Abhängigkeit ist die Zugehörigkeit einer Rechtsfolge zu dem Tatbestand einer anderen Rechtsfolge. In den Fällen der Präjudizialität geht es um die positive Funktion der Rechtskraft. Diese liegt nur dann vor, wenn der Richter durch die Vorentscheidung an die Feststellungen über die Vorfrage gebunden ist, d. h. gerade diese Rechtsfolge rechtskräftig entschieden wird. Sie

---

[383] Otte (Fn. 14), S. 242 f.
[384] Baur, FS für Bötticher, 1969, S. 1 ff. (10).
[385] Otte (Fn. 14), S. 239 f.

enthält ein Widerspruchsverbot für die Folgeprozesse, und damit eine Arbeitsersparnis für den Richter des zweiten Verfahrens, der sich auf die Vorentscheidung stützen darf. Bei Feststellungen über gemeinsame Vorfragen, die nicht in Rechtskraft erwachsen, liegt keine Präjudizialität vor[386].

2. Umstritten ist, ob eine Aussetzung nur dann statthaft ist, wenn die (zu erwartenden) Rechtskraftwirkungen der Erstentscheidung den aussetzenden Richter binden. Teilweise wird die Meinung vertreten, dass die Aussetzung des Verfahrens unabhängig von einer solchen Bindungswirkung zulässig sei[387]. Die erforderliche Abhängigkeit soll auch dann gegeben sein, wenn das betreffende Rechtsverhältnis als Vorfrage in dem auszusetzenden Prozess bezüglich einer Einrede, Replik u.s.w. in Betracht komme[388]. *Bettermann* behauptet sogar, die Aussetzung stünde im freien Ermessen des Richters ohne jede "präjudizielle Wirkung" und sei auch wegen solcher Vorfragen im auszusetzenden Verfahren, die lediglich eine Vorfrage im Parallelverfahren darstellen, zulässig[389]. Nach seiner Ansicht ist die Rechtshängigkeitssperre nicht nach Antrag und Lebenssachverhalt zu ermitteln, sondern durch eine Betrachtung der Rechtsschutzziele der jeweiligen Klagen. Er behauptet, die Rechtshängigkeitssperre griffe entgegen der h. M. auch im Verhältnis von Leistungsklage und Feststellungsklage ein[390]. Weil *Bettermann* den Anwendungsbereich der Aussetzung im Rahmen präjudizieller Rechtsverhältnisse zugunsten der Rechtshängigkeit verschiebt, muss er für das in weiten Teilen damit seines Anwendungsbereichs beraubten Institut der Aussetzung ein neues Aufgabenfeld finden. Mit dieser Auffassung rückt *Bettermann* weg von dem bestimmenden Kriterium der Rechtsschutzform hin zu einem materiellrechtlichen Streitgegenstandsverständnis. Konsequent geht er entgegen der h. M. auch davon aus, dass Vorfragen einer Entscheidung in Rechtskraft erwachsen.

Spiegelte sich bislang bei der Bestimmung des Rechtsverhältnisses als Tatbestandsmerkmal der Aussetzung der Einfluss von prozessualem und materiellem Streitgegenstandsverständnis wider, verlagert sich der Schwerpunkt der Diskussion neuerdings unter dem Schlagwort des *rechtlichen Einflusses* der Erstentscheidung auf den auszusetzenden Folgeprozess. Unabhängig von der These *Bettermanns* wird die Ansicht vertreten, dass jeder rechtliche oder tatsächliche

[386] Schilken: ZPR, Rz. 1030 f; ders., GS Heinze, S. 763, 765 ff.
[387] BFH BB 1992, 340 f.; BFH BB 1992, 263 f.; RG Warn. 108 Nr. 669; JW 1910, 581; LG Mainz VersR 1979, 334; Otte (Fn. 14), S. 245 f., 264; Stein/Jonas/Roth: ZPO, Bd. 2, § 148, Rn. 22; MüKo/Peters: ZPO, Bd. 1, § 148, Rz. 10. Nach LG Freiburg NJW 2003, 3424 soll eine Aussetzung des Verfahrens sogar zulässig sein, wenn eine Leitentscheidung des BGH zu erwarten ist. Abl. Kähler, NJW 2004, 1132 ff.; Schilken, GS Heinze, S. 763 ff.
[388] Stein/Jonas/Roth , § 148, Rz. 22.
[389] Bettermann: Rechtshängigkeit und Rechtsschutzform, S. 34.
[390] Bettermann (Fn. 389), S. 26 ff.

Einfluss vorgreiflich sei[391]. Gelegentlich wurde die Befugnis zur Aussetzung - ähnlich wie im europäischen Zivilverfahrensrecht der Rechtshängigkeitseinwand - an die Gefahr widersprechender Entscheidungen ohne entsprechende präjudizielle Rechtskraftwirkungen geknüpft[392]. Begründet wird die Auffassung mit der Behauptung, die Aussetzung schütze eben alle materiellrechtlichen Sinnzusammenhänge. Um sich nicht der Kritik auszusetzen, dieser weite Anwendungsbereich führe zur zeitweiligen Verweigerung des Rechtsschutzes, wird versucht, die Aussetzung des Verfahrens an Zweckmäßigkeitskriterien, wie beispielsweise die Prognose, widersprechender Entscheidungen zu binden[393]. Zweckmäßigkeitskriterien bieten jedoch allein noch kein zuverlässiges Abgrenzungskriterium und spielen allein dann eine Rolle, wenn der Rechtsstreit gem. § 300 ZPO entscheidungsreif ist. Der entscheidungsreife Rechtsstreit darf nicht ausgesetzt werden. Daher muss das Gericht den Sachverhalt umfassend ermitteln und die ausschließliche Abhängigkeit seiner Entscheidung vom vorgreiflichen Rechtsverhältnis feststellen. Abhängigkeit liegt nur vor, wenn alle anderen Voraussetzungen für den Erfolg des klägerischen Begehrens gegeben sind, d. h. die Klage sonst schlüssig ist. Zu dieser umfassenden Ermittlung des Sachverhalts gehört auch die Beweiserhebung über den streitigen Sachverhalt, aber nur insoweit, wie die zu ermittelnden Tatsachen nicht zum Tatbestand der Vorfrage gehören, weil gerade diese Aufgabe dem Gericht durch die Aussetzung des Verfahrens erspart werden soll[394].

Fehlt es an einer Bindung des Richters an die zu erwartende Rechtskraftwirkung, weil es beispielsweise nur um eine gemeinsame Vorfrage beider Prozesse geht, ist eine Aussetzung allenfalls dann zulässig, wenn einer Partei auch ohne Rechtskraftverstoß bei widersprechenden Entscheidungen ein "schwerer Nachteil" drohe, der es billig erscheinen lasse, das Interesse des Prozessgegners an einem unverzüglichen Abschluss des Prozesses hintanzusetzen[395]. Nicht jeder rechtliche Sinnzusammenhang berechtige zur Aussetzung des Verfahrens.

Im Rahmen der Aussetzung ist vor allem an die Interessen des Klägers an einer zügigen Titulierung seines Anspruchs zu denken. Daher widerspricht die Meinung, die die Frage der Vorgreiflichkeit auf jeden rechtlichen Sinnzusammenhang ausweitet, einem fairen Verfahren. Die Parteien können jederzeit übereinstimmend gem. § 251 ZPO das Ruhen des Verfahrens beantragen, wenn sie das Parallelverfahren, welches vielleicht Jahre in Anspruch nimmt, abwarten wollen.

---

[391] Stein/Jonas/Roth: ZPO, Bd. 2, § 148, Rn. 22; MüKo/Peters: ZPO, Bd. 1, § 148, Rz. 10; Otte (Fn. 14), S. 241 ff.

[392] RG Gruchot 45 (1901), 369; JW 1910, 581; KG OLGRspr 19 (1909) 88, 89.

[393] Vgl. z. B. Otte (Fn. 14), S. 246 ff.

[394] Mittenzwei: Aussetzung, S. 26.

[395] RG JW 1907, 676; KG OLGRspr 29 (1913), 68; Mittenzwei: Aussetzung, S. 161, 163.

Dem Kläger eine Aussetzung aufzuzwingen, erscheint hier unbillig. Davon geht wohl auch die (sonst uneinheitliche) Rechtsprechung aus, nach der eine Aussetzung des Verfahrens (nur dann) geboten sein soll, wenn diese zur *sinnvollen Abstimmung* mehrerer Streitgegenstände notwendig ist, obwohl keine Rechtskraftverknüpfung bestehe.

Dass nicht jeder Sinnzusammenhang eine Aussetzung des Verfahrens rechtfertigt, zeigt insbesondere die Argumentation des Bundesgerichtshof in folgendem Fall[396]: Ein Generalunternehmer hatte gegen den Besteller, der sich auf Mängel der Leistung berief, auf Werklohn geklagt und gleichzeitig den ausführenden Subunternehmer in Regress genommen. Der Subunternehmer hatte lediglich die Aufgabe, Lamellen zu beschichten, die der Generalunternehmer für sein Werk verwendete. Die voraussichtlichen Kosten für Aus- und Einbau der Lamellen überstiegen diejenigen der (Neu)Beschichtung bei weitem, so dass der geltend gemachte Schaden in keinem Verhältnis zu den vom Subunternehmer ausgeführten Arbeiten stand. Der BGH entschied, dass der Regressprozess auch ohne Rechtskraftwirkung bis zu einer Entscheidung über den Werklohn auszusetzen sei. Hier drohe dem Subunternehmer ein erheblicher Nachteil durch die Inanspruchnahme wegen eines exorbitant hohen Schadens. Der Bundesgerichtshof stellt hier offenbar darauf ab, dass nicht der Sinnzusammenhang allein die Aussetzung des Verfahrens rechtfertigt, sondern zusätzlich eine besondere prozessuale Situation hinzukommen muss, die eine Partei bei widersprechenden Entscheidungen völlig unzumutbar belastet, wenn eine Bindung des Richters an die Rechtskraft des Urteils im Parallelverfahren nicht zu erwarten ist.

Abzulehnen ist daher die Auffassung, dass bereits jeder rechtliche Einfluss oder Sinnzusammenhang eine Aussetzung des Verfahrens in jedem Fall rechtfertige. Die Aussetzung des Verfahrens gem. § 148 ZPO setzt vielmehr voraus, dass eine Bindung des Richters des auszusetzenden Verfahrens an rechtskräftige Feststellungen des Parallelverfahrens zu erwarten ist oder einer Partei sonst ein unzumutbarer Nachteil droht. Nicht ausreichend ist, dass lediglich ein Sinnzusammenhang zwischen beiden Verfahren besteht oder gar das Gericht eine zu erwartende "Leitentscheidung" eines höheren Gerichtes in einem Musterprozess abwarten möchte. Hier kann nur einvernehmlich mit den Parteien das Ruhen des Verfahrens angeordnet werden.

3. Schwierigkeiten bereitet das Verhältnis zu Dritten. Die bisherige Untersuchung hat gezeigt, dass die Grenzen zwischen echter Rechtskrafterstreckung auf Dritte und sog. Tatbestandswirkungen des Urteils kraft materiellrechtlicher Abhängigkeit umstritten sind[397]. Rechtskraftwirkungen sind nach der hier vertrete-

---

[396] BGH NJW-RR 1986, 1060 f.

nen Ansicht über die subjektiven Grenzen der Rechtskraft nur bei der gesetzlich angeordneten Rechtskrafterstreckung auf Dritte gem. §§ 325 ff. ZPO, nicht aber schon bei bloßer materiellrechtlicher Abhängigkeit gegeben. Die Entscheidung im Räumungsprozess zwischen Vermieter und Hauptmieter bindet den Richter im Räumungsprozess des Vermieters gegen den Untermieter in Bezug auf die Wirksamkeit des Hauptmietverhältnisses nicht; auch die Rechtskraft des Urteils des Gläubigers gegen den Hauptschuldner bindet den Bürgen hinsichtlich des Bestehens der Hauptverbindlichkeit nicht; hier ist aber an Tatbestandswirkungen gem. § 768 BGB des Urteils bei der Abweisung der Zahlungsklage gegen den Hauptschuldner zu denken. Der Richter ist im Verfahren gegen den Bürgen dann an die Feststellung gebunden, die Hauptverbindlichkeit bestehe nicht.

Weiterhin ist zu prüfen, ob das vom BGH entschiedene Regressverfahren in jedem Fall auszusetzen wäre, wenn der Generalunternehmer im Rahmen der Zahlungsklage dem Subunternehmer den Streit verkündet hätte. Wäre die Aussetzung regelmäßig indes nur bei echten (indirekten) Rechtskraftwirkungen geboten, blieben solche materiellrechtlichen Abhängigkeiten unberücksichtigt. Daher ist zu prüfen, inwieweit wegen des vorherrschenden engen Rechtskraftverständnisses der Anwendungsbereich der Aussetzung des Verfahrens gem. § 148 ZPO auch in Bezug auf Dritte eingeschränkt ist.

Teilweise wird die Meinung vertreten, dass ein Verfahren auch zugunsten eines anderen Prozesses ausgesetzt werden könne, wenn dieser von einer Prozesspartei mit einem Dritten geführt werde und das Urteil Tatbestands- oder Interventionswirkungen für den auszusetzenden Prozess entfalten könne[398]. Begründet wird diese Auffassung mit der vorerwähnten These, dass die Aussetzung der Wahrung rechtlicher Sinnzusammenhänge diene und die zu erwartende Bindungswirkung zu schützen sei.

Nach anderer Ansicht darf das Verfahren bei zu erwartenden Tatbestandswirkungen des Urteils gar nicht[399] oder nur zum Teil[400] und auch bei Interventionswirkungen nur dann ausgesetzt werden, wenn ein "schwerer Nachteil" droht[401]. Tatbestandswirkungen berechtigten zur Aussetzung nur in demselben Umfang wie die Rechtskraft. Daher sei eine Aussetzung unzulässig, wenn durch das Urteil, zu dessen Gunsten ausgesetzt werde, erst nachträglich die Tatbestandsvoraussetzung schafft, an welche der Richter im auszusetzenden Verfahren gebunden ist. Werde die Rechtslage dagegen "rückwirkend" umgestaltet, sei die Bin-

---

[397] Vgl. Teil 2, 1. Abschn. Ziff. III.5.
[398] Otte (Fn. 14), S. 260 ff.
[399] Kuttner: Nebenwirkungen, S. 11.
[400] Mittenzwei: Aussetzung, S. 125 ff.
[401] Mittenzwei: Aussetzung, S. 128 ff.

dungswirkung durch eine Aussetzung des Verfahrens zu beachten. Im Übrigen seien auch die Wirkungen der Intervention und Streitverkündung nicht mit der Rechtskraft vergleichbar. Insbesondere sei aber beachtlich, dass die Interventionswirkung anders als die Rechtskraft nur zugunsten der Hauptpartei eingreife.

Die hier in Rede stehenden Interventionswirkungen können zum einen dadurch entstehen, dass ein Nebenintervenient gem. § 66 ZPO dem Rechtsstreit beitritt oder eine Prozesspartei einem Dritten, den sie in einem weiteren Verfahren selbst in Anspruch nimmt, gem. § 72 ZPO den Streit verkündet. Nebenintervenient bzw. Streitverkündeter können gem. § 68 ZPO bzw. §§ 74 Abs. 3 i. V. m. 68 ZPO die Unrichtigkeit der Entscheidung im Verhältnis zur Hauptpartei nur eingeschränkt geltend machen. Im Verhältnis des Nebenintervenienten zur Gegenpartei tritt nach heute allgemeiner Ansicht keine Interventionswirkung ein[402].

Gegen eine Aussetzung des Verfahrens spricht, dass Tatbestandswirkungen im Gegensatz zur Rechtskraft nicht notwendig den nachfolgenden Richter binden und sich regelmäßig nicht sicher vorhersagen lassen werden. Eine Bindung des Richters des auszusetzenden Verfahrens durch Interventionswirkungen ist in den meisten Fällen sogar ausgeschlossen. Zwar erstreckt sich die Rechtskraft der Entscheidung über die Hauptschuld selbst nicht gegen den Bürgen, wenn dem Gläubiger der Anspruch zugesprochen wird, bei einer Abweisung der Klage steht jedoch zugunsten des vom Gläubiger in Anspruch genommene Bürgen fest, dass die Hauptverbindlichkeit nicht besteht. Wird der Klage stattgegeben, enfaltet sie in keinem Fall gegenüber dem Bürgen irgendeine Bindungswirkung. Schon gar nicht kann der Gläubiger sich im Prozess gegen den Bürgen auf die Interventionswirkung berufen, wenn der Bürge im anderen Prozess auf der Seite des Schuldner beigetreten ist, der Bürge kann weiterhin die Einrede erheben, die Hauptschuld bestünde nicht. Die Intervention würde lediglich zugunsten des Schuldners im Verhältnis zum Bürgen wirken. Verklagt der Vermieter Haupt- und Untermieter auf Räumung, kann der Untermieter dem Streit gegen den Hauptmieter als Nebenintervenient beitreten. Der Ausgang des Rechtsstreits zwischen Vermieter und Untermieter ist jedoch von dieser Intervention unabhängig, weil sich weder Vermieter noch Untermieter auf die Bindungswirkung berufen können, sondern diese lediglich im Verhältnis zum Hauptmieter eintritt.

Im Falle der Streitverkündung lässt sich zumindest eine zu erwartende einseitige Bindungswirkung nicht leugnen. Auch wenn der Zedent der Zahlungsklage des Zessionars gegen den Schuldner beitritt, wirkt das Urteil gegen den Zedenten. Der Streitverkündete wird sich gegenüber dem Streitverkünder die Wirkungen

---

[402] RGZ 84, 286, 293; BGH NJW-RR 1990, 121; MüKo/Schilken, § 68, Rz. 8 m. w. N.

des rechtskräftigen Urteils entgegenhalten lassen müssen. Fraglich erscheint jedoch, ob die Bindung nicht nur einseitig ist, d. h. sich zwar der Streitverkündete oder Nebenintervenient das Urteil entgegenhalten lassen muss, nicht aber die Hauptpartei oder der Streitverkünder. Wären dagegen beide Parteien gebunden, kämen die Streitverkündungs- und Interventionswirkungen der Rechtskraft gleich.

Umstritten ist, ob die Interventionswirkung nur zugunsten des Nebenintervenienten und damit auch zulasten der Hauptpartei (oder des Streitverkünders) eintritt. Nach einer Literaturmeinung[403] wirkt das Urteil entgegen dem Wortlaut des § 68 ZPO auch zugunsten des Nebenintervenienten oder Streitverkündeten. Diese Analogie sei aufgrund des Grundsatzes der prozessualen Chancengleichheit geboten. Wer die Hauptpartei im Vorprozess unterstützt oder als Streitverkündungsempfänger wegen § 74 Abs. 3 ZPO die Obliegenheit zur Unterstützung habe, der soll sich auch auf die Richtigkeit der Feststellungen berufen können, weil es mit der Wahrheitspflicht nicht vereinbar sei, wenn die Hauptpartei sich im Verhältnis zum Gegner des Hauptverfahrens und in einem eigenen Verfahren gegen den Streitverkündeten widerspreche. Das öffentliche Interesse gebiete hier ein widerspruchsfreie rechtliche Würdigung des Tatsachenstoffs.
Diese Auslegung der §§ 68, 74 Abs. 3 ZPO verdient keine Zustimmung. Zu Recht lässt die h. M.[404] die Intervention und Streitverkündung nur zu Ungunsten des Nebenintervenienten bzw. Streitverkündeten wirken. Dafür streiten der Wortlaut des § 68 ZPO und die Absicht des Gesetzgebers[405]. Zweck der Streitverkündung ist es allein, das Risiko eines doppelten Prozessverlustes für die streitverkündende Partei zu vermeiden. Auch die Nebenintervention will allein dem Dritten die Einflussnahme auf einen zwischen den Parteien anhängigen Prozess durch Unterstützung einer Partei ermöglichen, wenn sich die Entscheidung des Prozesses auf seine Rechtsstellung negativ auswirken könnte und sichert die *Widerspruchsfreiheit* durch Einflussnahme des Nebenintervenienten oder Streitverkündeten *zugunsten der Hauptpartei*. Darüber hinaus soll die Rechtsstellung des Dritten nicht verbessert werden. Im Regressverfahren ist der Richter demnach nur zugunsten der Hauptpartei oder des Streitverkünders an die Ergebnisse des Vorprozesses gebunden, nicht aber zugunsten des Streitverkün-

---

403 Häsemeyer, ZZP 84 (1971), 179, 198 f.; Schneider MDR 1961, 3, 7f.; einschränkend für den Fall eines Beitritts des Streitverkündeten und die Fälle der Nebenintervention: Stein/Jonas/Bork: ZPO, Bd. 1, 21. Aufl., § 74, Rz. 5 und § 68, Rz. 12; A. Blomeyer: ZPR, § 113 II 4; Wieczorek/Mansel: ZPO, Bd. I/2, § 68, Rz. 141 f. m. w. N.

404 RGZ 153, 271, 274 u. st. Rspr., vgl. BGH JZ 1987, 1033 u. 1035 m. zust. Anm. Fenn; BGH NJW 1997, 2385; MüKo/Schilken: ZPO, Bd. 1, § 68, Rz. 9 ff. m. w. N.; Zöller/Vollkommer: ZPO, § 68, Rz. 6.

405 Motive, S. 86 ff., 91;BGH JZ 1987, 1033 u. 1035.

deten oder Nebenintervenienten. Die Literaturmeinung verkennt, dass widersprüchlich nicht die zu erwartenden Urteile, sondern allein der Vortrag der Hauptpartei bzw. des Streitverkünders ist. Auch der Beklagte kann ein Interesse an einer zügigen Durchführung des Verfahrens haben.

Kohärente Verfahrensabstimmung im Falle der Streitverkündung ist Sache des Klägers. Geht es wie im vom BGH entschiedenen Fall zur Aussetzung bei Parteiverschiedenheit um die Mangelhaftigkeit der Sache, verdoppelt sich sein Prozessrisiko, wenn in beiden Verfahren Beweis erhoben werden muss. Diesem Risiko kann sich der Kläger nur durch die Streitverkündung entziehen, ohne den vorbereiteten Anspruch einzuklagen. Der Kläger ist ausreichend geschützt, weil auch die Streitverkündung die Verjährung unterbricht. Dasselbe gilt auch im Verhältnis zwischen Zedent und Zessionar. Nimmt der Zessionar gegen den Zedenten Rückgriff, weil die Forderung angeblich nicht besteht, hätte er eben zunächst den Ausgang des Rechtsstreites gegen den Schuldner abwarten müssen. Wurde die Forderung fakturiert und klagt der Zedent den Kaufpreis ein, nützt ihm seine Nebenintervention im Verfahren des Zessionars gegen den Schuldner ohnehin nichts, weil das Bestehen der Forderung zu seinen Gunsten nicht festgestellt werden kann. Tritt die Bindungswirkung nur einseitig zugunsten einer Prozesspartei ein, sprechen vorstehende Überlegungen dafür, eine Aussetzung ohne zu erwartende präjudizielle Rechtskraftwirkungen im Verhältnis zu Dritten nur in engen Ausnahmefällen zuzulassen, nämlich dann, wenn dem Beklagten ein unzumutbarer Nachteil droht. Das richtige Mittel zur Verfahrenskoordination ist hier die Streitverkündung, verbunden mit der Möglichkeit, die Verfahren nacheinander führen zu können. Der Kläger, der eine dritte Person schon vor Abschluss des Verfahrens in Regress nimmt, anstatt ihm den Streit zu verkünden, muss die durch sein prozessuales Verhalten hervorgerufenen Nachteile hinnehmen. Rechtliche Sinnzusammenhänge werden hier allein durch die Rechtsinstitute der Streitverkündung und Nebenintervention gewahrt.

4. Zusammenfassend lässt sich feststellen, dass die Bestimmung des Streitgegenstandes für die Abgrenzung des Anwendungsbereichs der Aussetzung nur begrenzt Anhaltspunkte bietet. Bei Streitgegenstandsidentität steht fest, dass die Klage wegen anderweitiger Rechtshängigkeit abzuweisen ist. Verfahrenskoordination braucht eindeutige Regeln. Eine allein durch Zweckmäßigkeitskriterien gesteuerte Verfahrenskoordination wird der Voraussetzung der Vorgreiflichkeit nicht gerecht. Das Verfahren ist immer dann auszusetzen, wenn eine Bindung des Richters wegen der Rechtskraft des Urteils in dem Verfahren zu erwarten ist, zu dessen Gunsten ausgesetzt wird. Im Verhältnis zu einem Rechtsstreit mit einem Dritten wird eine Aussetzung nur in wenigen Ausnahmefällen statthaft sein, nämlich wenn unzumutbarer Nachteile drohen, nicht aber schon dann, wenn nur eine einseitige Bindung zu erwarten ist.

IV. Ermessen und Zwang zur Aussetzung

Die Aussetzung von Amts wegen im Anwendungsbereich des § 148 ZPO steht im pflichtgemäßen Ermessen des Gerichts. Maßgebend für die Entscheidung des Gerichts ist insbesondere die Aussicht auf eine baldige Erledigung des anderen Rechtsstreits und das Beschleunigungsbedürfnis des auszusetzenden Verfahrens[406]. Das Problem der Verfahrensverschleppung wird bislang wenig beachtet[407]. Die Aussetzung des Verfahrens dient - wie die Rechtshängigkeit - in erster Linie dem Schutz der Rechtskraft. Daher muss ein Verfahren ausgesetzt werden, wenn die Rechtskraft der zu erwartenden Entscheidung den Richter bindet[408]. In solchen Fällen reduziert sich das Ermessen des Richters auf Null. Fehlt es an einer solchen Bindung, spricht dies regelmäßig gegen eine Aussetzung des Verfahrens. Besteht keine Rechtskraftbindung, übt der Richter sein Ermessen pflichtgemäß durch Abwägung des Beschleunigungsinteresses der Parteien gegenüber einem möglichen unzumutbarer Nachteil für die Partei aus. Dagegen kann nicht eingewandt werden, diese Auffassung verenge das Institut der Aussetzung auf die Fälle präjudizieller Rechtskraftwirkungen[409]. Eine allein an Zweckmäßigkeitskriterien orientierte Abgrenzung des Anwendungsbereichs wird der Funktion der Aussetzung nicht gerecht. Die Gegenauffassung impliziert, dass die Aussetzung entweder im freien Ermessen[410] steht oder der Richter unter Berücksichtigung von Zweckmäßigkeitskriterien zumindest zwischen zwei Alternativen wählen kann. Wie *Fichtner*[411] nachweist, stellen die Regeln über die Aussetzung des Verfahrens jedoch in der Regel eine "gebundene Entscheidung" dar, die lediglich einen unbestimmten Rechtsbegriff enthalten und mithin kein Ermessen eröffnen. Nach der hier vertretenen Auffassung bezieht sich das Ermessen des Richters in der Regel allein auf die Vorgreiflichkeit des Rechtsverhältnisses für den auszusetzenden Prozess. Die Aussetzung des Verfahrens bleibt wegen anderer rechtlicher Sinnzusammenhänge in engen Ausnahmefällen möglich. Der Richter muss sorgfältig abwägen, ob eine Aussetzung den Parteiinteressen entspricht, insbesondere das Verfahren nicht überlang verzögert wird. Dies wird wohl nur bei unzumutbaren Nachteilen für eine Partei in Betracht kommen.

---

[406] Stein/Jonas/Roth: ZPO, Bd. 2, § 148, Rz. 30.

[407] Vgl. z. B. Otte (Fn. 14), S. 263 ff., der für eine großzügige Auslegung zugunsten von Sinnzusammenhängen plädiert, ohne die Gefahr der Verschleppung abzuwägen.

[408] Baumbach/Lauterbach/Hartmann/Albers: ZPO, § 148, Rn. 1 f.; Mittenzwei: Aussetzung, S. 62 ff., 67, 82.

[409] So aber Otte (Fn. 14), S. 254 ff.

[410] Bettermann: Rechtshängigkeit und Rechtsschutzform, S. 34.

[411] Fichtner: Grenzen des richterlichen Ermessens bei der Aussetzung, S. 258; ebenso Stickelbrock: Inhalt und Grenzen richterlichen Ermessens im Zivilprozeß, S. 551, Fn. 843.

V. Zusammenfassung

Von der Möglichkeit der Aussetzung des Verfahrens ist schon wegen der damit verbundenen Verzögerung des Prozesses sparsam Gebrauch zu machen. Zur Bestimmung der notwendigen Vorgreiflichkeit des Rechtsverhältnisses des Zweitverfahrens bietet der Streitgegenstandsbegriff nur ein negatives Abgrenzungskriterium: Die Aussetzung des Verfahrens kommt nur dann in Betracht, wenn der Streitgegenstand in beiden Verfahren nicht identisch ist, anderenfalls greift der Einwand der Rechtshängigkeit. Maßgeblich ist der Einfluss des Streitgegenstands auf die Rechtskraft. Ein allein materiellrechtlich verstandener Rechtskraftbegriff verstellt den Blick auf diejenigen Fälle, in denen eine Aussetzung geboten erscheint, weil die Wirkung der Rechtskraft auf Vorfragen ausgedehnt wird. Lässt sich aus dem Begriff des Gegenstandes des Rechtsstreits keine Aussage über den Anwendungsbereich der Aussetzung herleiten, wird das Aussetzungsermessen zum maßgeblichen Entscheidungskriterium. Dieses Ermessen reduziert sich hin auf eine Aussetzungspflicht, wenn entweder mit (indirekten) Rechtskraftwirkungen oder entsprechenden Tatbestandswirkungen des Parallelverfahrens zu rechnen ist. Fehlt es an einem solchen Zusammenhang, scheidet eine Aussetzung des Verfahrens regelmäßig aus. Ausnahmen zur Wahrung materiellrechtlicher Sinnzusammenhänge sind nur dann anzuerkennen, wenn keine Verschleppung des Prozesses zu erwarten ist und einer Partei ein unzumutbarer Nachteil droht.

4. Abschnitt: Das Verhältnis von Feststellungs- und Leistungsklage

Für die im Grunde klare Abgrenzung von Rechtshängigkeit und Aussetzung - Rechtshängigkeit bei gleichem Streitgegenstand in beiden Verfahren, Aussetzung bei Vorgreiflichkeit des Streitgegenstandes des einen Verfahrens für das andere - bildet das Verhältnis von Feststellungs- und Leistungsklage ein besonderes Problem. Die Rechtshängigkeitssperre bereinigt nur solche Verfahrenskollisionen, in denen nach dem herrschenden zweigliedrigen Streitgegenstandsbegriff sowohl der Antrag als auch der zugrunde liegende Sachverhalt übereinstimmen. Daher greift bei unterschiedlichen Klageanträgen mit identischem Sachverhalt oder bei identischen Klageanträgen, die auf einen abweichenden Sachverhalt gestützt sind, die Rechtshängigkeitssperre nicht ein, obwohl die Gefahr widersprechender Entscheidungen besteht. Die Vehemenz, mit der ein Großteil des deutschen Schrifttums dem in den Entscheidungen "Gubisch" und "Tatry" beschriebenen Verhältnis von Feststellungs- und Leistungsklage entgegengetreten ist, überrascht, ist dieses doch auch im autonomen deutschen Zivilverfahrensrecht umstritten, nachdem ein Teil der Literatur[412] von der Rechtsschutzform als maßgeblichem Kriterium abgerückt ist und dieses durch eine missverständliche Betrachtung von Rechtsfolge und Rechtsschutzziel ersetzt. Nur für den Fall, dass negative und positive Feststellungsklage mit kontradiktorischen Anträgen gestellt werden, ist allgemein anerkannt, dass bei einer Abweisung der Klage auch die Feststellung des kontradiktorischen Gegenteils miterfasst wird. Positive und negative Feststellungsklage sind in ihrem Rechtsschutzziel identisch. Hier ist die später erhobene Klage unabhängig davon, ob es sich um die positive oder negative Feststellungsklage handelt, wegen anderweitiger Rechtshängigkeit abzuweisen[413].

I. Das Verhältnis von Leistungsklage und positiver Feststellungsklage

Die Frage nach dem Eingreifen der Rechtshängigkeitssperre wird mit Ausnahme von negativer und positiver Feststellungsklage von Rechtsprechung und Literatur unterschiedlich beantwortet.

---

[412] Bettermann: Rechtshängigkeit und Rechtsschutzform, S. 26 ff.; Baltzer: Die negative Feststellungsklage, S. 161 ff.; Stein/Jonas/Schumann: ZPO, § 261 Rz. 56 ff.; Otte (Fn. 14), S. 223 ff.

[413] KG OLG-Rspr 1937, 123; Baltzer: Die negative Feststellungsklage aus § 256 I ZPO, S. 150 ff.; Kleinfeller, ZZP 56 (1931), 128 ff.; Stein/Jonas/Schumann: ZPO, Bd. 3, § 261, Rz. 61; I. Mittenzwei, ZZP 85 (1972), 466 (473).

1. Quantitätsverhältnis von positiver Feststellungs- und Leistungsklage

Die Rechtsschutzziele von positiver Feststellungsklage und Leistungsklage sollen nach der h. M. und Rechtsprechung[414] im autonomen deutschen Zivilverfahrensrecht nicht identisch sein, sondern in einem "Quantitätsverhältnis" zueinander stehen. Daher begründe die Feststellungsklage auch nicht den Einwand der Rechtshängigkeit, wenn der Feststellungskläger aus demselben Rechtsverhältnis nachfolgend auf Leistung in Anspruch genommen wird. Hierfür wird angeführt, die Rechtskraft der Feststellungsklage wirke nur präjudiziell auf den Leistungsprozess. Auch wenn die Leistungspflicht zunächst rechtskräftig festgestellt werde, könne die Leistungsklage aus anderen Gründen abgewiesen werden, z. B. mangels Fälligkeit. Daher gehe die Leistungsklage über das Rechtsschutzziel der Feststellungsklage hinaus. Mag also die eine oder andere Klage früher erhoben sein, so stehe der zweiten der Einwand der Rechtshängigkeit nicht entgegen.

Kleinfeller[415] begründet diese Auffassung wie folgt: "Wenn dagegen das in dem einen Prozess erstrebte Urteil neben dem im anderen Prozess zu verlangenden Urteil rechtlich bestehen kann, so stehen sich beide Prozesse nicht im Wege. Im Prozesse über die Leistungsklage ist eine Einrede wegen der Rechtshängigkeit der positiven Feststellungsklage nicht begründet, weil die Abweisung der Leistungsklage durch den Sieg des Gläubigers im Feststellungsprozess nicht gehindert wird. Umgekehrt wird auch im Prozesse über die positive Feststellungsklage die Rechtshängigkeit des Leistungsanspruchs nicht einzuwenden sein, weil das Leistungsurteil eine der Rechtskraft fähige Entscheidung über das Bestehen oder Nichtbestehen des Anspruchs nicht schafft."

Die Auffassung legt nahe, die Leistungsklage gem. § 148 ZPO auszusetzen, um widersprechende Entscheidungen zu verhindern, sollte das Feststellungsinteresse fortbestehen[416] und eine Verbindung der Verfahren gem. § 147 ZPO nicht möglich sein, weil die Klagen vor verschiedenen Gerichten erhoben wurden[417]. Reduziert sich das Aussetzungsermessen bei zu erwartender Präjudizialität auf Null, muss der Richter das Verfahren aussetzen, damit widersprechende Entscheidungen vermieden werden. Hier tritt die Funktion der Aussetzung, die Rechtshängigkeitssperre bezüglich der präjudiziellen Rechtsverhältnisse zu erweitern, deutlich zu Tage[418]. Folgt die Feststellungsklage der Leistungsklage

[414] RG JW 1903, 151; BGHZ 7, 268 (271); BGHZ 42, 348; Kleinfeller, ZZP 56 (1931), S. 129 ff.; Grunsky: ZPR, Rz. 103, 113; Stein/Jonas/Schumann, Bd. 3, § 261, Rz. 60.

[415] Kleinfeller: ZZP 56 (1931), 129 ff. (136).

[416] So Stein/Jonas/Schummann: ZPO, Bd. 3, § 261, Rz. 60; Mittenzwei: Aussetzung S. 110 ff.; zum Fortbestand des Feststellungsinteresses: Stein/Jonas/Schumann: ZPO, Bd. 3, § 256, Rz. 88.

[417] Können die Verfahren verbunden werden, besteht kein Grund zu Aussetzung eines Verfahrens, vgl. Stein/Jonas/Roth, Bd. 2, § 148, Rz. 30.

[418] Vgl. S. 102 ff.

nach, dürfte das Feststellungsinteresse fehlen. Der Feststellungskläger ist gehalten, im Leistungsverfahren Zwischenfeststellungs(wider)klage zu erheben.

2. Identität der Streitgegenstände von positiver Feststellungs- und Leistungsklage

Bettermann[419] vertritt die Auffassung, dass der Einwand der Rechtshängigkeit trotz der Verschiedenheit der Rechtsschutzform auch dann eingreife, wenn wegen der Vorgreiflichkeit eines Rechtsverhältnisses widersprechende Entscheidungen drohten. Aus dem Zusammenhang zwischen Rechtshängigkeit und Rechtskraft folgert er, dass die Rechtshängigkeit gerade widersprechende Entscheidungen zu verhindern suche. *Bettermann* postuliert, dass der nachfolgenden Klage der Einwand der Rechtshängigkeit entgegenstehe, wenn zunächst Feststellungsklage erhoben und dann auf Leistung geklagt werde und umgekehrt.

3. Teilidentität der Streitgegenstände von positiver Feststellungs- und Leistungsklage

Eine einschränkende Meinung[420] geht dagegen nur von einer Teilidentität der Streitgegenstände aus. Ausgangspunkt der Überlegung sind die Fälle, in denen der Feststellungskläger selbst später eine eigene Leistungsklage erhebt und umgekehrt. Der Streitgegenstand der Leistungsklage schließe den der Feststellungsklage mit ein. Mit der positiven Feststellungsklage begehre der Kläger Feststellung des Rechtsverhältnisses, auf dessen Wirksamkeit der Leistungsanspruch aufbaue. Das stattgebende Leistungsurteil bestünde aus der Feststellung der Leistungspflicht (Rechtsverhältnis) und dem Leistungsbefehl. Keine Identität bestünde bei der Abweisung der Leistungsklage. Diese könne aus anderen Gründen erfolgen, die dem positiven Feststellungsbegehren (Rechtsverhältnis) nicht entgegenstünden, wie beispielsweise fehlender Fälligkeit der Forderung. Die Abweisung der Leistungsklage schließe daher die Stattgabe der Feststellungsklage nicht aus. Ausschlaggebend sei damit nicht das Rechtsschutzziel beider Klagen, sondern das Verhältnis von erzielbarem Rechtsfolgenausspruch der Erstklage zum Rechtsschutzziel der Zweitklage. Daher sperre die zuerst erhobene Klage immer[421] oder zumindest immer dann das Zweitverfahren, wenn im zuerst eröffneten Verfahren auf jeden Fall diejenige Entscheidung ergehen kön-

---

[419] Rechtshängigkeit und Rechtsschutzform, S. 26 f; ähnlich Blomeyer: ZPR, § 49 III 2.

[420] MüKo/Lüke: ZPO, § 261 , Rz. 63 f; Otte (Fn. 14), S. 223 f. spricht hier missverständlich unter Verweis auf MüKo/Lüke, aaO., von Teilidentität der Rechtsschutzziele. Diese werden jedoch durch den Klageantrag (Rechtsschutzform) bestimmt. MüKo/Lüke, aaO: rekurriert aber auf den Streitgegenstand.

[421] So Müko/Lüke: ZPO, Bd. 1, § 261 Rz. 63 f.

ne, die im zeitlich nachfolgenden Verfahren beantragt worden sei[422]. Die nachfolgende Feststellungsklage sei daher nur zulässig, wenn mit einer Abweisung der Leistungsklage mangels Fälligkeit oder anderen Gründen zu rechnen sei, welche die Klage derzeit unbegründet machten.

4. Stellungnahme

Die Meinung, die von Identität bzw. Teilidentität von Leistungs- und positiver Feststellungsklage ausgeht, verkennt den Unterschied zwischen materiellrechtlichem Anspruch und dem Streitgegenstand, sofern dieser nach den prozessrechtlich orientierten Auffassungen bestimmt wird[423]. Die Leistungspflicht (Anspruch) ist materiellrechtlicher, der Leistungsbefehl des Leistungsurteils dagegen prozessualer Natur. Der Leistungsbefehl baut daher auch nicht auf dem Anspruch selbst, sondern auf dem (prozessualen) Rechtsverhältnis auf. Über dieses Rechtsverhältnis ist die Feststellungsklage anhängig. Daher besteht zwischen der Leistungs- und der Feststellungsklage auch bei Stattgabe der Leistungsklage - wenn überhaupt - keine Identität. Auch in diesem Fall geht das Rechtsschutzziel der Leistungsklage, der Leistungsbefehl, über die bloße Feststellung der Vorfrage hinaus.

Die Mindermeinung legt nur den Fall zugrunde, dass derselbe Kläger beide Klagen nacheinander erhebt[424] und verallgemeinert die aus dieser Konstellation getroffene Feststellung dahin gehend, dass der Litispendenzeinwand im zeitlich späteren Verfahren immer oder zumindest in den vorgenannten Fällen begründet sei. Nicht berücksichtigt wird bei dieser Aussage die Fallgruppe, dass nicht der Leistungskläger, sondern der Beklagte die Feststellungsklage bzw. nicht der Feststellungskläger, sondern der Feststellungsbeklagte die Leistungsklage erhebt, d. h. sich die Parteien gleichsam in vertauschten Rollen gegenüberstehen. Um dies einmal zu verdeutlichen, sollen folgende Fälle untersucht werden:

A klagt gegen B auf Herausgabe der Sache X gem. § 985 BGB, während B Klage auf Feststellung erhebt, er sei Eigentümer. Oder der Mieter erhebt Feststellungsklage auf Bestehen des Mietverhältnisses, während der Vermieter Klage auf Unterlassen der Benutzung der Mietsache mit der Begründung erhebt, das Mietverhältnis bestehe nicht.

Im ersten Fall widersprächen sich die Urteile zwar inhaltlich, wenn beiden Klagen stattgegeben würde, weil der Herausgabeanspruch des A gem. § 985 BGB

[422] Otte (Fn. 14), S. 224.
[423] Vgl. S. 27 ff.
[424] Vgl. MüKo/Lüke: ZPO, Bd. 1, § 261, Rz. 63 f; Bettermann: Rechtshängigkeit und Rechtsschutzform, S. 26; Otte (Fn. 14), S. 223 f.

nicht mit der Eigentümerstellung des B zu vereinbaren wäre. Eine Abweisung der Feststellungsklage des B stellt jedoch nicht das Eigentum des A fest. Dasselbe gilt auch für den umgekehrten Fall: Die Abweisung der Leistungsklage des A stellt nicht das Eigentum des B fest. Allerdings würde die rechtskräftige Feststellung des Eigentums des B den nachfolgenden Richter, der über die Leistungsklage entscheidet, binden, weil in diesem Falle gegenüber A feststünde, dass B Eigentümer ist, was die Bejahung des Tatbestandsmerkmals "Eigentum" in § 985 BGB für den Herausgabeanspruch ausschlösse[425]. Der Richter der Leistungsklage könnte das Verfahren wegen der zu erwartenden Rechtskraftwirkung gem. § 148 ZPO aussetzen[426]. Umgekehrt wäre es dem Richter der Feststellungsklage aber verwehrt, das Verfahren bis zu einer Entscheidung über die Leistungsklage auszusetzen. Zwar wäre in diesem Fall ein Widerspruch zwischen den Entscheidungsgründen der Leistungs- und Feststellungsklage nicht ausgeschlossen, die Rechtskraft des Leistungsurteils umfasst die Feststellung des Eigentums des A nicht[427], so dass keine Rechtskraftwirkung zu erwarten ist, die zur Aussetzung berechtigt. Die Entscheidung des Feststellungsprozesses kann zwar die Entscheidung des Herausgabeprozesses bedingen, nicht jedoch umgekehrt.

Gleiches gilt im zweiten Fall. Die Feststellungsklage auf Bestehen des Mietverhältnisses ist für die Unterlassungsklage des Vermieters präjudiziell und deshalb ist an eine Aussetzung gem. § 148 ZPO zu denken. Auch im umgekehrten Fall besteht eine denklogische Abhängigkeit, jedoch ist die inzidente Feststellung des Rechtsverhältnisses im Leistungsprozess nicht präjudiziell für den Feststellungsprozess, weil die Feststellung nicht in Rechtskraft erwächst.

Für eine Aussetzung der Leistungsklage gem. § 148 ZPO und gegen die Annahme, dass die Rechtshängigkeit des Feststellungsprozesses den Leistungsprozess sperrt, spricht auch folgende Überlegung: Nach der Rechtsprechung ist der Feststellungskläger nicht ohne weiteres gezwungen, auf einen Leistungsantrag überzugehen, wenn dieser nach zulässig erhobener Feststellungsklage nachträglich möglich wird[428]. Zwar muss das Feststellungsinteresse bis zum Ende der letzten mündlichen Verhandlung vorliegen. Der Kläger muss jedoch nicht von der Feststellungs- auf die Leistungsklage übergehen, wenn dies erst im Laufe des Rechtsstreits möglich wird. Die Feststellungsklage bleibt zulässig, wenn die Erhebung prozesswirtschaftlich erscheint und zu einer sachgemäßen Erledigung der Streitpunkte beiträgt. Eine selbständige Leistungsklage wäre jedoch vor En-

---

[425] Mittenzwei: Aussetzung, S. 110 m. w. N.

[426] So Mittenzwei: Die Aussetzung, S. 110 f.

[427] BGH NJW-RR 1999, 377; Jauernig: ZPR, § 63 II 2; a. A. Zeuner: Die objektiven Grenzen der Rechtskraft, S. 45 ff; Schwab: Streitgegenstand, S. 168 f., vgl. auch S. 57.

[428] BGH WM 1964, 1253; WM 1972, 545; WM 1978, 630 f.

de des Feststellungsprozesses unzulässig, weil die Möglichkeit der Klageerweiterung auf Leistung besteht. Sobald der Feststellungsprozess beendet wird, könnte der Kläger jedoch wieder Leistungsklage erheben. Statt zwei werden drei Verfahren geführt: Die während der Rechtshängigkeit der Feststellungsklage anhängig gemachte selbstständige Leistungsklage wäre als unzulässig abzuweisen, die nachfolgende Leistungsklage ist dagegen zulässig.

Festzuhalten bleibt daher, dass der Leistungsklage der Einwand der Rechtshängigkeit bereits einer erhobenen positiven Feststellungsklage nicht entgegensteht, sondern nur eine Aussetzung der Leistungsklage in Betracht kommt. Der nachfolgenden positiven Feststellungsklage fehlt das Rechtsschutzinteresse, weil im ersten Verfahren Zwischenfeststellungsklage erhoben werden kann.

II. Das Verhältnis von negativer Feststellungsklage und Leistungsklage

Umstritten ist auch das Verhältnis zwischen der negativen Feststellungsklage und der Leistungsklage, wenn der Gläubiger seine Leistung einklagt und der Schuldner diese mit einer Feststellungsklage leugnet. In diesen Fällen wird mit der negativen Feststellungsklage nicht dasselbe Rechtsschutzziel verfolgt wie mit der Leistungsklage. Zu unterscheiden ist hier die Fallgruppe, in der die negative Feststellungsklage vor der Leistungsklage erhoben wird von derjenigen, bei der die negative Feststellungsklage der Leistungsklage nachfolgt.

1. Nachfolgende negative Feststellungsklage

Unproblematisch ist der Fall der nachfolgenden negativen Feststellungsklage. Hier greift nach allgemeiner Meinung[429] immer die Rechtshängigkeitssperre ein. Zwar besteht zwischen beiden Klagen keine Identität, weil Feststellungs- und Leistungsklage von ihren Rechtsschutzzielen verschieden sind[430]. Das Urteil im Leistungsprozess schließt die Feststellung über das kontradiktorische Gegenteil mit ein und entscheidet endgültig den mit der Feststellungsklage bestrittenen Leistungsbefehl. Daher steht der nachfolgenden negativen Feststellungsklage

[429] BGH NJW 1989, 2064 f; Lüke, JuS 1969, 301 f; Baltzer: Die negative Feststellungsklage aus § 256 I ZPO, 1980, S. 149 ff; Bettermann: Rechtshängigkeit und Rechtsschutzform, S. 28; MüKo/Lüke: ZPO, Bd. 1, § 261, Rz. 65; Otte (Fn. 14), S. 225; wohl auch Stein/Jonas/Schumann: ZPO, Bd. 3, § 261, Rz. 62; Die Gegenauffassung: Hellwig: Anspruch und Klagerecht, 1900, S. 426, ders.: Lehrbuch 3, 53 ff; Kleinfeller, ZZP 56, 129 (136), wird heute nicht mehr vertreten.

[430] Missverständlich Otte (Fn. 14), S. 225 und Stein/Jonas/Schumann: ZPO, Bd. 3, § 261, Rz. 61, die von Identität der Rechtsschutzziele sprechen. Das Rechtsschutzziel nach der hier vertretenen Auffassung wird allein durch die Rechtsschutzform, d. h. den Klageantrag bestimmt. Der Feststellungsantrag ist aber nicht mit dem Leistungsantrag identisch. Gemeint ist wohl Identität des Streitgegenstandes (vgl. zutreffend: MüKo/Lüke, ZPO, Bd. 1, § 261, Rz. 57).

der Einwand der Rechtshängigkeit entgegen, wenn der Feststellungskläger beantragt hat, festzustellen, dass die Leistungspflicht nicht besteht.

Der Bezug zum an der Rechtsschutzform orientierten prozessualen Streitgegenstandsbegriff wird in dieser Fallgruppe verlassen, um den zu erwartenden Rechtskraftwirkungen den größtmöglichen Schutz zu gewähren. Prozessökonomisch ist die Abweisung der negativen Feststellungsklage nicht: Wird die Leistungsklage z. B. mangels Zuständigkeit, Fälligkeit o. ä. abgewiesen, ist es wieder möglich, eine negative Feststellungsklage zu erheben. Weil die Entscheidung im Leistungsprozess über die Vorfrage des materiellrechtlichen Rechtsverhältnisses nicht in Rechtskraft erwächst, tritt auch keine rechtskräftige Bindung des nachfolgenden Richters ein, auch wenn der Tenor dessen Bestehen voraussetzt. Wird die Leistungsklage z. B. mangels Fälligkeit des Anspruchs als derzeit unbegründet abgewiesen, kann der Streit über den Rechtsgrund erneut aufleben. Wird die Feststellungsklage dagegen nur gem. § 148 ZPO ausgesetzt, wird einer unökonomischen Verfahrensverdopplung Einhalt geboten und die Möglichkeit geschaffen, diese fortzusetzen. Auch fallen (zunächst) keine weiteren Prozesskosten an. Hier wäre von Vorteil, konsequent den prozessualen Streitgegenstandsbegriff zugrunde zu legen und bei Verschiedenheit der Anträge auch von unterschiedlichen Streitgegenständen auszugehen. Durch eine Aussetzung der negativen Feststellungsklage und Fortsetzung des Verfahrens nach Urteilsfällung im Leistungsverfahren könnte in den Fällen, in denen die Leistungsklage als derzeit unbegründet abgewiesen wird, im Feststellungsverfahren endgültig Rechtsklarheit geschaffen werden.

2. Nachfolgende Leistungsklage

a) Identität der Rechtsschutzziele

Identität beider Klagen nehmen zahlreiche Autoren[431] auch im umgekehrten Fall an, in dem die Leistungsklage der negativen Feststellungsklage folgt. Wegen dieser - angeblichen - Identität scheide auch eine Aussetzung des Verfahrens gem. § 148 ZPO[432] aus, weil diese Präjudizialität voraussetze. Auch kommt *Bet-*

---

[431] Bettermann: Rechtshängigkeit und Rechtsschutzform., S. 28 ff; Baltzer: Die negative Feststellungsklage aus § 256 I ZPO, S. 142 f., 152 ff; Zeuner, FS Lüke, S. 1003 ff. (1011 ff.)., der die Parallele zur "Kernpunkttheorie" des EuGH herausstellt; ebenso Rüßmann, ZZP 111 (1998), S. 399, (411 f.); Neumann-Duesberg, NJW 1955, 1214; im Ergebnis ähnlich trotz der Annahme verschiedener Streitgegenstände plädieren für die Annahme von Rechtshängigkeit: Blomeyer: Zivilprozeßrecht - Erkenntnisverfahren, § 49 III 2; Grunsky: Grundlagen des Verfahrensrechts, § 5 III 1; Lüke, JuS 1969, 301 f.; MüKo/Lüke: ZPO, § 256, Rz. 61 und § 261, Rz. 66.

[432] Stein/Jonas/Schumann: ZPO, Bd. 3, § 256, Rz. 126 und Stein/Jonas/Roth: ZPO, Bd. 1, § 148, Rn. 27 plädieren dagegen für eine Aussetzung der Leistungsklage.

termann aufgrund seiner Annahme, die Rechtsschutzform spiele bei der Bestimmung desselben Gegenstandes keine Rolle, zur Identität der Streitgegenstände. Daher geht er davon aus, dass hier nur die Einrede der Rechtshängigkeit in Betracht komme, nicht aber die Aussetzung des Verfahrens oder der Fortfall des Feststellungsinteresses[433].

b) Aussetzung des Leistungsverfahrens gem. § 148 ZPO

Nach anderer Ansicht[434] fehle es zwar an einer solchen Identität der Rechtsschutzziele wegen der Verschiedenartigkeit der (nach den Anträgen zu bestimmenden) Rechtsschutzform, der selbstständigen Leistungsklage mangele es aber am Rechtsschutzinteresse, so dass der Feststellungsbeklagte seinen Leistungsanspruch nur im Wege der Leistungswiderklage geltend machen könne[435]. Daher solle dem Feststellungsbeklagten nur die Möglichkeit bleiben, im Feststellungsverfahren Leistungswiderklage zu erheben[436]. Erhebt der Feststellungsbeklagte eine selbstständige Leistungsklage vor demselben Gericht, komme eine Prozessverbindung gem. § 147 ZPO in Betracht[437]. Erhebt der Feststellungsbeklagte die Leistungsklage vor einem anderen Gericht, solle das Leistungsverfahrens wegen der möglichen präjudiziellen Rechtskraftwirkung des Feststellungsurteils gem. § 148 ZPO ausgesetzt werden[438].

Ziel der letztgenannten Lösung ist es zu vermeiden, dass die Prozessergebnisse der negativen Feststellungsklage infolge nachträglicher Unzulässigkeit "unter den Tisch fallen", weil der Kläger Leistungsklage vor einem anderen Gericht erhoben hat. Außerdem soll der Feststellungskläger vor der Kostenfolge geschützt werden. Zur Untermauerung dieser Ansicht[439] wird das Argument der

---

[433] Bettermann: Rechtshängigkeit und Rechtsschutzform., S. 32 f.; Baltzer: Die negative Feststellungsklage aus § 256 I ZPO, S. 152 ff.

[434] Blomeyer: ZPR, § 49 III; Schönke/Kuchinke, § 44 III 1; Wernecke, Die Einheitlichkeit des europäischen und des nationalen Begriffes vom Streitgegenstand, S.92; Wieser, 187; wohl auch MüKo/Lüke: ZPO, § 256, Rz. 61 und § 261, Rz. 66.

[435] Auf dasselbe Ergebnis läuft auch die Rechtsprechung des EuGH zu Art. 21 f EuGVÜ hinaus.

[436] Blomeyer: Zivilprozeßrecht - Erkenntnisverfahren, 2. Aufl., § 49 III 2; Grunsky: Grundlagen des Verfahrensrechts, § 5 III 1; Lüke, JuS 1969, 301 f.; Zeuner, FS Lüke, S. 1003 ff (1013 f.), der nur von Teilidentität der Streitgegenstände ausgeht; Bettermann hält wegen der Rechtshängigkeit der neg. Feststellungsklage sogar die Leistungswiderklage für unzulässig.

[437] Stein/Jonas/Schumann: ZPO, Bd. 3, § 256, Rz. 126.

[438] So Stein/Jonas/Roth: ZPO, Bd. 1, § 148, Rz. 27; Stein/Jonas/Schumann: ZPO, Bd. 3, § 256, Rz. 124 ff und § 261, Rz. 62; Wernecke (Fn. 434), S. 92; Walker, ZZP 111 (1998), 429, 444 f. geht davon aus, dass sich das Aussetzungsermessen in diesem Fall auf Null reduziert. Bei ausländischer Rechtshängigkeit plädiert für eine Aussetzung der Leistungsklage Hau: Positive Kompetenzkonflikte im Internationalen Zivilprozeßrecht, S. 140.

[439] Stein/Jonas/Schumann: ZPO, Bd. 3, § 256, Rz. 126.

Prozessökonomie ins Felde geführt. Die Aussetzung des Leistungsprozesses erspare dem Gericht eine erneute Prüfung der Streitsache, die Gegenstand des Feststellungsprozesses sei. Das Gericht der Leistungsklage werde dadurch entlastet, dass es eine eigene Prüfung des Rechtsverhältnisses wegen der zu erwartenden Rechtskraftwirkung nicht vornehmen müsse. Das für den Rechtsschutz wichtige Institut der negativen Feststellungsklage werde in seiner Funktion erheblich beeinträchtigt, wenn der Beklagte des Feststellungsprozesses es in der Hand hätte, durch die Einreichung der Leistungsklage vor einem anderen Gericht den Erfolg der Feststellungsklage zu verhindern, ohne dass der ihr zugrunde liegende Streit bereinigt werde. Die Bevorzugung des Feststellungsbeklagten gegenüber dem Kläger zeige sich am deutlichsten, wenn eine ursprünglich zulässige und begründete Feststellungsklage nachträglich durch eine zulässige aber unbegründete Leistungsklage bei einem anderen Gericht nunmehr unzulässig würde, dieses Ergebnis sei mit dem Grundsatz der Waffengleichheit der Parteien unvereinbar; insbesondere dann, wenn der Feststellungskläger trotz Begründetheit der Feststellungsklage noch mit Kosten belastet werde. Da das Gericht der Feststellungsklage, um eine ungerechte Kostenentscheidung zu vermeiden, die Begründetheit des Feststellungsbegehrens ohnehin prüfen müsse, sei es sinnvoller, den Feststellungsprozess trotz der selbstständigen Leistungsklage als weiterhin zulässig anzusehen und mit einer sachlichen Entscheidung enden zu lassen, die ihrerseits im - zwischenzeitlich auszusetzenden - Leistungsprozess Rechtskraft bewirke.

c) Fortfall des Feststellungsinteresses

Die Rechtsprechung[440] und ein Teil der Literatur[441] lassen dagegen das Feststellungsinteresse im Erstprozess entfallen, sobald eine Leistungsklage erhoben worden ist und nicht mehr einseitig zurückgenommen werden kann. Die Identität der Streitgegenstände wird verneint, weil die Leistungsklage über eine bloße Feststellung des Rechtsverhältnisses hinausginge, die weitere Sachentscheidung des zweiten Prozesses über den Leistungsbefehl werde durch die Feststellung des Rechtsverhältnisses im ersten Prozess nicht überflüssig[442]. Auch die Anträge der beiden Klagen seien verschieden. Voraussetzung für den Wegfall des Feststellungsinteresses sei allerdings, dass die Feststellungsklage nicht entschei-

---

[440] BGHZ 99, 340 f = WM 1987, 637 = NJW 1987, 2680 = MDR 1987, 558 (Parallelverfahren I); BGH NJW 1994, 3107 (Parallelverfahren II); BGH JR 1988, 374 f. m. Anm Herrmann, 376 ff; BGH NJW 1990, 1532; 1991, 1061; Huber: Anm. zu BGH Urt. v. 11.12.1996 VIII ZR 154/94, JZ 1997, 799; weitere Nachweise bei Otte (Fn. 14), S. 230, Fn. 72.

[441] AK-ZPO/Wassermann, § 256, Rn. 7; Jauernig: ZPR, § 35 III 3; Musielak/Foerste: ZPO, § 256, Rz. 16; Thomas/Putzo/Reichold: ZPO, § 256, Rz. 19; Zöller/Greger, § 256, Rz. 7a; wohl auch Rosenberg/Schwab/Gottwald: ZPR, § 97 III 1c..

[442] BGH NJW 1989, 2064 f; Stein/Jonas/Schumann: ZPO, § 256, Rz. 126.

dungsreif ist[443] und die Leistungsklage nicht mehr einseitig zurückgenommen werden kann[444]. Eine Verpflichtung zur Leistungswiderklage bestehe nicht. Der Feststellungskläger könne einer Abweisung der Klage entgehen, indem er die Hauptsache für erledigt erkläre; denn auch der nachträgliche Wegfall der Zulässigkeit stelle eine Erledigung der Hauptsache dar, wenn die Klage vorher zulässig und begründet war.

d) Stellungnahme

Soweit die Einrede der Rechtshängigkeit nach der Auffassung *Bettermanns* durch die Identität der Streitgegenstände begründet wird[445], setzt diese Auffassung im Sinne der materiellrechtlichen Streitgegenstandstheorie voraus, dass der Streitgegenstand nicht von der Rechtschutzform beeinflusst wird. Es soll eben nicht auf die Rechtsschutzform, sondern auf das materiellrechtliche Rechtsverhältnis ankommen. Diese Auffassung ist schon deshalb abzulehnen, weil sie mit dem prozessualen Streitgegenstandsbegriff nicht vereinbar ist.

Gegen diese Auffassung sprechen aber noch weitere gewichtige Argumente: Die Auffassung wird dem Umstand nicht gerecht, dass nach h. M.[446] weder die Erhebung einer negativen Feststellungsklage noch die Verteidigung gegen dieselbe die Verjährung unterbricht und der Gläubiger möglicherweise zusehen müsste, wie sein Anspruch verjährt, ohne etwas tun zu können. Nach dem Wortlaut des § 204 Abs. 1 Nr. 1 BGB kommt eine Hemmung der Verjährung nur dann in Betracht, wenn der Gläubiger auf die Feststellung des Anspruchs klagt, nicht aber, wenn der Schuldner die Feststellung des Nichtbestehens begehrt. Damit der Gläubiger nicht der Verjährung seines Anspruchs bei der Erhebung der negativen Feststellungsklage entgegensehen muss, wird die verjährungsunterbrechende Wirkung von einigen Autoren auf die negative Feststellungsklage erweitert[447].

Zur Begründung dieser Auffassung wird zunächst der Wille des historischen Gesetzgebers ins Felde geführt. Zwar habe sich dieser in den Materialien zum

[443] BGH JurBüro 1990, 703.
[444] Otte (Fn. 14), S. 227.
[445] Baltzer: Die negative Feststellungsklage, S. 153; Bettermann: Rechtshängigkeit und Rechtsschutzform, S. 28 ff.
[446] Stein/Jonas/Schumann: ZPO, Bd. 3, § 262, Rz. 14; ständige Rechtsprechung: RGZ 60, 387 (391); 71, 68 (73); 75, 302 (305); 90, 290 (292); 153, 375 (380); BGH NJW 1963, 341; NJW 1972,157 (159); NJW 1978, 1975; a. A. Bettermann, ZZP 77(1964), 311 ff; Otte (Fn. 14), S. 230; a. A. Baltzer: Die negative Feststellungsklage aus § 256 I ZPO, S. 161 ff.
[447] Baltzer: die negative Feststellungsklage, S. 161 ff; teilweise wird aber auch verlangt, dass der Gläubiger durch eigene Prozesshandlungen die Verjährung unterbricht, z. B. Leistungswiderklage erhebt, vgl. Zeuner, FS Lüke, S. 1003 ff. (1019).

BGB zu dieser Frage nicht ausdrücklich geäußert, aus dem Schweigen sei aber zu folgern, dass dieser zwischen positiver und negativer Feststellungsklage nicht differenzieren wollte[448]. Im Übrigen sei die Regelung des § 204 BGB unvollständig und diese Lücke durch eine analoge Anwendung zu schließen. Voraussetzung wäre, dass die Erhebung der negativen Feststellungsklage den übrigen die Verjährung unterbrechenden Handlungen ähnelte. Fraglich erscheint aber, ob der mit der negativen Feststellungsklage verfolgte Zweck mit den anderen in § 204 BGB aufgeführten Handlungen, die die Verjährung unterbrechen, übereinstimmt. Das *OLG Schleswig*[449] hat einmal versucht, einen Zusammenhang der in § 204 BGB aufgeführten Rechtshandlungen zur negativen Feststellungsklage über den Zusammenhang zwischen Verjährung und Rechtskraft herzustellen. Die Verjährung des Anspruchs werde unterbrochen, weil wie bei jeder anderen Klage über diesen rechtskräftige Feststellungen zu erwarten seien. Die negative Feststellungsklage stelle im Verhältnis zur positiven nur eine "situationsbedingte Ausprägung" des Prozessverhältnisses dar.

Aus dem Schweigen des Gesetzgebers auf seinen Willen zur Gleichbehandlung von positiver und negativer Feststellungsklage zu schließen, erscheint verfehlt. In Betracht kommt nur eine analoge Anwendung des § 204 BGB. Gegen eine analoge Anwendung spricht zunächst die fehlende Vergleichbarkeit von negativer Feststellungsklage und den anderen in § 204 BGB aufgeführten Handlungen, die ein Tätigwerden des Gläubigers voraussetzen, während hier durch eine Handlung des *Schuldners* die Verjährung unterbrochen werden soll. Allein ein Anerkenntnis des Schuldners kann gem. § 203 BGB die Verjährung hemmen. Anders als beim Anerkenntnis handelt es sich bei der Erhebung der negativen Feststellungsklage aber um das Gegenteil, nämlich um das Bestreiten, nicht um die Anerkennung eines Anspruchs. Die negative Feststellungsklage unterbricht daher die Verjährung des streitigen Anspruchs nicht.

Aus diesem Grunde erscheint es vorzugswürdig, in diesen Fällen die Rechtshängigkeitssperre nur dann eingreifen zu lassen, wenn dem Gläubiger die Möglichkeit der Leistungswiderklage im Feststellungsprozess offen steht [450]. Allerdings ist der Schuldner damit in der Lage, das Verfahren auf den von ihm gewählten Gerichtsstand zu konzentrieren, will der Gläubiger der Gefahr begegnen, dass sein Anspruch verjährt. Damit setzt sich die Auffassung *Bettermanns* in noch größerem Umfang den Argumenten aus, die auch gegen eine Aussetzung der Leistungsklage gem. § 148 ZPO sprechen. Beide Auffassungen beachten nicht, dass die Leistungsklage in ihrem Rechtsschutzziel über die Feststellungsklage hinausgeht und dieses im Feststellungsprozess unerreichbar ist. Es entspricht

[448] Baltzer: Die negative Feststellungsklage, S. 161 ff. m. w. N.
[449] NJW 1976, 970 (aufgehoben durch BGH NJW 1978, 1975).
[450] Leipold: Wege zur Konzentration von Zivilprozessen, S. 20,

nicht den Zuständigkeitsinteressen der Parteien, dass der Schuldner mit einer zuerst erhobenen Feststellungsklage gegenüber dem Gläubiger den Gerichtsstand für die Auseinandersetzung festlegen darf[451]. Regelmäßig muss der Klage des Gläubigers eine Aufforderung des Schuldners zur Leistung vorgehen, um die Kostenfolge eines sofortigen Anerkenntnisses im Prozess zu vermeiden. Der Schuldner hat es daher regelmäßig in der Hand, sich auf die Vorgehensweise des Gläubigers einzustellen und anstatt seine Leistung zu erbringen, Klage zu erheben. Gerade diese Ungleicheit legt es nahe, die Zuständigkeitsinteressen des Gläubigers nicht durch den Vorrang der zunächst erhobenen negativen Feststellungsklage zu verkürzen, wenn die Feststellungsklage nur zur Abwehr des Klagebegehrens und nicht zu weiteren Zwecken dienen soll. Der Grundsatz der prozessualen Waffengleichheit streitet hier gerade für den Gläubiger und den Gerichtsstand seiner Leistungsklage und nicht für die Fortführung der Feststellungsklage

Für den Bereich des Wettbewerbsrechts ist von der Rechtsprechung[452] anerkannt, dass es eine unzulässige Verkürzung der Rechte des Gläubigers darstellt, wenn der Verletzende (Schuldner) den Gerichtsstand durch eine Feststellungsklage bestimmen kann. Auch hier war tragendes Argument der Rechtsprechung, die Rechte des Gläubigers würden durch den Zwang zur Vorwarnung (Abmahnung) verkürzt. Die Interessen der Parteien ähneln denen in Rechtsstreitigkeiten aus anderen Rechtsgebieten; die Argumente des BGH sind daher übertragbar. Wird mit der Feststellungsklage allein die Verpflichtung zur Leistung negiert, muss eine selbstständige Leistungsklage möglich bleiben.

Die Entlastung des Gerichts ist ebenfalls kein taugliches Argument, das für eine Aussetzung des Verfahrens spricht. Dem Feststellungskläger bietet sich die Möglichkeit, die Feststellungsklage für erledigt zu erklären und das Gericht gem. § 91 a ZPO über die Kosten entscheiden zu lassen. Das Gericht beurteilt dann die Erfolgsaussichten der ursprünglichen Feststellungsklage nach dem Sach- und Streitstand und auch eine Beweisaufnahme ist nicht ausgeschlossen. Zwar müssen hier sowohl das Gericht der Leistungs- als auch der Feststellungsklage dieselben Sach- und Rechtsfragen beantworten, um über den Anspruch selbst und über die Kosten der Feststellungsklage entscheiden zu können. Allein

[451] Vgl. Otte (Fn. 14), S. 231 f.

[452] BGH NJW 1987, 2680 (Parallelverfahren I); JR 1988, 374 f. m. Anm. E. Herrmann; BGH NJW-RR 1990, 1532; BGH NJW 1994, 3107 (Parallelverfahren II). Ein Missbrauch wettbewerbsrechtlicher Gerichtsstände durch die frühzeitige Erhebung einer negativen Feststellungsklage stellt sich derzeit nicht mehr, nachdem der Gesetzgeber den inländischen "fliegenden" Gerichtsstand der Unterlassungsklage gem. § 24 Abs. 2 UWG a. F. abgeschafft hat. Die Unterlassungsansprüche müssen regelmäßig an dem Ort geltend gemacht werden, an dem der Verletzer sein Gewerbe betreibt, § 24 Abs. 2 UWG n. F.

dem Gericht der Leistungs- oder der Feststellungsklage diesen Aufwand zu ersparen, ist jedoch keine Begründung, dem einen oder anderen Gerichtsstand den Vorrang einzuräumen. Der Grundsatz der Prozessökonomie dient nämlich allein zur Beschleunigung des Verfahrens und rechtfertigt nur die Vermeidung solcher Kosten, die nicht durch eine Prozesshandlung der Parteien verursacht werden, wie beispielsweise eine unnötige Beweisaufnahme, darf aber dem Grundsatz der Waffengleichheit nicht verletzen und die prozessualen Rechte des Gläubigers verkürzen. Der Gerichtsstand der Leistungsklage muss dem Gläubiger erhalten bleiben.

Folgende Ergebnisse lassen sich festhalten: Folgt die negative Feststellungsklage der Leistungsklage nach, greift nicht der Einwand der Rechtshängigkeit ein, sondern der Feststellungsklage wird i. d. R. das Feststellungsinteresse fehlen. Folgt die Leistungsklage der negativen Feststellungsklage nach, entfällt das Rechtsschutzinteresse der Feststellungsklage nachträglich. Voraussetzung ist allerdings, dass die Feststellungsklage nicht entscheidungsreif ist und die Leistungsklage nicht mehr einseitig zurückgenommen werden kann. Der Feststellungskläger kann einer Abweisung entgehen, indem er die Klage für erledigt erklärt. Keinesfalls darf die Leistungsklage ausgesetzt werden. Dies ist mit den Zuständigkeitsinteressen der Parteien nicht vereinbar. Ausnahmen, die eine Aussetzung des Feststellungsprozesses gem. § 148 ZPO rechtfertigen, können bestehen, wenn keine Entscheidung über die Hauptforderung selbst, sondern eine Abweisung der Leistungsklage als unzulässig oder derzeit unbegründet, z. B. mangels Zuständigkeit oder Fälligkeit der Hauptforderung, zu erwarten ist.

III. Zwischenergebnis

Die Rechtsschutzziele von positiver Feststellungsklage und Leistungsklage sind nach zutreffender Ansicht nicht identisch. Daher greift in diesem Verhältnis der Einwand anderweitiger Rechtshängigkeit nicht. In Betracht kommt aber eine Aussetzung des Leistungsprozesses zugunsten der früher erhobenen Feststellungsklage gem. § 148 ZPO, in keinem Fall jedoch eine Aussetzung des Feststellungsprozesses, weil die Entscheidung über den Leistungsantrag keine rechtskräftige Feststellungen über das zugrunde liegende Rechtsverhältnis trifft. Folgt die Feststellungsklage der Leistungsklage nach, wird aber in der Regel das Feststellungsinteresse fehlen, weil der Kläger Zwischenfeststellungsklage erheben kann.

Im Verhältnis von negativer Feststellungsklage und Leistungsklage greift der Rechtshängigkeitseinwand nach der h. M. nur, wenn die Feststellungsklage der Leistungsklage nachfolgt. Hier erscheint es allerdings dogmatisch richtiger, entweder das Feststellungsinteresse der Klage entfallen zu lassen oder die Klage auszusetzen, wenn z. B. mangels Fälligkeit eine abschließende Sachentscheidung nicht zu erwarten ist. Folgt die Leistungsklage der negativen Feststellungsklage nach, entfällt das Feststellungsinteresse der Feststellungsklage. Eine Aussetzung des Leistungsverfahrens wäre mit den Zuständigkeitsinteressen der Parteien nicht vereinbar.

Die Untersuchung zeigt, dass sowohl das Feststellungsinteresse als auch Streitverkündung und Nebenintervention neben Rechtskraft, Rechtshängigkeit und Aussetzung Mittel der Verfahrenskoordination sind. Der Unterschied zur Aussetzung des Verfahrens liegt bei einer durch das Feststellungsinteresse gesteuerten Verfahrenskoordination darin, dass das Verfahren an dem vom Gläubiger durch die Berücksichtigung des weitergehenden Rechtsschutzzieles der Leistungsklage gewählten Gerichtsstand konzentriert wird, während bei der Aussetzung des Verfahrens keine Gewichtung nach den Rechtsschutzzielen der jeweiligen Klagen, sondern unabhängig von diesen erfolgt.

Im Verhältnis zu Dritten kommt eine Aussetzung des Verfahrens nur in Ausnahmefällen in Betracht. Hier ist die Koordination der Verfahren allein dem Kläger überlassen, der den Ausgang des Erstverfahrens abwarten muss. Den Schutz rechtlicher Sinnzusammenhänge übernehmen hier Tatbestands- und Streitverkündungswirkungen, jedoch wird der Kläger nicht geschützt, wenn er das Zweitverfahren vorschnell anstrengt.

5. Abschnitt: Verfahrenskoordination unter Beteiligung ausländischer Gerichte

Auch im Verhältnis zu einem ausländischen Gericht ist eine doppelte Prozessführung unerwünscht. Sie kann gleichfalls zu widersprechenden Entscheidungen in derselben Sache führen und die Gerichte unnötig belasten[453]. Auch hier sind zwei Ebenen zu unterscheiden, nämlich zum einen, diejenigen Fälle, in denen das Verfahren vor einem Gericht eines Mitgliedsstaates geführt wird, zum anderen die Verfahren vor Gerichten von Drittstaaten. Mit den ersten Fällen befasst sich das europäische Zivilverfahrensrecht (Art. 21 f. EuGVÜ/Art. 27 f. Brüssel-I-VO), während das Verhältnis zu einem Drittstaat durch das autonome deutsche internationale Verfahrensrecht bestimmt wird.

I. Die Voraussetzungen der Berücksichtigung ausländischer Rechtshängigkeit

1. Anerkennungsprognose und autonomes deutsches internationales Zivilverfahrensrecht

Grundsätzlich folgt die h. M. der universalistischen Idee grenzüberschreitender Rechtspflege und unterstellt, dass auch das ausländische Verfahrensrecht den eigenen Prinzipien der Neutralität und Waffengleichheit genügt und das inländische Verfahren endgültig erledigt[454]. Dieser Grundsatz erfährt bei der Beachtung ausländischer Rechtshängigkeit im autonomen deutschen IZVR eine Einschränkung: Der Einwand ausländischer Rechtshängigkeit ist nach der h. M. nur dann zu beachten, wenn mit der Anerkennung der vom ausländischen Gericht zu fällenden Entscheidung zu rechnen ist[455]. Die Berücksichtigung ausländischer

---

[453] Schütze: Rechtsverfolgung im Ausland, Rn. 266.

[454] Vgl. Schack: IZVR, Rn. 747 f.; kritisch Geimer: IZPR, Rz. 37, 883 und 2751 in Bezug auf die Gerichte nichteuropäischer Staaten: Das jeweilige Verfahrensrecht soll durch das geistige und soziale Umfeld geprägt sein. So weist Geimer auf die möglichen Unterschiede hinsichtlich des Prozessergebnisses hin, die zu erwarten sind, wenn ein Verfahren vor einem mit Berufsrichtern besetzten kontinentaleuropäischen Spruchkörper oder vor einer Jury nach US-amerikanischen Vorbild verhandelt wird. Die Gleichwertigkeit der Verfahrensordnungen hält Geimer für eine "Fiktion", die aber aufrecht zu erhalten ist, will man nicht an den Fundamenten des internationalen Privatrechts rütteln. Das EuGVÜ/Brüssel-I-VO erkennt die Gleichwertigkeit der Gerichte der Mitgliedsstaaten an. So heißt es in Abs. 16 f. der Präambel zur Brüssel-I-VO: "Das gegenseitige Vertrauen in die Justiz im Rahmen der Gemeinschaft rechtfertigt, dass die in einem Mitgliedsstaat ergangene Entscheidung, außer im Fall der Anfechtung von Rechts wegen, ohne ein besonderes Verfahren anerkannt wird. Aufgrund dieses gegenseitigen Vertrauens ist es auch gerechtfertigt, dass das Verfahren, mit dem eine in einem anderen Mitgliedsstaat ergangene Entscheidung für vollstreckbar erklärt wird, rasch und effizient vonstatten geht."

[455] RG JW 1892, 124; RGZ 49, 340(344); BGH NJW 1958, 103; 1983, 1269; 1986, 2195; OLG Hamm NJW 1988, 3102 ff.; OLG Frankfurt/Main RIW 1980, 875 = MDR 1981, 237 =

Rechtshängigkeit ist nach autonomem deutschen IZVR gem. § 261 III Nr. 1 ZPO analog[456] grundsätzlich möglich, setzt aber eine positive Anerkennungsprognose der zu erwartenden Entscheidung (vgl. § 328 ZPO) voraus[457], zumindest dürfen keine ernsthaften Bedenken gegen die Anerkennungsfähigkeit der zu erwartenden ausländischen Entscheidung bestehen[458]. *Schütze* wendet dagegen ein, eine Anerkennungsprognose sei regelmäßig unmöglich, weil sich Mängel im laufenden ausländischen Verfahren nicht vorhersehen ließen und immer die Möglichkeit bestehe, dass der ausländische Richter ein Urteil fälle, das gegen den deutschen ordre public verstoße[459]. Der Gläubiger habe ein billiges Interesse daran, seinen Anspruch gleichzeitig in mehreren Staaten einzuklagen, um ein späteres Vollstreckbarerklärungsverfahren zu vermeiden. Die Gefahr divergierender Entscheidungen erzwinge grundsätzlich nicht die Beachtung ausländischer Rechtshängigkeit. Der prozessökonomische Gewinn, der durch die Eliminierung der inländischen Sachentscheidung erreicht werde, gehe durch die häufig sehr aufwendige Anerkennungsprognose wieder verloren.

Die Auffassung *Schützes* hat sich zu Recht nicht durchgesetzt und wurde von ihm selbst wieder eingeschränkt[460]. Dieser Ansatz mag zwar in manchen Fällen zu praktikablen Ergebnissen führen, ist aber mit dem Postulat der Gleichwertig-

---

IPRax 1982, 71; OLG München NJW 1972, 110; OLG Frankfurt/M RIW 1980, 874; BayObLG FamRZ 1983, 501; auch Zöller/Geimer: IZPR, Rz. 96 ff; Bosch: Rechtskraft und Rechtshängigkeit im Schiedsverfahren, S. 168; Dohm (Fn. 27), S. 252; Geimer: IZPR, Rn. 2688, 2717; Hau: Positive Kompetenzkonflikte im Internationalen Zivilprozessrecht, S. 114, 153; Hausmann, IPRax 1993, 667; Mitzkus: Internationale Zuständigkeit im Vormundschafts-, Pflegschafts- und Sorgerecht, S. 376 ff.; Schack: IZVR, Rn. 754; Siehr, IPRax 1989, 94 f.; Schütze: Die Wirkung ausländischer Rechtshängigkeit in inländischen Verfahren, ZZP 104 (1991), 136 ff.

[456] Zur analogen Anwendung: Bäumler (Fn. 27), S. 68; a. A. Dohm (Fn. 27), S. 248 ff, der bei ausländischer Rechtshängigkeit die Klage nicht abweisen, sondern das Verfahren stets gem. § 148 BGB aussetzen will.

[457] RGZ 49, 340, 344; Habscheid, RabelsZ 31 (1967), 254 ff.; Kaiser/Prager, RIW/AWD 1983, 668; eine Abweisung der Klage wegen des Einwandes ausländischer Rechtshängigkeit ist nicht zwingend, wegen der Unsicherheiten der Anerkennungsprognose kommt auch eine Aussetzung des Verfahrens gem. § 148 ZPO in Betracht, BGH RIW 1986, 218 = NJW 1986, 2195; OLG Karlsruhe FamRZ 1970, 412; Mitzkus, Internationale Zuständigkeit im Vormundschafts-, Pflegschafts- und Sorgerecht, S. 337, Fn. 27; Dohm (Fn. 27), S. 160; Nagel/Gottwald: IZPR, § 5, Rn. 74 ff.; Zöller/Geimer, IZVR, Rn. 99; Geimer: IZVR, Rn. 2712.

[458] Schneider, NJW 1959, 88; Rosenberg/Schwab/Gottwald, ZPR § 97 II 1b).

[459] Schütze: Deutsches Internationales Zivilprozeßrecht, 1985, S. 77; ders., NJW 1963, 1486; ders., RabelsZ 31 (1967), 233, 246; ders., RIW/AWD 1975, 78 f. ; ausländische Rechtshängigkeit hielt auch Hellwig: System des deutschen Zivilprozeßrechts, Erster Teil, S. 360, für unbeachtlich.

[460] Schütze stimmt neuerdings mit der absolut h. M. im Ergebnis insoweit überein, als die ausländische Rechtshängigkeit zumindest dann beachtlich sein soll, wenn die Doppelprozessführung rechtsmissbräuchlich sei, vgl. Schütze, ZZP 104 (1991), 136 ff. (149).

keit der Gerichte und dem universalistischen Konzept des deutschen internationalen Verfahrensrechts nicht vereinbar[461]. Im Übrigen lässt sich nicht einwenden, die Anerkennungsfähigkeit des ausländischen Urteils lasse sich nicht sicher vorhersagen. Prognosen sind im Prozessrecht durchaus üblich, beispielsweise bei der Frage, ob ein Verfahren gem. § 148 ZPO wegen Vorgreiflichkeit auszusetzen ist, oder bei einem Antrag auf Prozesskostenhilfe, ob die beabsichtigte Rechtsverfolgung gem. § 114 ZPO hinreichend Aussicht auf Erfolg bietet. Den Parteien steht eben nicht das Recht zu, an zwei Gerichtsständen über denselben Streitgegenstand zu prozessieren.

Schützes Auffassung widerspricht der Intention des § 328 ZPO, regelmäßig die Anerkennung ausländischer Entscheidungen zu gewährleisten. Die Nichtbeachtung ausländischer Rechtshängigkeit und die Durchführung eines Parallelverfahrens im Inland erhöht die Gefahr widersprechender Entscheidungen und sperrt gem. § 328 Abs. 1 Nr. 3 ZPO die Anerkennung der ausländischen Entscheidung, wenn diese mit der inländischen unvereinbar ist. Die Vorschrift liefe praktisch weitgehend leer, würde die Auffassung *Schützes* zugrunde gelegt.

Ausländische Rechtshängigkeit ist von Amts wegen zu beachten[462]. Während die anderweitige Rechtshängigkeit bei einem deutschen Gericht nach der h. M. - wie bereits dargestellt - eine selbstständige negative Prozessvoraussetzung darstellt, die zur Prozessabweisung führt, empfiehlt die Lehre im autonomen deutschen internationalen Verfahrensrecht die ausländische Rechtshängigkeit als Frage des Rechtsschutzbedürfnisses zu behandeln, um eine flexiblere Handhabung zu ermöglichen[463]. Ein Rechtsschutzbedürfnis im inländischen Prozess soll nämlich dann fortbestehen, wenn durch die Abweisung der Klage im Ausland als unzulässig ein Rechtsverlust einer Partei droht, weil beispielsweise die Verjährung nicht wirksam unterbrochen werden kann. In einem solchen Fall hat das *OLG Karlsruhe*[464] den Prozess über den Wortlaut des § 148 ZPO hinaus ausgesetzt. Dieses Problem wird in solchen Fällen keine Rolle spielen, in denen bei einer Klage vor einem unzuständigen ausländischen Gericht der Einwand anderweitiger Rechtshängigkeit schon mangels Anerkennungsfähigkeit gem. § 328 Abs. 1 Nr. 1 ZPO nicht durchgreift. Nur wenn die Klage aus anderen Gründen als der Unzuständigkeit des ausländischen Gerichts unzulässig sein könnte, kann

---

[461] Geimer: IZPR, Rn. 2689; eingehend: Bäumler (Fn. 27), S. 68 ff.

[462] Vgl. Schack: IZVR, Rz. 763; Nagel/Gottwald: IZPR, § 5, Rn.78; das gilt auch für Art. 21 EuGVÜ, vgl. Hau: Positive Kompetenzkonflikte im Internationalen Zivilprozeßrecht, S. 127 ff; Jenard-Bericht, ABl. EG 1979 Nr. C 59/41.

[463] Schack: IZVR, Rz. 764; Habscheid, RabelsZ 31 (1967), 254 ff. (266 ff); Geimer, NJW 1984, 528; Linke, IPRax 1994, 17 ff.; Rosenberg/Schwab/ Gottwald: ZPR, § 97 II 1b); a. A. OLG Frankfurt/Main IPRax 1988, 24 f.

[464] FamRZ 1970, 410, 412.

ein solches besonderes Rechtsschutzbedürfnis bestehen. Geboten erscheint eine Aussetzung immer dann, wenn dem Kläger durch die Abweisung der Klage der Verlust einer der vielfältigen materiellrechtlichen Nebenwirkungen droht, welche die Rechtshängigkeit geknüpft werden (z. B. Haftungsverschärfung, Unterbrechung der Verjährung, Ablauf von Ausschlussfristen).

2. Anerkennungsprognose und europäisches Zivilverfahrensrecht

Auch für den Anwendungsbereich des Art. 21 EuGVÜ wurde vereinzelt die Auffassung vertreten, dass über den Wortlaut der Vorschrift hinaus die Anerkennung ausländischer Rechtshängigkeit von einer eingeschränkten Überprüfung der Anerkennungsfähigkeit und der Zuständigkeit des ausländischen Gerichts abhängig gemacht werden kann[465]. Damit sollte auch der nach der ursprünglichen Fassung des EuGVÜ bestehenden Gefahr begegnet werden, dass das Erstgericht sich für unzuständig erklärt, *nachdem* das Zweitgericht die Klage wegen anderweitiger Rechtshängigkeit abgewiesen hat.

Heute ist jedoch anerkannt, dass eine solche Prognose oder Überprüfung dem Sinn und Zweck des EuGVÜ und der Brüssel-I-VO zuwiderläuft[466]. Der eben beschriebenen Gefahr einer Rechtsverweigerung wurde durch die Neufassung des 3. Beitrittsübereinkommens 1989 vorgebeugt, indem das Zweitgericht die Klage erst abweisen darf, wenn die Zuständigkeit des Erstgerichts feststeht, und bis dahin das Verfahren auszusetzen hat.

Auch anderen Anerkennungshindernissen, denen die erstgenannte Auffassung Rechnung tragen wollte, werden zwischenzeitlich durch das Gemeinschaftsrecht selbst geregelt. Bislang war die Anerkennung von Entscheidungen anderer Mitgliedsstaaten problematisch, wenn sich der Beklagte auf das Verfahren nicht eingelassen hatte und das verfahrenseinleitende Schriftstück nicht ordnungsgemäß zugestellt worden war, Art. 27 Nr. 2 EuGVÜ. Nunmehr kommt es auf die *ordnungsgemäße* Zustellung gem. Art. 34 Nr. 2 Brüssel-I-VO nicht mehr an; die Folgen der Nichteinlassung werden durch ein ausgeklügeltes System in Art. 19 der neuen EG-Zustellungs-VO geregelt, welcher einer Zugangsvereitlung vorzubeugen und das rechtliche Gehör zu wahren sucht. Das Erstverfahren wird in

---

[465] So Carbone, Riv.dir.int. priv.proc. 1969, 7, 14 ff.; Schütze, RIW 1975, 78 f.; M. Wolf, FS Schwab, 561, 573.

[466] OLG Köln RIW 1991, 328, 330; Kropholler: EuZPR, Art. 27 EuGGVO, Rz. 18; Schack: IZVR, Rz. 761; Geimer: IZVR, Rz. 2717, Fn. 84; ders., IPRax 2001, 191 ff.; Schütze/Kratzsch, RIW 2000, 939 ff.; Rauscher/Gutknecht, IPRax 1993, 23; Rauscher/Leible: EuZPR, Art. 27, Rz. 15; Wittibschlager (Fn. 319), S. 123; Bäumler (Fn. 27), S. 166 f.; Isenburg-Epple (Fn. 13), S. 81 ff. Lediglich eine Überprüfung der ausschließlichen Zuständigkeit gem. Art. 23 Brüssel-I-VO ist zulässig, nicht aber der Zuständigkeit im allgemeinen, EuGH Urt. v. 27.06.1991, Slg. 1991, I- 3317 ff. - Overseas Union ./. New Hampshire.

der Regel ausgesetzt, bis festgestellt ist, ob das verfahrenseinleitende Schriftstück gehörig zugestellt wurde oder zumindest tatsächlich zugegangen ist. Das weitere Vorgehen des Erstgerichts bestimmt sich nach Art. 19 EG-Zustellungs-VO; durch die Beachtung der Vorschrift gewährleistet das Erstgericht die Anerkennungsfähigkeit seines Urteils. Könnte das Zweitgericht die Einrede anderweitiger Rechtshängigkeit schlichtweg mit der Begründung missachten, die Anerkennung der Entscheidung sei insgesamt nicht absehbar, würde es den Regelungsgehalt des Art. 19 EG-Zustellungs-VO ignorieren und nicht beachten, dass die Anerkennungsfähigkeit durch das Zusammenwirken der Brüssel-I-VO mit der EG-Zustellungsverordnung einheitlich sichergestellt wird und in diesem Zusammenhang die Rechtstreue des ausländischen Gerichts nicht seiner Prognose unterliegt.

Mit der Frage, ob der Sperrwirkung ausländischer Rechtshängigkeit zeitliche Grenzen zu setzen sind, hatte sich der BGH erstmals 1983 zu befassen[467]. Damals hatte der BGH bezüglich Art. 11 des deutsch-italienischen Anerkennungs- und Vollstreckungsabkommens vom 9.3.1936[468] entschieden, dass die Rechtshängigkeit bei identischem Streitgegenstand dann nicht zu beachten sei, wenn die überlange Dauer des ausländischen Verfahrens zu einer Rechtsschutzverweigerung zu Lasten des Klägers führe. Das soll aber, wie der BGH in einem späteren Urteil zu Art. 21 EuGVÜ einschränkend korrigierte, nur dann gelten, wenn der Kläger das ausländische Forum nicht selbst gewählt habe[469].

Das erste Urteil ist in der Literatur teilweise begrüßt worden[470], teilweise auf Kritik gestoßen. Eine Bevorzugung deutscher Gerichtsstände sei mit dem Gedanken der europäischen Integration nur schwer vereinbar und die Hinnahme widersprechender Entscheidungen diene den Parteiinteressen nicht[471]. Im Rahmen des Anwendungsbereichs des EuGVÜ bzw. der Brüssel-I-VO kann dagegen keinesfalls eingewandt werden, die Rechtshängigkeit sei wegen einer (zu erwartenden) überlangen Verfahrensdauer vor einem ausländischen Gericht unbeachtlich. Dies widerspricht dem Grundsatz der Gleichwertigkeit der Gerichte der Mitgliedsstaaten und der beabsichtigten justiziellen Zusammenarbeit[472]. Weder die Zuständigkeit noch das Verfahren sind insgesamt vom Zweitgericht nachzuprüfen. *Schumann*[473] schlägt deshalb vor, in Fällen unzulässiger Prozess-

[467] BGH NJW 1983, 1269 f.; zust. Geimer, NJW 1984, 527ff.
[468] RGBl. 1937 II, S. 145.
[469] BGH IPRax 1986, 293 = RIW 1986, 217.
[470] Geimer, NJW 1984, 527; ders.: IZPR, Rz. 1932, 2725.
[471] Luther, IPRax. 1984, 141 ff. (143); Isenburg-Epple: Die Berücksichtigung ausländischer Rechtshängigkeit, S. 99 f.
[472] Bäumler (Fn. 27), S. 168 f.; Isenburg-Epple (Fn. 13), S. 99; Rauscher/Leible: EuZPR, Art.27, Rz. 18.
[473] Schumann, IPRax 1986, 14 f.

verschleppung eine Notzuständigkeit deutscher Gerichte gem. Art. 6 EMRK herzuleiten. Eine solche Notzuständigkeit kommt aber - wenn überhaupt - nur in ganz krassen Ausnahmefällen in Betracht.

Im Gegensatz zum autonomen deutschen Zivilverfahrensrecht ist im europäischen die Nichtbeachtung ausländischer Rechtshängigkeit mangels Anerkennungsfähigkeit des ausländischen Urteils unzulässig. Es ist nicht zu erwarten, dass die fehlende Zustellung des verfahrenseinleitenden Schriftstücks zu einem Anerkennungshindernis gem. Art. 34 Nr. 3 Brüssel-I-VO führt, weil das Erstverfahren nach der Zustellungs-VO bis zu einer gehörigen Zustellung auszusetzen ist. Die Zuständigkeit des ausländischen Gerichts ist ohnehin nicht zu überprüfen. Auch eine Prozessverschleppung im Ausland wird in der Regel keine Notzuständigkeit eines deutschen Gerichts begründen.

3. Identität der Parteien

Die Berücksichtigung der Rechtshängigkeit ausländischer Verfahren erfolgt nur unter einer Reihe weiterer Voraussetzungen. Die Parteien des im Inland und im Ausland geführten Prozesses müssen identisch sein. Wie auch im deutschen Prozessrecht bedeutet dies nicht, dass die Parteirollen identisch sein müssten. Schwierigkeiten können auch dadurch entstehen, dass nach dem materiellen Recht des einen Staats eine andere Person anspruchsberechtigt ist als in einem anderen Staat, wie eine Entscheidung des BGH[474] zeigt. In diesem Fall rügte ein deutscher Vater gem. Art. 21 EuGVÜ die Zuständigkeit des deutschen Gerichts, nachdem sein italienisches Kind ihn auf Unterhaltszahlungen in Anspruch genommen hatte, weil über den "Anspruch" bereits in Italien ein Prozess rechtshängig sei. Nach italienischem Recht ist Gläubiger des Unterhaltsanspruchs jedoch nicht das Kind selbst, sondern die Kindesmutter, die nicht im Wege der Prozessstandschaft einen fremden, sondern einen eigenen Anspruch geltend machte. Demzufolge lag keine Identität der Parteien vor.

Probleme stellen sich auch dann, wenn die Voraussetzungen der Rechtshängigkeit innerhalb der autonomen Zivilverfahrensrechte der Vertragsstaaten divergieren, ohne dass dem EuGVÜ/Brüssel-I-VO irgendwelche Anhaltspunkte für eine Vereinheitlichung entnommen werden können. Während nach autonomem deutschen Zivilprozessrecht z. B. die Streitverkündung einen Anspruch nicht rechtshängig macht, gelten in anderen Vertragsstaaten abweichende Regelungen. Das LG Frankfurt/M.[475] entschied, dass wegen der in Italien erfolgten Streitverkündung die Einrede der Rechtshängigkeit gem. Art. 21 EuGVÜ greife. Das Gericht begründete seine Auffassung damit, dass nach italienischem Pro-

---

[474] BGH NJW 1986, 662 = IPRax 1987, 314.

[475] Urt. v. 22.2.1988 - IPRax 1990, S. 234 f. zust. Mansel, IPRax 1990, 214 ff..

zessrecht eine auf gerichtliche Anordnung erfolgte Streitverkündung die Wirkung einer Klage habe. Die Streitverkündung i. S. d. art. 107 C.p.c. bewirke, dass der Dritte zugleich mit der Zustellung der Klageschrift Prozesspartei werde. Daher sei der Anspruch nach italienischem Recht rechtshängig geworden, was die Unzuständigkeit des deutschen Gerichtes zur Folge habe. Mit Blick auf das Verhältnis von Rechtshängigkeit und Rechtskraft ist die Auffassung des LG Frankfurt/M. konsequent. Bei Missachtung der rechtskraftgleichen Streitverkündungswirkungen kann ein ausländisches Urteil nicht anerkannt werden[476]. Der Einwand der Rechtshängigkeit dient hier dem Schutz der erwarteten Rechtskraft des Urteils.

II. Zeitpunkt des Eintrittes der Rechtshängigkeit

Der Zeitpunkt, an dem die Rechtshängigkeit eintritt, ist maßgebend für die mit ihr verbundenen materiellrechtlichen Wirkungen. Nach der Rechtsprechung werden die Voraussetzungen, welche zu erfüllen sind, um eine ausländische Rechtshängigkeit herbeizuführen, der lex fori des ausländischen Gerichts entnommen[477]. Während das deutsche Prozessrecht die Rechtshängigkeit gem. §§ 261 I, 253 ZPO erst mit Zustellung der Klageschrift an den Beklagten eintreten lässt, verlegen einige ausländische Prozessrechtsordnungen[478] die Rechtshängigkeit auf den Zeitpunkt der Einreichung der Klageschrift vor, lassen also bloße "Anhängigkeit" i. S. des deutschen Rechts[479] genügen. Durch diese "Vorverlagerung" des Zeitpunkts des Eintritts der Rechtshängigkeit kamen die konkurrierenden deutschen Gerichte regelmäßig ins Hintertreffen, weil eine kurzfristige Zustellung aufgrund der zeitraubenden Erfordernisse einer ordnungsgemäßen internationalen Zustellung häufig nicht möglich war. Um eine Benachteiligung des Klägers vor dem deutschen Gericht zu verhindern, forderte eine Meinung in der Literatur[480], nicht allein auf die ausländische lex fori abzustellen, sondern auf den vergleichbaren Entwicklungsstand beider Verfahren, um inländischen Gerichten nicht völlig die "Butter vom Brot"[481] zu nehmen.

---

[476] Vgl. 2. Teil 2. Abschn. IV. 3

[477] BGH NJW 1986, 662 f; NJW 1987, 3083 = FamRZ 1987, 580 = IPRax 1989, 104; FamRZ 1982, 917; NJW-RR 1992, 642 = FamRZ 1992, 1058 = IPRax 1994, 40; OLG Karlsruhe RIW 1994, 1046 (1048).

[478] Nachweise bei: Isenburg-Epple: Die Berücksichtigung ausländischer Rechtshängigkeit, S. 123 ff.

[479] Vgl. zum Begriff der Anhängigkeit im autonomen deutschen Zivilverfahrensrecht allgemein Schilken, JR 1984, 446 ff.

[480] Geimer: IZPR, Rn. 2699 ff. m. w. N; Schack: IZVR, Rn. 756 ff mit illustrierenden Beispielen; ähnlich auch OLG Hamm NJW 1988, 3102 ff., welches auf einen vergleichbaren Entwicklungstand beider Verfahren abstellt.

[481] Schack: IZVR, Rn. 757.

Mit dem Problem, von welchem Zeitpunkt einer Klage gem. Art. 21 EuGVÜ an der Einwand der Rechtshängigkeit entgegensteht, hat sich der EuGH in der Entscheidung "Zelger ./. Salintri"[482] auseinandergesetzt: Der in München wohnhafte Kläger hatte am 5.8.1976 beim LG München als Gerichtsstand des Erfüllungsortes Klage auf Rückzahlung eines Darlehensbetrages gegen den in Sizilien wohnhaften Beklagten eingereicht. Die Klage wurde dem Beklagten am 13.1.1977 zugestellt. Eine zweite Klage mit demselben Streitgegenstand hatte der Kläger vor dem Tribunale Civile in Catania am 22. oder 23.9.1976 eingereicht, die dem Beklagten am 23.9.1976 zugestellt wurde. Nach Verhandlungen über die Gültigkeit der Erfüllungsortsvereinbarung, die hier mündlich erfolgt war, wies das LG München die Klage im Hinblick auf Art. 21 EuGVÜ ab, weil die Klage in Catania zuerst rechtshängig geworden sei. Im Rahmen des Berufungsverfahrens legte das OLG München dem EuGH die Frage zur Vorabentscheidung vor, ob für die Feststellung, welches Gericht zuerst im Sinne des Art. 21 EuGVÜ angerufen worden sei, der Zeitpunkt der Befassung des Gerichts mit der Klage (Anhängigkeit) oder der Zeitpunkt maßgebend sei, in dem das Verfahren durch Zustellung der Klage an den Beklagten vollständig eingeleitet worden sei (Rechtshängigkeit). Der Gerichtshof hat daraufhin entschieden, dass als zuerst angerufenes Gericht dasjenige anzusehen sei, bei dem die Voraussetzungen für die Annahme einer endgültigen Rechtshängigkeit zuerst vorlägen; diese Voraussetzungen seien für jedes der angerufenen Gerichte nach seinen nationalen Verfahrensvorschriften zu beurteilen. Somit bestimmt sich der Zeitpunkt endgültiger Rechtshängigkeit nach der lex fori des angerufenen Gerichts. Letzteres entspricht der Vorstellung der EuGVÜ-Expertenkommission während der Vertragsverhandlungen[483]. Der Kläger hat in seiner Stellungnahme[484] vor dem Gerichtshof eingewandt, die Rechtshängigkeit der Klage setze nach dem Wortlaut des Art. 21 EuGVÜ nur voraus, dass der Kläger das Verfahren "anhängig mache". Dagegen sei für die Aussetzung gem. § 22 Abs. 1 EuGVÜ erforderlich, dass eine zweite Klage "erhoben" werde. Aus der unterschiedlichen Formulierung ließe sich entnehmen, dass Art. 21 auf die "Anhängigkeit" eines Verfahrens, 22 EuGVÜ auf dessen Rechtshängigkeit abstelle. Der Gerichtshof ist dieser Stellungnahme mit dem Argument begegnet, dass es sich bei dieser Unterscheidung um eine Eigenart des deutschen Prozessrechts handele, die nicht auf das gemeinsame Vertragsrecht der Mitgliedsstaaten ausgedehnt werden könne.

Die Entscheidung ist in der Literatur auf Kritik gestoßen, die sich eine vertragsautonome Auslegung dieser Frage wünscht[485]. In der Praxis wurden die verfah-

---

[482] Entscheidung des EuGH v. 7.6.1984, Slg. 1984, 2397 ff. = IPRax 1985, 336.
[483] Bericht Jenard, Abl. 1979 Nr. C-59, 1ff. (41).
[484] Abgedruckt in IPRax 1985, 336.
[485] Dohm (Fn. 27), S. 103 ff.; Isenburg-Epple (Fn. 13), S. 120 ff; Otte (Fn. 14), S. 373 f; Rauscher, IPRax 1985, 317 f; Schack: IZVR, Rn. 760; Huet, Clunet 1985, S. 165; Holleaux, Rev.

rensrechtlichen Unterschiede hinsichtlich des Eintritts der Rechtshängigkeit von der Rechtsprechung ausgenutzt[486]. So konnte der Kläger vor dem englischen Gericht in "Kloeckner & Co v. Gatoil Overseas Inc."[487] das deutsche Verfahren vor dem LG Duisburg, welches zwei Tage vorher anhängig geworden war, allein durch die Siegelung der Klageschrift durch den Gerichtsbeamten (issuance of writ) blockieren[488]. Vom Grundgedanken der Entscheidung her ist ein Rechtsbegehren erst mit dem Vollzug des prozessualen Schritts anhängig, der die Bindung des Klägers an das Verfahren auslöst. Insofern erscheint es nicht korrekt, lediglich von einer Qualifikation nach der lex fori zu sprechen. Der Begriff der "endgültigen Rechtshängigkeit" ist autonom zu qualifizieren; lediglich die Verfahrensvoraussetzungen, die den Kläger an den Prozess binden, sind der lex fori zu entnehmen[489].

Die Neufassung des Art. 30 Brüssel-I-VO greift die Rechtsprechung des EuGH auf und definiert nunmehr ausdrücklich einen einheitlichen Zeitpunkt: Nach der neuen Regelung wird nach den Gegebenheiten der Rechtsordnung des jeweils angerufenen Gerichts differenziert. Verlangt das nationale Zivilprozessrecht die Zustellung des verfahrenseinleitenden Schriftstücks vor Einreichung des Schriftstücks bei Gericht, so ist nach Art. 30 der Brüssel-I-VO der Zeitpunkt maßgeblich, zu dem die Stelle, die für die Zustellung an den Klagegegner verantwortlich ist, das Schriftstück erhält. Das gilt allerdings nur, wenn der Kläger es anschließend nicht versäumt, die ihm obliegenden Maßnahmen zur Einreichung des

crit. d. i. p. 1985, 374; Bernheim SZJ 90(1990), S. 133, 135 ff.; Geimer: IZPR, Rn 2701, stellt auf einen "vergleichbaren Entwicklungsstand beider Verfahren" ab. Ein ungleicher Wettlauf um die frühere Rechtshängigkeit dürfe nicht stattfinden.

486 Vgl. z. B. Rb. Amsterdam NIPR 1996, 569 f.

487 (1990) 1 Lloyd's Rep. 177 (Q.B.D., per Hirst).

488 Ein Wandel in der englischen Rechtsprechung hat aber diesen Konflikt dadurch entschärft, dass der Court of Appeal seit der Entscheidung "Dressler UK Ltd. & Others v. Falcongate Freight Management Ltd. & Others (2 Lloyd's Rep. (1991)557-571)", Anm. Hogan, European Law Rev. 1992, 555 f) abweichend vom autonomen englischen Prozessrecht im Kontext des EuGVÜ die Klage mit der bloßen Ausstellung der Klageschrift (issuance of writ) nicht mehr als erhoben i. S. d. Art. 21 ff. EuGVÜ ansieht. Erst die Zustellung des writ führe die Rechtshängigkeit herbei (vgl. Otte: Umfassende Streitentscheidung kraft Sachzusammenhang, S. 376); kritisch Briggs LMCLQ 1992, 150; bestätigt durch Neste Chemicals SA and others v. DK Line SA and another (The Saragasso)(1994) 3 All E.R. 180; dazu Huber IPRax 1995, 332; Dohm: Die Einrede ausländischer Rechtshängigkeit im deutschen internationalen Zivilprozeßrecht, S. 118 ff. Im kontinentalen Rechtskreis tritt Rechtshängigkeit regelmäßig erst mit Zustellung der Klageschrift ein (vgl. Art. 39 III ital. C.p.c., Art. 100 franz. N.C.p.c., Art. 61, 171 luxemburg. C.p.c., Art. 158 B. W (niederl.) (weitere Nachweise bei Isenburg-Epple (Fn. 13), S. 124 f.). Bäumler (Fn. 27), S. 181 ff., geht zu Unrecht davon aus, dass sich das Problem, ob für den Eintritt der Rechtshängigkeit auf den Zeitpunkt der Anhängigkeit oder Zustellung abzustellen ist, nach der Entscheidung "Dressler UK Ltd. & Others v. Falcongate Freight Management Ltd. & Others (2 Lloyd's Rep. (1991)557-571)" nicht mehr stellt.

489 Huet, Clunet 1985, S. 165(169).

Schriftstücks bei Gericht zu treffen. Sieht das nationale Zivilprozessrecht wie in Deutschland zunächst die Einreichung des verfahrenseinleitenden Schriftstücks bei Gericht vor, so ist der Zeitpunkt der Einreichung bei Gericht (Anhängigkeit) maßgeblich, mit der Einschränkung, dass der Kläger es nicht versäumen darf, die ihm obliegenden Maßnahmen zur Zustellung des Schriftstückes zu bewirken. Eine Prozessverschleppung wirkt sich in einem späteren Verfahrensstadium nicht auf die Rechtshängigkeit aus. Der sichere Weg, sowohl auf die Einreichung bei Gericht als auch auf die Zustellung abzustellen, wurde von der Kommission als zu langwierig abgelehnt[490].

Der von Art. 30 Nr. 1 Brüssel-I-VO definierte Zeitpunkt des Eintrittes der Rechtshängigkeit weicht erheblich vom deutschen Zivilverfahrensrecht ab und verlagert die Rechtshängigkeit auf den Zeitpunkt der Anhängigkeit vor. Die Regelung ist nicht vollständig, weil sie nur die Zustellung des verfahrenseinleitenden Schriftstücks regelt und ein Anspruch noch im nachfolgenden Prozess rechtshängig werden kann. Die Streitsache kann gem. § 261 Abs. 2 ZPO in den Prozess eingeführt werden, indem über sie Zwischenfeststellungsklage erhoben oder der Anspruch im Wege der Widerklage geltend gemacht wird. Wird der Anspruch in einem gesonderten Schriftsatz geltend gemacht, erscheint zweifelhaft, ob entgegen § 261 Abs. 2 2. Alt. ZPO auf den Eingang bei Gericht analog Art. 30 Nr. 1 Brüssel-I-VO abgestellt werden kann. Unklar bleibt auch der Zeitpunkt der Rechtshängigkeit, wenn der Anspruch gem. § 261 Abs. 2 1. Alt. ZPO erst in der mündlichen Verhandlung geltend gemacht wird; die Rechtshängigkeit tritt hier unmittelbar ein. Der Antrag ist gem. § 297 ZPO dort nur zu verlesen oder zu Protokoll zu diktieren, sofern der Vorsitzende dies gestattet. Auch hierfür bildet Art. 30 Brüssel-I-VO keine abschließende Regelung. Der Eintritt der Rechtshängigkeit gem. Art. 30 Nr. 1 Brüssel-I-VO ist ferner auch nicht mit dem Zeitpunkt der Rechtshängigkeit aus § 269 Abs. 3 S. 3 ZPO identisch. Nach dieser Vorschrift entscheidet das Gericht über die Kosten unter Berücksichtigung des Sach- und Streitstandes nach billigem Ermessen, wenn der Anlass der Einreichung der Klage vor Rechtshängigkeit weggefallen ist und diese zurückgenommen wurde. Gemeint ist hier der Zeitraum zwischen Anhängigkeit und Zustellung, denn sonst wäre die Klage von vornherein unbegründet gewesen.

In den Fällen, in denen das europäische Prozessrecht keine Aussage über den Zeitpunkt des Eintrittes der Rechtshängigkeit trifft, weil die Klage beispielsweise während des Prozesses erweitert wurde, bleibt es bei den Regeln der lex fori. So kann ein Anspruch auch weiterhin gem. § 261 Abs. 2 ZPO durch Verlesen eines Schriftsatzes in der mündlichen Verhandlung oder Diktat zu Protokoll rechtshängig gemacht werden. Das rechtliche Gehör des säumigen Beklagten,

---

[490] ABl. EG Nr. C 376 E v. 28.12.1999, S. 22.

das Art. 30, 34 Nr. 2 Brüssel-I-VO i. V. m. Art. 19 EG-Zustellungs-VO zu schützen versucht, bleibt in diesem Fall gewahrt. Aufgrund eines neuen Sachantrages kann in der Verhandlung gem. §§ 331, 335 Nr. 3 ZPO kein Versäumnisurteil gegen den nicht erschienenen Beklagten ergehen. Der in der Verhandlung gestellte Sachantrag muss dem Beklagten erst mitgeteilt werden. Nur wenn es sich um die Beschränkung des Klageantrages gem. § 264 Nr. 2 ZPO handelt und beispielsweise nunmehr Feststellung des Anspruchs statt Leistung begehrt wird, ist eine solche Mitteilung nicht erforderlich[491]; hiermit musste der Beklagte ohnehin rechnen.

Wegen der Unvollständigkeit der Regelung und der zahlreichen Ausnahmen besteht im europäischen Zivilverfahrensrecht bezüglich des Zeitpunktes, in dem die materiellen Wirkungen der Rechtshängigkeit eintreten, Diskussionsbedarf. Während bei der Unterbrechung der Verjährung und der Verzinsung keine Bedenken gegen eine Vorverlagerung der Wirkung auf den Zeitpunkt der Anhängigkeit bestehen, ist dies bezüglich der mit der Rechtshängigkeit verbundenen Haftungsverschärfungen sehr bedenklich, weil der Beklagte sich auf die verschärfte Haftung mangels Information nicht einstellen kann. Wird die Klageschrift "demnächst" zugestellt, d. h. die Zustellung nicht durch ein Verschulden des Klägers verzögert, wird die Verjährung gem. §§ 262, 167 Abs. 1 ZPO bereits mit Einreichung der Klageschrift unterbrochen. Auch Art. 30 Nr. 1 Brüssel-I-VO verlangt für den Eintritt der Rechtshängigkeit, dass der Kläger alles für die Zustellung Erforderliche getan hat. Sind an den Eintritt der Rechtshängigkeit aber Haftungsverschärfungen geknüpft (§§ 292, 818 Abs. 4, 987, 989, 994 Abs. 2, 996 BGB), rechtfertigen sich diese nur bei rechtzeitiger Unterrichtung des Beklagten oder anderweitig erlangter Kenntnis als durch Zustellung der Klage. Der Begriff der Rechtshängigkeit ist daher im europäischen Kontext zu relativieren. Bestimmen sich die prozessualen Wirkungen bei der Beachtung ausländischer Rechtshängigkeit nach Art. 30 Brüssel-I-VO, bleiben die materiellrechtlichen Wirkungen der Rechtshängigkeit mit den in §§ 262, 167 ZPO vorgesehenen Ausnahmen an die Zustellung der Klageschrift geknüpft.

III. Die Rechtshängigkeit der zur Aufrechnung gestellten Forderung

Die Erhebung von Einreden im Prozess begründen nach allgemeiner Meinung keine Rechtshängigkeit der Einrede[492]. Bezüglich der Aufrechnung besteht solch ein Einvernehmen jedoch nicht. Zwar stellt auch die Aufrechnung eine Einrede

[491] Zöller/Herget: ZPO, § 335, Rz. 4.
[492] MüKo/Lüke, ZPO, Bd. 1, § 261, Rz. 26; Baumbach/Lauterbach/Albers/ Hartmann: ZPO, § 261, Rz. 8; Bettermann: Rechtshängigkeit und Rechtsschutzform, S. 84.

dar. Gegen die Auffassung der Rechtsprechung und eines Teiles der Literatur[493], welche davon ausgehen, dass die Aufrechnung einer Forderung im Prozess diese nicht rechtshängig mache, erhoben zahlreiche Stimmen in der Literatur Einwände[494]. Nach der h. M soll der Beklagte durch die Prozessaufrechnung nicht gehindert sein, seine Forderung in einem weiteren Prozess geltend zu machen. Auch stehe es dem Beklagten frei, die Aufrechnung auf eine bereits anderweitig rechtshängige Forderung zu stützen. Die Rechtsprechung begründet ihre Auffassung vor allem mit dem Argument, bei der Prozessaufrechung handele es sich nur um ein *Verteidigungsmittel*. Auch sei es unbillig, wenn der Beklagte eine eigene Forderung, über welche bereits ein Rechtsstreit anhängig sei, nicht mehr - auch nur hilfsweise - zu seiner Verteidigung verwenden dürfe.

Die Gegenauffassung will die Aufrechnung als besondere Form der Widerklage behandeln und die zur Aufrechung gestellte Forderung rechtshängig werden lassen. Zum einen wird zur Untermauerung dieser Ansicht die Kongruenz im Anwendungsbereich von Rechtskraft und Rechtshängigkeit ins Felde geführt. Die Entscheidung über das Nichtbestehen der zur Aufrechnung gestellten Forderung ist gem. § 322 Abs. 2 ZPO der Rechtskraft fähig. Dementsprechend müsse mit Hilfe des Einwandes der Rechtshängigkeit der Schutz der Rechtskraft vorverlagert und widersprüchliche Entscheidungen vermieden werden. Auch sei mit dem Charakter als Verteidigungsmittel nicht vereinbar, dass die Aufrechnung den Gebührenstreitwert und somit die Prozesskosten erhöhe.

Eine Parallele zur Diskussion um die Vergleichbarkeit mit der Widerklage findet sich auf anderer Ebene wieder. Dass dem erkennenden Gericht die sachliche oder örtliche Zuständigkeit hinsichtlich der zur Aufrechnung gestellten Forderung

---

[493] Schon das Reichsgericht hat in seiner ständigen Rechtsprechung eine Rechtshängigkeit der zur Aufrechnung gestellten Gegenforderung verneint: RGZ 6, 420; 16, 371(374); 18, 408 ff.; 27, 296 (299); abweichend allerdings der 1. Senat, der zunächst von einer Rechtshängigkeitssperre ausging (vgl. RGZ 28, 414 (418 f.), seine Rechtsprechung später jedoch ohne weitere Begründung aufgab (RGZ 50, 355 f.); ebenso die Rechtsprechung der Oberlandesgerichte Köln OLGE 2, 300; München SeuffA 61, 5; Dresden SächsArch 6, 216 (217); Oldenburg SeuffA 45, 472 (473); KG JW 1918, 570; ebenso der BGH: BGHZ 57, 242 = NJW 1972, 450 f. = BGH ZZP 85 (1972), 485 ff mit abl. Anm. Bettermann; BGH NJW-RR 1994, 380; Kleinfeller, ZZP 56 (1931), S. 128 (137); Kraemer, ZZP 64 (1951), S 90 ff.; Jauernig: Zivilprozeßrecht, § 43 III; Lindacher JZ 1972, 429 ff.; Musielak, JuS 1994, 817 ff. (824 f.); Schilken, ZPR, Rz. 439; vgl. auch Baumbach/ Lauterbach/Albers/Hartmann, § 261, Rz. 12; weitere Nachweise auch Staudinger/Gursky (2000) BGB, Vor § 387 ff, Rz. 36.

[494] Bettermann: Rechtshängigkeit und Rechtsschutzform, S. 84 ff.; ders.: Anm zu BGH Urt. v. 11.11.1971 ZZP 85 (1972), S. 486 ff.; Blomeyer: ZPR, § 60 I a; ders: ZZP 88, 439 ff.; Schwab: Zivilprozeßrecht, § 106 IV 1; E. Schmidt, ZZP 1987, 29 (36); Rimmelspacher (Fn. 57), S. 324; Zeiss, JR 1972, 337; wohl auch Häsemeyer: Die sogenannte Prozeßaufrechnung, FS Weber, S. 215 (233 ff.); weitere Literaturnachweise bei Mittenzwei, ZZP 85 (1972), S. 466, 477, Fn. 2; differenzierend: Henckelmann, NJW 1972, 1350 ff.

fehlt, hindert eine Sachentscheidung über die Forderung nicht[495]. Problematisch ist jedoch, ob ein deutsches Gericht auch dann über eine Aufrechnung entscheiden darf, wenn ihm für die klageweise Geltendmachung der Forderung die internationale Zuständigkeit fehlten. Eine ausdrückliche Regelung enthält weder das nationale Recht noch das EuGVÜ/Brüssel-I-VO. Einigkeit besteht zunächst insoweit, als eine Prozessaufrechnung des Beklagten gegenüber einem Kläger mit Sitz im Ausland dann zulässig ist, wenn sich dieser auf die zur Aufrechnung gestellte Forderung rügelos eingelassen hat[496], die Forderung rechtskräftig festgestellt ist, oder das Gericht gem. Art. 6 Nr. 3 EuGVÜ/Brüssel-I-VO - bei Konnexität - für eine entsprechende Widerklage international zuständig ist[497]. Teilweise wird die Ansicht vertreten, dass es an der internationalen Zuständigkeit des Prozessgerichts für die Entscheidung über eine im Wege der Prozessaufrechnung geltend gemachte streitige und inkonnexe Gegenforderung des Beklagten fehle, wenn für deren selbständige Geltendmachung allein ausländische Gerichte zuständig seien und der Kläger die Unzuständigkeit gerügt habe[498].

Der EuGH dagegen wendet in der Entscheidung *Danvaern Production ./. Schuhfabriken Otterbeck GmbH & Co KG*[499] Art. 6 Nr. 3 EuGVÜ/Brüssel-I-VO auf die Prozessaufrechnung nicht an, sondern stellt fest, dass sich die Voraussetzungen der Aufrechnung allein nach der lex fori richten. Entscheidend ist für ihn, dass es sich bei der Aufrechnung im Gegensatz zur Widerklage um ein bloßes *Verteidigungsmittel* handele. Auch unterschieden die nationalen Verfahrensrechte der meisten Mitgliedsstaaten zwischen Aufrechnung und Widerklage; Art. 6 Nr. 3 EuGVÜ/Brüssel-I-VO stelle dem Wortlaut nach eindeutig (nur) auf die Widerklage ab. Müsse der Beklagte die Gegenforderung zunächst am (international) zuständigen Gericht einklagen, widerspreche die doppelte Prozessführung dem Grundsatz der Prozessökonomie. Umgekehrt sei es dem Kläger im Regelfall zuzumuten, sich am Gericht der Klage gegen die Aufrechnung zu verteidigen[500]. Zu Recht lehnt es daher die neuere Literatur zum großen Teil ab, die Zulässigkeit der Aufrechnung von der internationalen Zuständigkeit des erkennenden Gerichts hinsichtlich der zur Aufrechnung gestellten Gegenforderung ab-

---

495 Staudinger/Gursky (2000) BGB, Vorbem zu § 387 ff., Rz. 44.

496 BGH NJW 1993, 1399:

497 Kropholler: EuZPR, Art. 6, Rz. 42; Staudinger/Gursky (2000) BGB, Vorbem zu §§ 387 ff., Rz. 49.

498 BGH NJW 1993, 2753; Geimer NJW 1973, 951; ders., IPRax 1986, 208 (212); Schack: IZVR, Rz. 353 ff.; Otte (Fn. 14), S. 615 ff. (631).

499 EuGH Urt. v. 13.7.1995 - Rs. C 341/93, IPRax 1997, 114 f; bestätigt durch EuGH Entsch. v. 08.05.2003, Rs. C-111/01, Gantner Electronic GmbH ./. Basch Exploitatie Maatschappij BV, NJW 2003, 2596.

500 Kropholler: EuZPR, Art. 6, Rz. 44.

hängig zu machen[501]. Allerdings sprechen sich auch nach der Entscheidung des EuGH zahlreiche Autoren für den Fall der Aufrechnung mit einer streitigen, inkonnexen Gegenforderung für das Erfordernis der internationalen Zuständigkeit für die Gegenforderung des erkennenden Gerichts aus[502]. Nach englischem und französischem Prozessrecht könne eine streitige, inkonnexe Gegenforderung ohnehin nur widerklagend geltend gemacht werden[503], aber auch im autonomen deutschen Zivilverfahrensrecht liege der Vergleich mit der Widerklage nahe.

Ohne Rücksicht auf die internationale Entscheidungszuständigkeit folgern wenige Autoren aus der sog. Kernpunkttheorie des EuGH, dass die Gegenforderung rechtshängig werde[504]. Durch die Einrede der Rechtshängigkeit werde das Zweitverfahren eliminiert und unvereinbare Entscheidungen vermieden. Ähnlich wie in der Diskussion zum autonomen deutschen Zivilverfahrensrecht verweist *Koch* auf die Kongruenz von Rechtshängigkeit und Rechtskraft. Die Auffassung ist aber nur vertretbar, wenn es sich bei der Aufrechnung tatsächlich um eine *Klage* i. S. d. Art. 21 EuGVÜ/Art. 27 Brüssel-I-VO handelt. Dafür könnte sprechen, dass auch ein Teil der Literatur zum autonomen deutschen Zivilverfahrensrecht ebenso wie zum europäischen Zivilverfahrensrecht die Aufrechnung als besondere Form der Widerklage behandelt.

Dagegen hat der EuGH in der Entscheidung *Danvaern Production ./. Schuhfabriken Otterbeck GmbH & Co KG* eindeutig zu erkennen gegeben, dass die Aufrechung nur ein Verteidigungsmittel darstellt und eine internationale Zuständigkeit des erkennenden Gerichts in Bezug auf die zur Aufrechnung gestellte Gegenforderung nicht erforderlich ist. Wird die Aufrechnung jedoch nur als ein Verteidigungsmittel und nicht als Widerklage verstanden, entsteht auch keine Rechtshängigkeit mit Hinblick auf die Gegenforderung. Mithin bleibt es den einzelnen Verfahrensrechten überlassen, welche Voraussetzungen sie für die Zulässigkeit der Aufrechnung aufstellen. Fraglich erscheint gleichwohl, ob es der lex fori überlassen bleiben sollte, die Folgen der Aufrechnung, d. h. die Frage der Rechtshängigkeit der zur Aufrechnung gestellten Gegenforderung, zu regeln. Immerhin ist es im autonomen deutschen Zivilverfahrensrecht zumindest vertretbar, hier tatsächlich von Rechtshängigkeit auszugehen. Gegen diese An-

---

[501] Gebauer, IPRax 1998, 79 (84 ff.); Kannengießer: Die Aufrechung im internationalen Privat- und Verfahrensrecht, S. 181 ff.; Kropholler: EuZPR, Art. 6, Rn. 45; Mankowski, ZZP 109 (1996), 376 (394); Roth, RIW 1999, 819 (820 ff.).

[502] Staudinger/Gursky (2000) BGB, Vorbem zu §§ 387 ff., Rz. 50; Schack: IZVR, Rz. 355; Wagner, IPRax 1999, 65 ff.: Der EuGH lasse im Anwendungsbereich des EuGVÜ/Brüssel-I-VO offen, ob es sich bei der Aufrechung um ein Verteidigungsmittel oder eine Widerklage handele; diese Bestimmung bliebe dem nationalen Recht überlassen.

[503] G. Wagner, IPRax 1999, 65 ff.

[504] Geimer/Schütze, Art. 27 EuGGVO, Rz. 38 ff.; Koch: Unvereinbare Entscheidungen, S. 77 f.

nahme spricht jedoch das Interesse einer einheitlichen Anwendung der Rechtshängigkeitssperre aus Art. 21 EuGVÜ/Art. 27 Brüssel-I-VO. Anderenfalls bestünde die Gefahr, dass der zur Aufrechnung gestellte Anspruch je nach der anwendbaren lex fori nach der einen Rechtsordnung die Einrede der Rechtshängigkeit begründet und nach der anderen nicht. Dies widerspricht aber einem vertragsautonomen Verständnis der Rechtshängigkeit aus Art. 21 EuGVÜ/Art. 27 Brüssel-I-VO. Daher geht die Rechtsprechung[505] zu Recht im Anwendungsbereich des EuGVÜ/Brüssel-I-VO davon aus, dass die zur Aufrechnung gestellte Gegenforderung nicht den Einwand der Rechtshängigkeit begründet.

IV. Die Aussetzung zugunsten ausländischer Verfahren

Eine Aussetzung des Verfahrens analog § 148 ZPO kommt in Betracht, wenn außerhalb des Bundesgebietes bereits ein Prozess anhängig ist, und das Urteil in Deutschland anerkannt werden muss[506]. Die Aussetzung des inländischen Verfahrens steht im Ermessen des Richters und richtet sich aufgrund der das Verfahrensrecht beherrschenden lex-fori-Regel stets nach deutschem Prozessrecht, sofern die Brüssel-I-VO oder internationale Verträge nicht vorrangig sind. Der deutsche Richter ist daher auch keinem Aussetzungszwang unterworfen, selbst wenn das ausländische Verfahrensrecht für einen Rechtsstreit vor den dortigen Gerichten einen Aussetzungszwang kennt. Einen solchen Zwang zur Aussetzung wird der Richter aber regelmäßig bei der Ausübung seines Aussetzungsermessens berücksichtigen müssen, insbesondere dann, wenn das ausländische Recht weitergehende Bindungswirkungen der Entscheidungsgründe in Bezug auf die Prozessparteien oder Dritte kennt als das deutsche Recht. Denn der Richter muss bei der Ausübung seines Ermessens auch hier die vorgenannten Grundsätze berücksichtigen. Danach wird das Verfahren in der Regel auszusetzen sein, wenn die Bindung des Zweitrichters an eine Entscheidung über eine Vorfrage zu erwarten ist, entweder aufgrund präjudizieller Rechtskraftwirkungen oder z. T. durch sog. Tatbestandswirkungen des Urteils.

Die wesentlichen Mechanismen zur Bewältigung paralleler Verfahren, die prozessualen Institute von Rechtshängigkeit und Aussetzung, bleiben im autonomen deutschen Zivilverfahrensrecht nahezu unverändert. Bei Berücksichtigung ausländischer Rechtshängigkeit ist lediglich zusätzlich zu beachten, ob die Anerkennung der zu erwartenden ausländischen Entscheidung prognostiziert werden kann. Spezielle Regelungen hinsichtlich der Aussetzung des Zweitverfahrens finden sich dagegen in Art. 22 EuGVÜ/Art. 28 Brüssel-I-VO. Sind bei Gerichten mehrerer Mitgliedsstaaten Klagen, die *im Zusammenhang stehen*, anhängig, so kann jedes später angerufene Gericht das Verfahren aussetzen. Die Vorschrift selbst definiert den Zusammenhang dahingehend, dass zwischen beiden

---

505 OLG München RIW 1997, 872.

506 Allg. Meinung vgl. Stein/Jonas/Roth, § 148, Rz. 136, 140 ff.

Klagen ein so enger Zusammenhang gegeben sein muss, dass eine gemeinsame Verhandlung und Entscheidung geboten erscheint, um *widersprechende Entscheidungen* zu vermeiden. Schon aus dem Wortlaut lässt sich schließen: Der Anwendungsbereich der Aussetzung ist weiter als derjenige der Art. 21 EuGVÜ/Art. 27 Brüssel-I-VO: Die Parteien müssen nicht[507], der Klagegegenstand darf nicht identisch sein. Es geht nicht um die Koordination mehrerer Verfahren über denselben, sondern *verschiedene* Streitgegenstände. Der Begriff des Zusammenhangs ist wesentlich weiter als die Tatbestandsvoraussetzungen der Vorgreiflichkeit in § 148 ZPO. Art. 22 EuGVÜ/Art. 28 Brüssel-I-VO erfasst daher im Gegensatz zu § 148 ZPO nicht nur die Fälle der Vorgreiflichkeit, sondern eine Aussetzung ist bereits bei rechtlichen Sinnzusammenhängen jeglicher Art statthaft. Anders als im Anwendungsbereich des § 148 ZPO ist eine Aussetzung des Zweitverfahrens auch dann möglich, wenn die Hauptfrage im Zweitprozess nur *Vorfrage* im Erstprozess ist[508]. Ein Zusammenhang i. S. d. Art. 22 Abs. 3 EuGVÜ/Art. 28 Abs. 3 Brüssel-I-VO soll ferner gegeben sein, wenn verschiedene Klagen auf demselben Vertrag beruhen[509]. Die Schadensersatzklagen mehrerer Geschädigter gegen den Schädiger aus demselben deliktischen Handeln sollen dagegen einen solchen Zusammenhang nicht begründen[510]. Beurteilungskriterien[511] für eine Aussetzungsentscheidung sind vor allem der Stand beider Verfahren, die Bewertung der Sachnähe der jeweiligen Gerichte und der Zusammenhang der beiden Verfahrensgegenstände. Der Anwendungsbereich der Vorschrift erscheint damit unscharf und verschwommen[512].

Anders als im Rahmen des § 148 ZPO gilt ein starres *Prioritätsprinzip*. Immer nur das zeitlich später angerufene Gericht darf das Verfahren aussetzen. Eine Aussetzung zugunsten einer nachfolgenden Klage, die für das Erstverfahren vorgreiflich ist, wäre daher nach europäischem Zivilprozessrecht im Gegensatz zum deutschen Recht gar nicht zulässig.

---

[507] A. A. Cour d' appel de Bastia Urt. v. 28.02.1977, Riv. dir. int priv. proc. 1978, 189, der zu Unrecht Parteiidentität fordert; vgl. aber Lüpfert: Konnexität im EuGVÜ, 81 f.

[508] Otte (Fn. 14), S. 346; a. A. OLG Hamm NJW 1983, 523, nach dessen Ansicht entsprechend § 148 ZPO Vorgreiflichkeit der Entscheidungen notwendig ist.

[509] Cass. (fr.) 27.10.1992, Inf. rap. 262: Klage gegen eine französische Gesellschaft in den Niederlanden auf Kaufpreiszahlung und Gewährleistungsklage der franz. Gesellschaft in Frankreich; LG Frankfurt IPRax 1992, 389: Klage des Handelsvertreters auf ausstehende Provision und der Vertretenen für im Rahmen des Handelsvertretervertrages gelieferte Ware; vgl. auch Lüpfert: Konnexität im EuGVÜ, S. 81 ff.

[510] OLG Hamm RIW 1977, 718; Cass (it.) Urt. v. 26.11.1990, Riv. dir. int. priv. proc. 1992, 107.

[511] Vgl. Otte (Fn. 14), S. 345.

[512] Vgl. Lüpfert: Konnexität im EuGVÜ, S. 80 ff.

Art. 28 Abs. 1 Brüssel-I-VO enthält im Verhältnis zur Vorgängerregelung des Art. 22 Abs. 1 EuGVÜ eine Klarstellung. Art. 28 Abs. 1 Brüssel-I-VO verlangt in Bezug auf die Aussetzung des Zweitverfahrens im Gegensatz zu Art. 22 Abs. 1 EuGVÜ nicht mehr, dass beide Klagen im ersten Rechtszug anhängig sind. Sind beide Klagen in erster Instanz anhängig, so kann sich das später angerufene Gericht gem. Art. 28 Abs. 2 Brüssel-I-VO auf Antrag einer Partei für unzuständig erklären, wenn das zuerst angerufene Gericht für beide Klagen zuständig und eine Klageverbindung möglich ist. Art. 28 Abs. 2 Brüssel-I-VO verlangt wie Art. 22 Abs. 1 EuGVÜ, dass beide Klagen in erster Instanz anhängig sind, um den Parteien keine Instanz zu entziehen.

Die Wahl zwischen Aussetzung (Art. 22 Abs. 1 EuGVÜ/Art. 28 Abs. 1 Brüssel-I-VO) und Prozessabweisung (Art. 22 Abs. 2 EuGVÜ/Art. 28 Abs. 2 Brüssel-I-VO) steht im Ermessen des Zweitgerichts. Aussetzung nach Abs. 1 ist im Gegensatz zur Unzuständigkeitserklärung auch ohne Parteiantrag möglich. Das Ermessen zur Wahl zwischen Aussetzung und Unzuständigkeitserklärung ist daher eingeschränkt, grundsätzlich aber nicht das Ermessen, ob das Gericht das Verfahren aussetzen will. Das Gericht darf sich nicht gegen den Willen beider Parteien für unzuständig erklären. Das ausgesetzte Verfahren wird erst nach Vorlage einer Entscheidung des Erstgerichts wiederaufgenommen.

Wollte sich das Zweitgericht für unzuständig erklären, war nach Art. 22 EuGVÜ erforderlich, dass die Verbindung der Verfahren nach *seinem* Recht zulässig und das zuerst angerufene Gericht zuständig ist. Es wurde hinsichtlich der Frage der Zulässigkeit der Verfahrensverbindung auf die Rechtsordnung des zweiten Gerichts abgestellt, welches sich für unzuständig erklärt, und nicht des Erstgerichts, vor dem die Klagen gemeinsam verhandelt werden sollen[513]. Deutsche Gerichte konnten Art. 22 Abs. 2 EuGVÜ daher nicht anwenden und sich zugunsten eines konnexen Verfahrens vor einem ausländischen Gericht für unzuständig erklären[514]. Denn § 147 ZPO sieht die Verbindung zweier Verfahren nur für den Fall vor, dass diese vor *demselben* Gericht schweben. Indem Art. 22 Abs. 2 EuGVÜ hinsichtlich der Frage der Zulässigkeit der Prozessverbindung auf das Recht des Zweitgerichts abstellt, sollte auf die Besonderheiten des deutschen Verfahrensrechts Rücksicht genommen werden[515]. Teilweise wurde sogar gefordert, dass die Voraussetzungen der Prozessverbindung nach dem anzuwendenden Recht

---

513 Nach der englischen Textfassung ist nicht eindeutig, welche Rechtsordnung maßgeblich sein soll, rechtsvergleichend kann die Intention des Gesetzgebers aber eindeutig ermittelt werden, vgl. Lüpfert, Konnexität im EuGVÜ, S. 152 f.

514 Die Konsequenz, dass deutsche oder italienische Gerichte Art. 22 Abs. 2 EuGVÜ nicht anwenden können, weil eine Prozessverbindung unbekannt ist, wurde ausdrücklich in Kauf genommen: Jenard-Bericht, ABl. EG 1979, Nr. C 59/61.

515 Jenard-Bericht, ABl. EG 1979, Nr. C 59/61.

für den jeweiligen Einzelfall konkret vorliegen müssten; nicht ausreichend sei es dagegen, dass die maßgebliche Rechtsordnung eine Prozessverbindung allgemein zulasse[516]. Eine einheitliche Anwendung sei daher nicht gesichert[517].

Schlosser[518] hielt die Redaktion des Art. 22 Abs. 2 EuGVÜ insofern für missglückt, als auf die Möglichkeit der Prozessverbindung nach dem Recht des später angerufenen Gerichts abgestellt wird. Es sei nicht ersichtlich, wie diese Besonderheit des deutschen Rechts sich auf die Befugnis eines deutschen Gerichts auswirken solle, sich für unzuständig zu erklären. Vielmehr könne dieser Einschränkung nur Rechnung getragen werden, indem man auf die Zuständigkeit des Erstgerichts für beide Klagen abstelle. Art. 22 Abs. 2 EuGVÜ lasse deshalb eine Abweisung der Klage nur dann zu, wenn das Erstgericht für beide Klagen zuständig und eine Prozessverbindung dort möglich sei.

Art. 28 Abs. 2 Brüssel-I-VO trägt dieser Kritik Rechnung und stellt nunmehr allein auf das Verfahrensrecht des Erstgerichts ab[519]. Das Zweitgericht darf sich nur dann für unzuständig erklären, "wenn das zuerst angerufene Gericht zuständig ist und die Verbindung beider Klagen nach seinem Recht zulässig ist."

V. Der Einfluss der Kernpunkttheorie des EuGH auf das Verhältnis von Rechtshängigkeit und Aussetzung

Die deutsche Rechtsprechung folgt den Entscheidungen des EuGH "Gubisch" und "Tatry", ohne den Bruch mit der eigenen prozessualen Streitgegenstandslehre aufzulösen. Konnte die Sperrwirkung der Leistungsklage gegenüber der nachfolgenden negativen Feststellungsklage in der Entscheidung "Gubisch" noch gleichsam als Rechtshängigkeit kraft weitergehender Rechtsschutzinteressen mit der eigenen herrschenden Meinung in Einklang gebracht werden, so hilft eine solche Betrachtung in der umgekehrten Konstellation nicht mehr. Denn mit der zuerst erhobenen Feststellungsklage wird das in dem späteren Leistungsantrag enthaltene weitergehende Rechtsschutzinteresse nicht verfolgt. In der Entscheidung "Tatry" gibt der EuGH eine neue, speziell auf die Reihenfolge negative Feststellungsklage und Leistungsklage zugeschnittene Begründung für die Anwendung von Art. 21 EuGVÜ und treibt die Auslegung der Art. 21 und 22 EuGVÜ (Art. 27 und 28 Brüssel-I-VO) weiter voran. Der Anwendungsbereich dieser Vorschriften wird aufgrund der Rechtsprechung des EuGH von einem an

---

516 Tibunale Bassano del Grappa Urt. v. 13.2.1976, Riv. dir. int. priv. proc. 1978, 74 ff; Pretore di Parma Urt. v. 17.6.1980, Riv. dir. int. priv.proc. 1982, 86 ff.

517 Kritisch Lüpfert, Konnexität im EuGVÜ, S. 155 ff.: Um eine einheitliche Anwendung zu sichern, solle nur auf die abstrakte Verbindungsmöglichkeit abgestellt werden.

518 Schlosser: EuGVÜ, Art. 22, Rz. 2; ebenso MüKo/Gottwald, Bd. 3, Art. 22 EuGVÜ, Rz. 5.

519 A. A. wohl, ohne nähere Begründung: Zöller/Geimer: Anh I, Art. 28 EuGVVO, Rz. 8.

materiellrechtlichen Streitgegenstandstheorien bestimmten Anspruchsbegriff getragen. Die Grundlage bildet dabei der Sachverhalt und die Rechtsvorschrift, auf die sich die Klage stützt. Mit der Wertung, Leistungs- und Feststellungsklage beträfen dasselbe Rechtsverhältnis, rückt der EuGH von der Anknüpfung des prozessualen Streitgegenstandes an den Klageantrag ab, um ihn durch eine Schwerpunktbetrachtung zu ersetzen. Durch die materiellrechtliche Bestimmung des Streitgegenstandes wagt sich der EuGH in einen Rechtsbereich hinein, der nicht ausdrücklich vom EuGVÜ/Brüssel-I-VO geregelt ist. Der Einwand der Rechtshängigkeit nach Art. 27 Brüssel-I-VO hat zahlreiche Vorteile für den Feststellungskläger. Vor allem vermag er durch die Erhebung der negativen Feststellungsklage das Forum der Auseinandersetzung festzulegen und den Kläger dort zu einer Leistungswiderklage zu zwingen.

1. Verhältnis von Rechtshängigkeit und Aussetzung nach der Rechtsprechung des EuGH

Grundlage der Kernpunkttheorie ist zunächst das Argument, die in den Art. 21 f. EuGVÜ/Art. 27 f. Brüssel-I-VO getroffene Regelung positiver Kompetenzkonflikte über denselben Anspruch sei abschließend und das darin wurzelnde Prioritätsprinzip könne nicht durch nationales Verfahrensrecht ausgehebelt werden. Das Verhältnis zwischen den Instituten der Einrede der Rechtshängigkeit und der Aussetzung des Verfahrens wurde durch einen auf das Rechtsverhältnis erweiterten Streitgegenstandsbegriff zulasten der Art. 22 EuGVÜ/Art. 28 Brüssel-I-VO verschoben. Während ein prozessual verstandener Streitgegenstandsbegriff die Anzahl identischer Streitgegenstände verringert und entsprechend die Möglichkeit der Aussetzung des Verfahrens erweitert, bewirken die materiellrechtlichen Streitgegenstandstheorien das Gegenteil. Auch wenn unklar bleibt, ob der Begriff des Rechtsverhältnisses hier tatsächlich allein materiell-rechtlich zu verstehen ist, steht doch die Folge fest, dass der EuGH den Anwendungsbereich des Art. 21 EuGVÜ/Art. 27 Brüssel-I-VO auf Kosten von Art. 22 EuGVÜ/Art. 28 Brüssel-I-VO ausgedehnt hat. Ausschlaggebend ist allein die Identität der Rechtsverhältnisse, die durch eine Schwerpunktbetrachtung ermittelt wird. Dem Zweitverfahren steht dann immer die Rechtshängigkeit des Erstverfahrens entgegen.

2. Das Verhältnis von Rechtshängigkeit und Aussetzung in der Literatur

Die Diskussion um den Streitgegenstandsbegriff findet sich in abgeschwächter Form in der Rezeption der Rechtsprechung des EuGH in der deutschen Literatur wieder. Während in der Diskussion zum autonomen deutschen Zivilverfahrensrecht sich die Meinungen an der Frage entzweien, ob der Streitgegenstand prozessual oder materiell-rechtlich zu bestimmen sei und dementsprechend die Frage der Identität des Prozessgegenstandes nach dem Kreise der Anhänger der verschiedenen Theorien variiert, ist der Bezug zu den Streitgegenstandstheorien hier weniger deutlich. Ansatzpunkt ist in der Literatur vielmehr in erster Linie das Bemühen um die Vermeidung widersprechender Entscheidungen.

a) Rechtskraftorientierte zwingende Verfahrenskoordination

Den extremsten Standpunkt in der Literatur, der aber im Ergebnis der Rechtsprechung zu Art. 21 f. EuGVÜ/Art. 27 f. Brüssel-I-VO am ähnlichsten ist, vertritt *Koch*[520]. Zugunsten eines weiten Rechtskraftbegriffs sollen Art. 26 f. EuGVÜ vertragsautonom und einheitlich weit ausgelegt werden, so dass präjudizielle Rechtsverhältnisse selbst dann von der materiellen Rechtskraft erfasst werden, wenn weder der Urteils- noch der Anerkennungsstaat solch weite Rechtskraftwirkungen kennen. Dadurch würde vermieden, dass unvereinbare Entscheidungen überhaupt entstehen. Die Unvereinbarkeit zweier Entscheidungen gem. Art. 27 Nr. 3 EuGVÜ erfordere nicht einmal Streitgegenstandsidentität[521]. Der Begriff "desselben Anspruchs" gem. Art. 21 EuGVÜ entspreche - wie der EuGH zutreffend feststelle - dem Begriff der "unvereinbaren Entscheidung" aus Art. 27 Nr. 3 EuGVÜ, nicht dem engen Begriff der Streitgegenstandsidentität der nationalen Verfahrensrechte. Die Rechtshängigkeitssperre greife demnach schon immer dann ein, wenn die in- und ausländischen Entscheidungen einen identischen oder teilidentischen Streitgegenstand aufwiesen, aber auch dort, wo ein für eine inländische Entscheidung präjudizielles Rechtsverhältnis Gegenstand eines ausländischen Rechtsstreits sei.

Ferner sind nach *Koch* Feststellungen über präjudizielle Vorfragen oder Rechtsverhältnisse in den Urteilsgründen in weitaus größerem Maße von der Rechtskraft erfasst als nach der h. M. im autonomen deutschen Zivilverfahrensrecht. So soll im europäischen Zivilverfahrensrecht z. B. die Teilklage das Bestehen der zugrunde liegenden Forderung feststellen[522], Feststellungen im Zahlungsurteil über das Bestehen der Darlehensforderung präjudiziell für einen nicht geltend gemachten Zinsanspruch[523] sein, die Entscheidung über den Herausgabeanspruch gem. § 985 BGB präjudiziell für die Feststellung des Eigentums[524] u.s.w.

---

[520] Koch (Fn. 26), S. 21 ff., 161 ff.; kritisch hierzu. Lenenbach: Die Behandlung von Unvereinbarkeiten von Zivilurteilen nach deutschem und europäischen Zivilprozeßrecht, S. 139, 146 ff.

[521] Koch (Fn. 26), S. 32 ff, 45.

[522] Koch (Fn. 26), S. 79 entgegen dem autonomen deutschen ZVR: BGH NJW 1985, 1341 f.; 1994, 3165; Stein/Jonas/Leipold, § 322, Rn. 161 ff.; Rosenberg/Schwab: § 153 V; Zöller/Vollkommer: Vor § 322, Rz. 47 für die offene Teilklage.

[523] Koch (Fn. 26), S. 80; anders die h. M. vgl. Zöller/Vollkommer: Vor § 328, Rn. 28.

[524] Ähnlich Zeuner: Die objektiven Grenzen der Rechtskraft im Rahmen rechtlicher Sinnzusammenhänge, S. 143 ff.; anders die h. M. vgl. Zöller/Vollkommer: Vor § 322, Rz. 36

Auch die Entscheidung über die Wandelung oder sonst ein Gestaltungsrecht sei präjudiziell für die nachfolgende Klage auf Kaufpreiszahlung[525]. Denn nach *Kochs* Auffassung sollen unterschiedliche Feststellungen über die vorgenannten Rechtsverhältnisse stets zu "unvereinbaren Entscheidungen" i. S. d. Art. 27 Nr. 3 EuGVÜ führen[526]. Die Auffassung entspricht der denkbar weitesten Variante der materiellrechtlichen Streitgegenstandstheorien. Ob solch umfangreiche Wirkungen der Rechtskraft tatsächlich vom EuGH gewollt sind, bleibt - wie bereits dargestellt - offen. Für die Frage der Rechtshängigkeit geht die Ansicht *Kochs* über die bisherige Rechsprechung des EuGH hinaus.

b) Verfahrenskoordination durch Aussetzung des Verfahrens

Bereits *Isenburg-Epple* hat in ihrer Untersuchung nachgewiesen, dass der Streitgegenstandsbegriff in den europäischen Vertragsstaaten des EuGVÜ weniger weit ist als der, welchen der EuGH in seiner "Kernpunkttheorie" zugrunde legt[527]. Eine Ausweitung des Anwendungsbereichs des Art. 21 EuGVÜ bewirke, dass der Unterschied zwischen der Behandlung ausländischer Rechtshängigkeit im autonomen internationalen Zivilprozessrecht der Mitgliedsstaaten im Vergleich zum Anwendungsbereich des EuGVÜ noch größer werde. Angesichts der restriktiven Praxis im autonomen Verfahrensrecht der Vertragsstaaten, hinter der in erster Linie der Gedanke der Erhaltung des nationalen Justizgewährungsanspruchs stehe, könne nicht vermutet werden, dass eine Ausweitung des Anwendungsbereichs von Art. 21 EuGVÜ, wie sie der EuGH vorgenommen hat, im Interesse der Mitgliedsstaaten liege[528]. Aus diesem Grund sei einer "engen", am prozessualen Streitgegenstandsbegriff ausgerichteten, autonomen Auslegung des Art. 21 EuGVÜ der Vorzug zu geben, die diesen im Wesentlichen nach Antrag und Sachverhalt bestimmt.

In dieselbe Richtung geht der Vorschlag von *Wolf*[529]: Das Gericht der Leistungsklage könne sich nicht gem. Art. 21 EuGVÜ für unzuständig erklären, sondern müsse das Verfahren gem. Art. 22 EuGVÜ aussetzen. In die gleiche Richtung plädierte Generalanwaltes *Tesauro* in der Entscheidung Tatry/Marcej Rataj, dem der EuGH allerdings nicht gefolgt ist. Nach dieser Ansicht ist Art. 21 EuGVÜ eng, Art. 22 EuGVÜ dagegen weit auszulegen. Auf diese Weise könnten die Widersprüche zwischen dem europäischen und dem deutschen Zivilprozessrecht aufgelöst werden. Wenn das Gericht die Leistungsklage aussetze, ent-

---

[525] Koch (Fn. 26), S. 81.
[526] Koch (Fn. 26), S. 21 ff.
[527] Vgl. Isenburg-Epple (Fn. 13), S. 193 ff.
[528] Isenburg-Epple (Fn. 13), S. 210 ff.
[529] C. Wolf, EuZW 1995, 365; ähnlich Hau: Positive Kompetenzkonflikte im Internationalen Zivilprozeßrecht, S. 140; ders.: IPRax 1997, 177 ff.; Otte (Fn. 14), S. 400 ff.

ginge der Kläger der Leistungsklage dem Risiko der Anspruchsverjährung. Auf diese Weise würden darüber hinaus widersprechende Entscheidungen verhindert, wenn das Gericht der Leistungsklage die Ergebnisse der Feststellungsklage berücksichtigen müsse. Damit Art. 22 EuGVÜ aber nicht zu einem *stumpfen Schwert*[530] verkomme, genüge nur ein Aussetzungszwang im Zweitverfahren der Koordinationspflicht des Gerichts.

c) Verfahrenskoordination nach der lex fori

Allein *Dohm*[531] folgt der älteren Rechtsprechung und geht davon aus, dass der Begriff "desselben Anspruchs" gem. Art. 21 Abs. 1 EuGVÜ nach der jeweiligen lex fori auszulegen sei. Der Streitgegenstand richte sich nach dem Recht des Staates, in dem die Klage anhängig sei, und sei mit dem nach autonomem deutschen Zivilprozessrecht zu bestimmenden Streitgegenstand des inländischen Prozesses vergleichbar. Die Streitgegenstände seien dann identisch, wenn der vor dem deutschen Gericht verhandelte Anspruch dem ausländischen entspreche oder in ihm enthalten sei.

Aus rechtsvergleichender Sicht kommt *Otte*[532] zu dem Ergebnis, dass die Verfahrenskoordination durch das jeweilige Rechtsschutzziel der Klagen bestimmt werde. Vorrang genieße stets das weitergehende Rechtsschutzinteresse, so dass - wie im autonomen deutschen Zivilverfahrensrecht - das Feststellungsinteresse entfalle, wenn der Gläubiger Leistungsklage erhebe. Denn die Mitgliedsstaaten erhöben in ihren nationalen Prozessrechten das Feststellungsinteresse selbst zum Koordinationskriterium.

Auch *Leipold*[533] misst dem Zweitgericht uneingeschränkte Entscheidungskompetenz zu und will widersprechende Urteile durch einen Fortfall des Feststellungsinteresses vermeiden. Für die Konstellation negative Feststellungsklage und nachfolgende Leistungsklage sei der Einwand der Rechtshängigkeit auch nach europäischem Zivilprozessrecht zu verneinen. Dass mehrere Verfahren eine gemeinsame Vorfrage aufwiesen, rechtfertige es nicht, die Rechtshängigkeitsperre eingreifen zu lassen. *Leipold*[534] versucht zur Untermauerung seiner Ansicht im Anwendungsbereich des EuGVÜ/Brüssel-I-VO nachzuweisen, dass der Feststellungskläger aus seiner zuerst erhobenen Klage gar keinen Vorteil

---

[530] Schack, IPRax 1989, 139, 140.

[531] Dohm: Die Einrede ausländischer Rechtshängigkeit im deutschen internationalen Zivilprozeß, S. 48 ff.; ebenso die ältere Rechtsprechung EuGH Rs 129/83, Slg. 1984, 2397 - Zelger ./. Salintri; BGH NJW 1986, 662; OLG Hamm IPRax 1986, 233.

[532] Otte (Fn. 14), S. 463 ff.; ähnlich Lüpfert: Konnexität im EuGVÜ, S. 124 ff.

[533] Leipold, in: GS Arens, S. 227 ff.

[534] Leipold, in GS Arens, 227, 242 ff.

ziehen könne. Erhebe der Schuldner die negative Feststellungsklage an dem Gericht seines Heimatstaates, hätte ihn der Gläubiger dort ohnehin verklagen müssen. Erhebe der Schuldner die Klage am Wohnsitz des Gläubigers, habe er ebenfalls keinen Vorteil. Konkurrierende Deliktsgerichtsstände sollen dem Schädiger ebenfalls kein Wahlrecht geben. Die Argumente sind aber nicht stichhaltig. Durch die Konzentration des Verfahrens am Gerichtsstand der negativen Feststellungsklage schränkt der Schuldner das Wahlrecht des Gläubigers, selbst einen Gerichtsstand zu bestimmen, ein.

3. Stellungnahme

Kochs Idee hält einer Überprüfung nicht stand: Art. 21 EuGVÜ/Art. 27 Brüssel-I-VO hat wie Art. 22 EuGVÜ/Art. 28 Brüssel-I-VO den Sinn, unvereinbare Entscheidungen zu vermeiden und eine doppelte Prozessführung zu verhindern. Die Rechtshängigkeit hat im Gegensatz zur Aussetzung das Ziel, das Zweitverfahren zu beenden. Berechtigt ist der Abschluss des Verfahrens nur dann, wenn der Rechtsschutz des Zweitverfahrens auch im Erstverfahren erlangt werden kann. Der nach seiner Ansicht sehr weite Rechtskraftbegriff erhöht gerade die Gefahr widersprechender Entscheidungen. Wie bereits nachgewiesen wurde, dient ein einheitlicher Rechtskraftbegriff unter Einschluss präjudizieller Feststellungen nicht ohne weiteres der Verfahrensökonomie. Auch will das EuGVÜ selbst keine Aussage treffen, welche Wirkungen das nationale Verfahrensrecht der einzelnen Urteile beilegen soll, sondern nur, welche Wirkungen anzuerkennen sind. Daher ist eine Verschiebung der Rechtskraftgrenzen der Entscheidung durch das EuGVÜ/Brüssel-I-VO nicht beabsichtigt.

Auf der anderen Seite wird die Auffassung *Dohms* der von der herrschenden Meinung befürworteten *autonomen Auslegung* des Abkommens nicht gerecht. Die Bildung einheitlicher Begriffe fördert die einheitliche Anwendung des Abkommens und beugt Manipulationen durch nationale Gerichte vor. Sie dient dazu, die Gleichwertigkeit der Gerichte der Mitgliedsstaaten zu fördern. Seine Auffassung öffnet aber den Blick auf das Problem der Unvollständigkeit der Regelungen des EuGVÜ/Brüssel-I-VO. In diesem Zusammenhang könnte daran gedacht werden, weitere Koordinationsmechanismen dem jeweiligen nationalen Recht zu entnehmen. Dem EuGVÜ/Brüssel-I-VO fehlt ein Teil der uns bekannten Koordinationsmöglichkeiten, weil es dort an einer Regel über das Feststellungsinteresse fehlt. Nach autonomem deutschen Zivilverfahrensrecht wäre eine Koordination nur durch den Wegfall des Feststellungsinteresses möglich. Hier ist eine doppelte Fragestellung nötig: Ist eine zwingende Verfahrenskoordination durch die Aussetzung des Zweitverfahrens gem. Art. 22 Abs. 1 EuGVÜ/Art. 28 Abs. 1 Brüssel-I-VO möglich *und* kann im Übrigen eine Koordination durch den

Wegfall des Feststellungsinteresses erreicht werden, auch wenn das EuGVÜ/Brüssel-I-VO darüber gar keine Regelung trifft?

Dass eine zuerst erhobene negative Feststellungsklage die Rechtshängigkeitssperre auslöst, ist - wie bereits gezeigt - zu Unrecht mit dem Argument der prozessualen Chancen- und Waffengleichheit der Parteien untermauert worden. Jede Partei müsse die Möglichkeit haben, durch Erhebung der Klage das zuständige Gericht für den gesamten Rechtsstreit festzulegen[535]. Dem Argument kann aufgrund der bisherigen Ausführungen zum Verhältnis von Feststellungs- und Leistungsklage nicht gefolgt werden. Der vom Feststellungskläger bestimmte Gerichtsstand berührt die Zuständigkeitsinteressen des Klägers. Die Feststellungsklage unterbricht nach der h. M. die Verjährung nicht und zwingt den Gläubiger - systemfremd - zur Leistungswiderklage. Die bereits im nationalen Recht aufgezeigten Nachteile der Bestimmung des Forums durch den Schuldner vermag auch das EuGVÜ/Brüssel-I-VO nicht zu kompensieren. Unter diesem Gesichtpunkt begegnet die Rechtsprechung des EuGH erheblichen Bedenken.

Auch ist es nicht richtig, dass der Feststellungskläger keinen zuständigkeitsrechtlichen Vorteil aus der Erhebung der Feststellungsklage zöge. Die Rechtshängigkeitssperre der Feststellungsklage in den Niederlanden entzog im Fall Tatry dem Leistungskläger den Gerichtsstand am forum arresti in Großbritannien. Auch Streitgenossen können nach dem EuGVÜ/Brüssel-I-VI an *einem* Gerichtsstand verklagt werden. Die Konzentration an diesem Gerichtsstand ist für den mitverklagten Streitgenossen ein Nachteil[536]. Es widerspricht dem Grundsatz der prozessualen Waffengleichheit, wenn der Feststellungskläger einen *besonderen* Gerichtsstand blockieren kann.

Dem Zwang zur Leistungswiderklage kann nach europäischem Zivilverfahrensrecht nicht durch eine Aussetzung des Leistungsverfahrens an einem zweiten Gerichtsstand begegnet werden. Zwar bereitet die Aussetzung des Verfahrens nach der hier vertretenen Auffassung zum autonomen deutschen Zivilverfahrensrecht widerspruchsfreie Ergebnisse vor, weil es kein Aussetzungsermessen des Richters mehr gibt, wenn eine Rechtskraftwirkung zu erwarten ist und deshalb eigene Untersuchungen unterbleiben können. Der befürchtete Verfahrenswettlauf lässt sich aber nur durch eine solche zwingende Verfahrensabstimmung verhindern. Die Aussetzung der Leistungsklage zugunsten der negativen Feststellungsklage gem. Art. 22 Abs. 1 EuGVÜ/Art. 28 Abs. 1 Brüssel-I-VO anstatt einer Abweisung wegen anderweitiger Rechtshängigkeit - wie im Fall "Tatry" - käme nur in Frage, wenn bei Vorgreiflichkeit im europäischen Zivilverfahrens-

---

[535] Linke, RIW 1988, 820; Huber, JZ 1995, 603, 606; Schack, IPRax 1989, 140; ders. IPRax 1991, 270, 272; Kropholler, EuZPR, Art. 27 EuGGVO, Rn. 10.

[536] Otte (Fn. 14), S. 444.

recht eine Aussetzungspflicht bestünde, das Aussetzungsermessen sich also auf Null reduzieren würde. Diese Auffassung wird jedoch im europäischen Zivilprozessrecht von niemandem vertreten.

Sofern auch im europäischen Zivilverfahrensrecht Kriterien einer Aussetzungspflicht gefunden werden könnten, ist zwar davon auszugehen, dass die Gerichte der Mitgliedsstaaten von dem ihnen eingeräumten Ermessen richtigen Gebrauch machen[537]. An einer solchen Ermessensbindung fehlt es jedoch. Ein europaweiter Konsens besteht nicht; die Koordination zwischen negativer Feststellungsklage und Leistungsklage ist auf das freiwillige Zusammenspiel der Gerichte angewiesen[538]. Offenbar lässt sich unter anderem wegen des weiten Ermessens der Richter im englischsprachigen Rechtsraum bezüglich der Bestimmung des Gerichtsstandes eine einheitliche Linie nicht finden[539].

Im romanischen Rechtskreis besteht ebenfalls keine Ermessensbindung bei Konnexität mit einem ausländischen Verfahren; es erscheint bereits zweifelhaft, ob außerhalb des Anwendungsbereichs der Art. 22 EuGVÜ/Art. 28 Brüssel-I-VO überhaupt zugunsten eines ausländischen Verfahrens ausgesetzt werden kann. So ist im italienischen Rechtskreis die Berücksichtigung konnexer Verfahren im Ausland gem. Art. 3 codice civile ausgeschlossen. In Frankreich, Belgien und den Niederlanden ist dies zumindest umstritten. Sowohl die Abweisung der Klage wegen anderweitiger ausländischer Rechtshängigkeit als auch die Aussetzung des Verfahrens stehen in einem weiten Ermessen des Gerichts[540]. Nach der Auffassung französischer und italienischer Gerichte unterliegt die Frage der Konnexität der freien Beurteilung durch den Tatrichter[541]. Überwiegend wird im autonomen französischen Zivilverfahrensrecht angenommen, dass dem Tatrichter bei Konnexität auch ein Ermessensspielraum zustünde. Für das autonome belgische Verfahrensrecht ist dieser Ermessensspielraum als gesichert zu betrachten[542].

Weil den ausländischen Rechtsordnungen eine entsprechende Ermessensbindung fehlt, schlägt *Lüpfert*[543] vor, eine Vermutungsregel zugunsten der Aussetzung des Verfahrens gem. Art. 22 EuGVÜ gelten zu lassen, um den Zwang zur Aussetzung zu erhöhen. Aufgrund der Vielzahl der Abwägungskriterien, die

---

[537] Isenburg-Epple (Fn. 13), S. 198 f.
[538] Otte (Fn. 14), S. 454 f.; vgl. auch Lüpfert, Konnexität, S. 202 ff.: Eine echte Ermessensreduzierung lässt sich in anderen europäischen Verfahrensrechten nicht feststellen.
[539] Vgl. Lüpfert: Konnexität im EuGVÜ, S. 38f.
[540] Vgl. Lüpfert: Konnexität im EuGVÜ, S. 36 ff., 218.
[541] Cass (fr.) 27.10.1992, D. 1992 inf. Rap. 262; freies Ermessen auch italienischer Tatrichter: Cass. (it.) 26.11.1990, Riv. dir. int. priv. proc., 1992, 107.
[542] Nachweise bei Lüpfert: Konnexität, S. 218 f.
[543] Lüpfert: Konnexität im EuGVÜ, S. 214 ff.

auch gegen eine Aussetzung des Verfahrens sprechen können, reicht es aber nicht, nur im *Zweifel* das Verfahren auszusetzen. Widerspruchsfreie Entscheidungen sind eben nur bei einer Aussetzungspflicht zu erwarten.

Darüber hinaus schränkt das starre *Prioritätsprinzip*[544] des Art. 22 EuGVÜ/Art. 28 Brüssel-I-VO die Möglichkeiten einer Verfahrenskoordination durch die Aussetzung ein. Der Vorgreiflichkeit der positiven Feststellungsklage zur Leistungsklage kann dieses Prinzip nicht gerecht werden.

Klagt beispielsweise A gegen B unter Berufung auf sein Eigentum auf Herausgabe der Sache X und erhebt B Klage auf Feststellung, er sei Eigentümer, oder erhebt der Mieter Feststellungsklage auf Bestehen des Mietverhältnisses, nachdem der Vermieter Klage auf Unterlassen der Benutzung der Mietsache erhoben hat, kann entgegen dem autonomen deutschen Zivilverfahrensrecht der (zuerst anhängige) Leistungsprozess wegen des Prioritätsprinzips nicht ausgesetzt werden und es drohen widersprechende Entscheidungen. Zwar kann wegen der weiten Fassung des Art. 22 EuGVÜ/Art. 28 Brüssel-I-VO entgegen § 148 ZPO auch die (nachfolgende) Feststellungsklage ausgesetzt werden, weil nur ein rechtlicher Zusammenhang, aber keine Vorgreiflichkeit erforderlich ist. In diesem Fall dürfte es an einer Ermessenbindung des Richters der Feststellungsklage, das Verfahren auszusetzen, völlig fehlen.

Andererseits ist die Widerspruchsfreiheit der beiden Entscheidungen auch deshalb nicht gesichert, weil bei einem engen Rechtskraftverständnis der Richter der Feststellungsklage nicht an die Feststellungen im Leistungsverfahren über das Eigentum oder das Mietverhältnis gebunden ist, die eben nur Vorfragen darstellen und nicht in Rechtskraft erwachsen. Dem Richter bliebe daher nur die Möglichkeit, nach freiem Ermessen gem. Art. 22 Abs. 1 EuGVÜ/Art. 28 Abs. 1 Brüssel-I-VO die Feststellungsklage auszusetzen oder auf sein eigenes Verfahrensrecht zurückzugreifen und die Klage mangels Feststellungsinteresse abzuweisen. Eine sinnvolle Verfahrenskoordination zur Vorbereitung widerspruchsfreier Ergebnisse durch eine Aussetzung der Leistungsklage ist hier - anders als im autonomen deutschen Zivilverfahrensrecht - nicht möglich.
Wie bereits nachgewiesen wurde, findet eine Koordination paralleler Verfahren nicht nur durch die Institute der Rechtshängigkeit und Aussetzung des Verfahrens, sondern auch über den Fortfall des *Feststellungsinteresses* statt. Widerspruchsfreie Entscheidungen sind nur dann zu erwarten, wenn auch eine einheitliche Beurteilung des Feststellungsinteresses stattfindet. Zweifelhaft ist bereits,

[544] Lüpfert: Konnexität, S. 141, regt in diesem Zusammenhang an, dass starre Prioritätsprinzip unter Zweckmäßigkeitsgesichtspunkten zu durchbrechen, wenn das Zweitverfahren zuerst durchgeführt werden sollte. Das ist jedoch mit dem Wortlaut der Art. 22 EuGVÜ/28 Brüssel-I-VO nicht vereinbar.

ob der Rückgriff auf das Feststellungsinteresse überhaupt im Rahmen des EuGVÜ/Brüssel-I-VO zulässig ist[545]. Die neben der Aussetzung notwendige Koordination paralleler Verfahren nach dem jeweils weiteren *Rechtsschutzinteresse* erfolgt aber auch - wie *Otte* selbst einräumt - nur auf freiwilliger Basis, weil das EuGVÜ/Brüssel-I-VO dieses eben nicht regelt. Daher schlägt *Otte* vor, es sei de lege ferenda wünschenswert, den Wegfall des Feststellungsinteresses an gesetzlich zu bestimmende Fristen zu knüpfen, innerhalb derer der Gläubiger Leistungsklage erheben darf[546]. Diesen Weg hat die Neufassung der Brüssel-I-VO aber gerade nicht beschritten. Auch ist - wie die Untersuchung gezeigt hat - die Art der Verfahrenskoordination bereits im deutschen Zivilverfahrensrecht außerordentlich umstritten. Die Beteiligung einer Vielzahl anderer sehr unterschiedlicher Verfahrensordnungen erleichtert eine einheitliche Entscheidung der Streitfragen nicht.

Wird dem Richter aber letztlich frei gestellt, ob und welches Mittel der Verfahrenskoordination er wählt, drohen widersprechende Entscheidungen. Findet gar keine Verfahrenskoordination statt, entscheiden beide Gerichte ohne Rücksicht auf das jeweils andere. Eine Aussetzung der Feststellungsklage bereitet widerspruchsfreie Ergebnisse nicht zwingend vor. Fehlt es an einer rechtskräftigen Bindung an die Entscheidungsgründe der Leistungsklage, können diese zwar berücksichtigt werden, binden das Zweitgericht aber nicht. Somit ist es dem Gericht unabhängig von dem Ergebnis des Erstverfahrens möglich, widersprüchlich zu entscheiden. Beide Urteile wären dann *unvereinbar* im Sinne des Art. 27 Nr. 3 EuGVÜ/Art. 34 Nr. 3 Brüssel-I-VO und dem Leistungsurteil wäre im Urteilsstaat der Feststellungsklage die Anerkennung zu versagen. Zwar legt das EuGVÜ/Brüssel-I-VO einheitliche Grenzen der Rechtskraft nicht fest; es bestimmt lediglich, dass eine Entscheidung nicht anerkannt wird, wenn sie mit einer inländischen unvereinbar ist. Der EuGH stellt in der Entscheidung Hoffmann/Krieg[547] klar, dass zwei Entscheidungen bereits dann unvereinbar sind, wenn sich die Rechtsfolgen materiellrechtlich widersprechen. Der Unterlassungsanspruch des Vermieters lässt sich jedoch mit dem Bestehen des Mietverhältnisses materiellrechtlich ebenso wenig vereinbaren wie der Herausgabeanspruch des A mit dem Eigentum des B. Der Zweck des EuGVÜ/Brüssel-I-VO, die Anerkennung und Vollstreckung von Urteilen zu gewährleisten und zu vereinfachen, wäre in diesem Fall durch das unglücklich ausgestaltete Prioritätsprinzip der Art. 22 EuGVÜ/Art. 28 Brüssel-I-VO gerade vereitelt.

---

[545] Gegen einen Rückgriff auf das Feststellungsinteresse Huber, JZ 1997, 799 f.; vgl. auch S. 18 ff.

[546] Otte (Fn. 14), S. 466 ff.

[547] EuGH Urt. v. 4.2.88 - Rs 145/86 IPRax 1989, 159 ff.; vgl. S. 13.

Das EuGVÜ/Brüssel-I-VO leidet darunter, dass in Bezug auf Streitgegenstand, Rechtskraft und Rechtshängigkeit eine einheitliche Theorie fehlt, weil die VO nur Anerkennung und Vollstreckung von Urteilen, nicht aber alle Urteilsvoraussetzungen und -wirkungen einheitlich regelt. Mangels einer solchen Regelung liegt es nahe, die Koordination paralleler Verfahren schlichtweg durch Eliminierung des nachfolgenden Rechtsstreites zu erzwingen. Fehlen klare Regeln zur Aussetzung und zum Wegfall des Feststellungsinteresses auf europäischer Ebene, bleibt der Rechtsprechung nichts anderes übrig, als parallele Verfahren durch die Einrede der Rechtshängigkeit zu koordinieren, um das Risiko von Fehlentscheidungen zu minimieren.

Der "ungebremste" Vorzug der Inlandsentscheidung[548] hat den Anwendungsbereich der Anerkennungssperre schon unabhängig von der Auslegung des Begriffes "unvereinbar" vergrößert. Das im Verhältnis zum nationalen Recht gesteigerte Risiko eines Rechtskraftkonfliktes durch eine Nichtanerkennung "unvereinbarer" Entscheidungen steigert die Notwendigkeit einer frühzeitigen Verfahrenskoordination. Dementsprechend müssen schon mit Blick auf die Kongruenz von Rechtskraft und Rechtshängigkeit die erweiterten Entscheidungswirkungen zu einer Vergrößerung des Anwendungsbereichs der Rechtshängigkeitssperre führen.

Eine solche Rosskur verordnet der EuGH den im nationalen Recht sehr differenzierten Mechanismen der Verfahrenskoordination, indem er den Anwendungsbereich der Rechtshängigkeitssperre durch eigene, einfache Regeln erweitert. Diese Erweiterung erfolgt ohne Rücksicht auf die zu erwartenden Rechtskraftwirkungen, die sich allein nach der lex fori bestimmen. So stehen die Entscheidungen des italienischen Gerichts und des LG München I im ersten vom BGH entschiedenen Fall[549] nicht in einem direkten Rechtskraftkonflikt. Nach deutschem Zivilverfahrensrecht erwächst die Entscheidung hinsichtlich der Wirksamkeit des Gesellschaftsvertrages nämlich nicht in Rechtskraft; das Gericht ist lediglich an die Ergebnisse des italienischen Verfahrens gebunden.

Zusammenfassend lässt sich festhalten, dass die Auffassung, die im europäischen Zivilverfahrensrecht den Umfang der Rechtskraft unabhängig vom jeweiligen nationalen Verfahrensrecht auf (sämtliche) Vorfragen erweitern will, abzulehnen ist. Ein so weit gefasster Rechtskraftbegriff erhöht die Gefahr widersprechender Entscheidungen und lässt sich mit der Rechtsprechung des EuGH nicht in Einklang bringen. Daher greift die Rechtshängigkeitssperre auch nicht schon deshalb ein, weil unterschiedliche Feststellungen über gemeinsame Vorfragen zu erwarten sind. Auf der anderen Seite ist auch eine Auslegung nach der lex

[548] Otte (Fn. 14), S. 150.
[549] Vgl. S. 18 ff.

fori abzulehnen. Entgegen den Grundsätzen des autonomen deutschen Zivilverfahrensrechts greift im Verhältnis von Leistungs- und Feststellungsklage die Rechtshängigkeitssperre ein, weil in diesen Fällen stets ein Rechtskraftkonflikt zu erwarten ist. Eine Koordination paralleler Verfahren über die Aussetzung des Zweitverfahrens gem. Art. 22 Abs. 1 EuGVÜ/Art. 28 Abs. 1 Brüssel-I-VO ist der wegen fehlenden Ermessensbindung des Richters und dem im Gegensatz zum autonomen deutschen Zivilverfahrensrecht starren Prioritätsprinzip nicht möglich. Auch kann eine Koordination nicht über das Feststellungsinteresses der Feststellungsklage stattfinden. Dieses wird durch das EuGVÜ und die Brüssel-I-VO nicht geregelt, so dass eine einheitliche Handhabung nicht gesichert ist.

4. Teil: Eigener Lösungsansatz: Verfahrenskoordination durch ein flexibles System

I. Verfahrenskohärenz als Zweck des Zivilverfahrensrechts

Lässt man die Rechtshängigkeitssperre des europäischen Rechts über die Fälle hinaus, in denen die Anträge identisch sind oder in denen über den Antrag des zweiten Prozesses schon im ersten Prozess rechtskräftig entschieden wird, auch dann eingreifen, wenn das mit dem zweiten Prozess geltend gemachte Rechtsschutzinteresse nur teilweise durch den ersten Prozess befriedigt wird, stellt dies eine erhebliche Abweichung vom deutschen Prozessrecht dar. Da sich auf europäischer Ebene mangels eines geschlossenen Systems keine einheitlichen Rechtskraftgrenzen aufstellen lassen, ist es erforderlich, außerhalb des Regelungsbereichs des EuGVÜ/Brüssel-I-VO auf der Ebene des eigenen nationalen Rechts die Rechtsfolgen der Neufassung[1] des Streitgegenstandsbegriffs durch den EuGH in Richtung auf die sogenannte Kernpunkttheorie anzupassen. Die Parteien haben ein Anrecht auf ein faires Verfahren, frei von Systembrüchen, das die prozessuale Chancen- oder Waffengleichheit gewährleistet und den Anforderungen des Verfassungsrechts genügt.

Aus diesem Grunde müssen zunächst die Grenzen der Rechtskraft in Richtung auf den europäischen Bezugsrahmen im Rahmen eines flexiblen Systems, das den Besonderheiten des europäischen und der beteiligten nationalen Verfahrensordnungen Rechnung trägt, neu definiert werden. Geschieht dies nicht, steht zu befürchten, dass der inländische Gerichtsstand im Verhältnis zu Staaten mit weiten Rechtskraftgrenzen ins Hintertreffen gerät. Die Partei, die vor einem französischen oder englischen Gericht ein Urteil erstreitet, erlangt einen Vorteil, wenn es auf die Feststellungen des Tatbestandes ankommt. Wird beispielsweise der Klage auf Rückzahlung eines Darlehns stattgegeben, steht damit auch der Zinsanspruch dem Grunde nach fest. Umgekehrt wäre eine negative Feststellungsklage mit dem Inhalt, dass der Zinsanspruch nicht besteht, vor einem deutschen Gericht präkludiert. Ein deutsches Zahlungsurteil hätte diese Wirkungen nicht. Erwächst dort nämlich auch die Entscheidung über Vorfragen in Rechtskraft, stellt sich die Frage, welche Maßnahmen ergriffen werden müssen, um ein kohärentes System zu gewährleisten und eine Ungleichbehandlung durch die Anerkennung ausländischer Rechtskraft und ausländischer Urteile nach dem EuGVÜ/Brüssel I-VO zu Lasten inländischer

---

[1] Prütting, GS Lüderitz, S. 633, geht in diesem Zusammenhang von einem "variablen Streitgegenstandsbegriff" aus; vgl. auch Geimer/Schütze Art. 27 EuGGVO, Rz. 32.

Gerichtsstände zu vermeiden. Ist in einem Mitgliedsstaat mit weiten Rechtskraftgrenzen eine parallele Entscheidung zu erwarten, besteht die Gefahr, dass zwar der Zweitrichter aufgrund der Begrenzung der eigenen Urteilswirkungen nicht an Feststellungen über Vorfragen gebunden ist und zu einer abweichenden Beurteilung kommt, das Ersturteil dann aber „unvereinbar" mit dem Zweiturteil ist und im Anerkennungsstaat nicht mehr vollstreckt werden kann.

Auch stellt sich die Frage, ob im deutschen Verfahrensrecht die Grenzen von Tatbestands- und Urteilswirkungen nicht neu zu definieren sind, wenn der Anerkennungsstaat diese Wirkungen nicht materiellrechtlich, sondern prozessual durch die Rechtskraft herbeiführt. Bindet beispielsweise nach französischem Prozessrecht die Entscheidung über das Bestehen der Hauptverbindlichkeit auch den Bürgen und ist das Urteil in Deutschland anzuerkennen, erscheint zumindest zweifelhaft, ob einem deutschen Urteil im umgekehrten Fall eine entsprechende Bindungswirkung fehlt.

Auf der Ebene der Rechtshängigkeit und ihrer Folgen gilt es zu untersuchen, welche Änderungen sich in Bezug auf den Zeitpunkt des Eintritts ihrer materiellrechtlichen Wirkungen ergeben. Sperrt die negative Feststellung die Erhebung der Leistungsklage, ist zu prüfen, ob die Zuständigkeitsinteressen des Gläubigers im nationalen Recht nicht insofern zu berücksichtigen sind, als auch die negative Feststellungsklage entgegen § 204 Ziff. 1 BGB und dem autonomen deutschen Zivilverfahrensrecht die Verjährung unterbricht. Auf diese Weise könnte der Gläubiger die Ergebnisse der Feststellungsklage abwarten, ohne selbst zur Erhebung einer Leistungswiderklage genötigt zu sein. Nach der Entscheidung über die Feststellungsklage könnte er dann an einem zulässigerweise von ihm gewählten Gerichtsstand Leistungsklage erheben. Aufgrund der Anwendung unterschiedlicher Verfahrensrechte kommt es – wie sich im Laufe der Arbeit gezeigt hat - zu Friktionen im Zuständigkeitssystem, die auf eine Kompensation drängen. Wurden durch den neu eingefügten Art. 30 Brüssel-I-VO die Nachteile des eigenen Zustellungsrechts ausgeglichen, ist das europäische Verfahrensrecht ansonsten nicht mit dem autonomen deutschen Zivilverfahrensrecht abgestimmt. Das Zivilverfahrensrecht muss deshalb danach fragen, welche Rückschlüsse aus dem Justizgewährungsanspruch zu ziehen sind, oder allgemeiner, welche verfassungsrechtlichen Effizienzanforderungen an das Verfahren zu stellen sind, um diesen Anspruch der Parteien hinreichend zu garantieren[2].

[2] Der verfassungsrechtlichen Perspektive geht Pfeiffer: Internationale Zuständigkeit und prozessuale Gerechtigkeit, S. 288 ff. für die Frage der Zuständigkeit nach. Unmittelbar verbunden mit der Frage nach der Behandlung paralleler Verfahren wurde sie bislang nicht gestellt.

II. Der Schutz der prozessualen Waffengleichheit und der Justizgewährung in der Verfassung

Der Justiz(gewährungs)anspruch garantiert umfassenden Rechtsschutz und gewährleistet das Recht jeden Bürgers, ein Gericht anrufen zu können, das in einem geordneten Verfahren nach tatsächlicher und rechtlicher Überprüfung eine Entscheidung zu treffen und zu verwirklichen hat[3]. Als Ausprägung des Justizgewährungsanspruchs besteht zum einen ein Anspruch auf effektiven Rechtschutz und zum anderen auf rechtliches Gehör[4]. Der Anspruch richtet sich sowohl gegen die Gesetzgebung als auch die Justiz, ist also auch und vor allem bei der Rechtsanwendung zu berücksichtigen. Aus dem Justizanspruch folgt die Notwendigkeit, für die unterschiedlichen Rechtsschutzbedürfnisse geeignete Verfahrensregeln zu schaffen, die eine Durchsetzung des materiellen Rechts gewährleisten[5]. Effektive und sinnvolle Verfahrensabstimmung ist Aufgabe des Richters, der sich nicht hinter der (ineffektiven) Anwendung der verschiedenen Verfahrensregeln verstecken darf.

Als verfahrensrechtlicher Grundsatz zur Verwirklichung der Chancengleichheit steht jeder Partei der Grundsatz der Waffengleichheit vor Gericht zur Seite. Die Waffengleichheit zielt auf die Gleichbehandlung der Parteien und Beteiligten in den einzelnen Gerichtsverfahren. Das betrifft zum einen die verfahrensrechtlichen Befugnisse, zum anderen aber auch die Gewinnung des materiellen Rechts, die im Vordergrund des Prozesses stehen muss[6]. Allgemein ist anerkannt, dass der Grundsatz der prozessualen Waffengleichheit eine Ausprägung des Gleichheitssatzes und des Rechtsstaatsprinzips ist[7], sie bedeutet "Gleichwertigkeit der prozessualen Stellung vor dem Richter"[8] und eine gleichmäßige Verteilung des Risikos am Verfahrensausgang[9]. Art. 103 Abs. 1 GG betrifft verfahrensrechtlich als lex specialis die Gewähr des rechtlichen Gehörs, womit zugleich der Anspruch auf Justizgewährung und das Rechtsstaatsprinzip konkretisiert wird[10]. Das Bundesverfassungsgericht hat dem

---

[3] Schilken, GVR, Rz. 88.
[4] Vgl. Schilken: GVR, Rz. 102, 129.
[5] Schilken: GVR, Rz. 97.
[6] Schilken: GVR, Rz. 116.
[7] Schilken: GVR, Rz. 117; v. Mangoldt/Klein/Starck: GG, Bd. 1, Art. 3, Rz. 205; soweit die Wirksamkeit der Anhörung formale Gleichbehandlung verlangt, wird dies durch Art. 103 GG als speziellere Vorschrift gewährleistet (v. Mangoldt/Klein/Starck: GG, Bd. 3, Art. 103, Rz. 94).
[8] BVerfGE 52, 131 ff. (156).
[9] BVerfGE 52, 131 ff. (144).
[10] BVerfGE 94, 166, 207 stellt auf Art. 19 Abs. 4 und Art. 103 Abs. 1 ab; vgl. auch Schilken: GVR, Rz. 129.

Rechtsstaatsprinzip in Verbindung mit Art. 2 Abs. 1 GG ein Recht auf ein faires Verfahren entnommen[11].

Sind verfahrensrechtliche Maßnahmen durch willkürliche Erwägungen bestimmt, spricht dies für eine Verletzung von Art. 3 Abs. 1 GG[12]. Wie das Bundesverfassungsgericht betont, gilt das Willkürverbot nicht nur bei der Auslegung und Anwendung des materiellen Rechts, sondern insbesondere auch für die Handhabung des Verfahrensrechts. Das Verfahrensrecht dient der Herbeiführung gesetzmäßiger und unter diesem Blickpunkt richtiger, aber darüber hinaus auch im Rahmen dieser Richtigkeit gerechter Entscheidungen. Ziel und Zweck des Verfahrensrechts muss es unter Berücksichtigung des Grundsatzes der prozessualen Waffengleichheit stets sein, eine gleichwertige prozessuale Stellung der Parteien herbeizuführen. Geschützt ist hier sowohl der gleichmäßige Zugang zum Gericht als auch die Handlungsfreiheit vor Gericht.

III. Die Entwicklung eines eigenständigen prozessualen Verfassungskollisionsrechts

Die Wirkungsweise der prozessualen Waffengleichheit und der Justizgewährung ist im internationalen Rechtsraum weitgehend ungeklärt. Nachteile zulasten der eigenen Justiz werden häufig hingenommen und der Kohärenz von nationalem und europäischen Zivilverfahrensrecht offenbar keine besondere Bedeutung zugemessen. *Schack*[13] stellt hierzu überspitzt fest:

"Staatsvertraglich vereinbartes, für internationale Sachverhalte geltendes Recht hat zwangsläufig eine gewisse Inländerdiskriminierung zur Folge, wenn es fortschrittlicher und weitreichender ist als das nationale Recht."

Auch wenn man die vom EuGH entwickelte Kernpunkttheorie nicht als „fortschrittlicher" als den eigenen Streitgegenstandsbegriff betrachtet, stellt sich die Frage, ob und welche Konsequenzen für das eigene, subsidiär zur Anwendung gelangende Prozessrecht zu ziehen sind. Die prozessuale Waffengleichheit und der Justizgewährungsanspruch sind sowohl durch Art. 103

---

[11] BVerfGE 101, 397 (405); 89, 120 (129); 78, 123 (126); 57, 250 (275); 39, 156 (163); 38, 105 (111 ff.); 26, 66 (71); Dörr, Faires Verfahren, S. 106 ff.; zweifelnd Schilken:GVR, Rz. 99, 111, nach dessen Ansicht das Gebot eines fairen Verfahrens aus dem Justiz(gewährungs)anspruch folgt. Im Ergebnis kommt es hier auf die unterschiedliche Herleitung des Grundsatzes, der dem Grunde nach unstreitig ist, nicht an.

[12] BVerfGE 1, 332 (345 ff.); 3, 359 (364 ff.); 13, 132 (144 ff.); 34, 320; 42, 64 ff.; Maunz/Schmidt-Bleibtreu: Bundesverfassungsgerichtsgesetz, Art. 93, Rz. 142.

[13] Schack, ZZP 107 (1994), 279, 294.

Abs. 1 GG und Art. 3 Abs. 1 GG als auch durch einfachgesetzliche Normen abgesichert und gebieten eine Anwendung des Verfahrensrechts frei von Systembrüchen, die diesen Grundsätzen genügt. Das "fortschrittlichere und weitreichendere" europäische Zivilverfahrensrecht verlangt folglich eine Anpassung des (eigenen) Verfahrensrechts.

1. Der Anwendungsbereich der Verfassung im internationalen Rechtsraum
Aufgrund vorstehender Überlegungen stellt sich zunächst die Frage nach der Funktionsweise der Grundrechte, insbesondere Art. 3 I GG, im internationalen Zivilverfahrensrecht. Angesichts der Tatsache, dass während der Erarbeitung des Grundgesetzes das Ausmaß der regelungsbedürftigen Sachverhalte mit Auslandsbezug recht gering war und der Verfassungsgeber ohnehin der Auffassung war, #die eigene Staatsgewalt könne nur selten exterritoriale Wirkung entfalten, ist es verständlich, dass man das Problem der Wirkung von Grundrechten auf Auslandssachverhalte als eigenständiges Problem nicht erkannte und behandelte[14]. *Stern*[15] stellt zu diesem Problemkreis fest, es gebe bislang noch kein geschlossenes System der Grundrechtsbindung bei grenzüberschreitenden Sachverhalten.

Bis zur Weimarer Reichsverfassung ging die Rechtswissenschaft weitgehend von einer Gleichrangigkeit von Verfassung und einfachem Recht aus. Die Grundrechte der WRV wurden lediglich als Programmsätze aufgefasst und waren allein deutschen Staatsangehörigen vorbehalten. Wechselwirkungen mit Auslandssachverhalten wurden nicht diskutiert[16]. Erst seit Inkrafttreten des Grundgesetzes wird das Problem der Einwirkung der Grundrechte auf das zur Anwendung berufene ausländische Recht erörtert. Denn nach Art. 1 III GG hat - entgegen der Rechtslage zur Zeit der WRV - Recht, dass mit dem Grundgesetz nicht vereinbar ist, keinen Bestand. Noch in der WRV galten die Grundrechte im Rahmen der Gesetze, nun gelten die Gesetze im Rahmen der Grundrechte. Andererseits bezwecken Art. 1 Abs. 2, 9 Abs. 2, 23, 24, 25 und 26 GG die Einordnung Deutschlands als gleichberechtigtes, friedliches Glied in die "Völkerrechtsordnung der Staatengemeinschaft"[17] und ermöglichen zu diesem Zweck den Beitritt zu besonders qualifizierten internationalen Einrichtungen. Art. 23 Abs. 1 GG sieht die Mitwirkung an der Entwicklung der Europäischen Union vor. Die Präzisierung und Verstärkung der in der Präambel enthaltenen verfassungsrechtlichen Grundsatzentscheidung für die Einigung Europas in Art.

---

[14] Hofmann: Grundrechte und grenzüberschreitende Sachverhalte, S. 11.
[15] Stern: Staatsrecht III/1, S. 1227.
[16] Damm: Die Einwirkung des Grundgesetzes auf das nach deutschem internationalen Privatrecht anwendbare ausländische Sach- und Kollisionsrecht, S. 9 ff.
[17] BVerfGE 63, 343 (370); Sachs/Streinz: GG, Art. 24, Rz. 6.

23 Abs. 1 GG bedeutet einerseits eine Staatszielbestimmung, und enthält andererseits die materiellen Schranken, die bei der Verwirklichung des vereinten Europas durch die Mitwirkung an der Entwicklung der Europäischen Union zu beachten sind[18].

Zur - privatrechtlichen - Umschreibung dieser Problematik werden eine Vielzahl von Begriffen vorgeschlagen: "Verfassungskollisionsrecht", "Internationales Grundrechterecht", "Kollisionsrecht für die Verfassung", Grundrechtskollisionsrecht", "grundrechtliches Kollisionsrecht", "internationales Staatsrecht", "internationales Verfassungsrecht", "internationales Grundrechtskollisionsrecht" oder "internationales Verfassungskollisionsrecht"[19]. Der Einfachheit halber soll hier der Begriff "Verfassungskollisionsrecht" verwendet werden. Die Existenz eines solchen "Verfassungskollisionsrechts" wird nur von wenigen Autoren unter Hinweis auf das BVerfG gänzlich geleugnet mit der Begründung, der Grundrechtsschutz lasse sich nicht allgemein, sondern nur im Einzelfall bestimmen[20]. Können jedoch einheitliche Leitlinien und Prämissen gefunden werden, ist die Frage prozessualer Gerechtigkeit nicht nur auf den Einzelfall bezogen, sondern anhand allgemeingültiger Prinzipien zu bestimmen, an denen sich der "Einzelfall" zu orientieren hat. Solche Prinzipien gilt es nunmehr zu ermitteln.

2. Meinungsstand zur Anwendung der Grundrechte im internationalen Privatrecht

Im Gegensatz zum materiellen Recht wurde bislang die Wirkungsweise der Grundrechte im internationalen Verfahrensrecht kaum untersucht, obwohl die Problemstellung im Hinblick auf ein prozessuales Kollisionsrecht die gleiche ist. Sollte ein Verstoß gegen Art. 103 Abs. 1 GG oder Art. 3 Abs. 1 GG anzunehmen sein, stellt sich die Frage, ob das gefundene Ergebnis zu korrigieren ist: Entweder darf die verfahrensrechtliche ausländische Rechtsfolge nicht anerkannt werden, oder das deutsche Recht muss durch Auslegung contra legem dahingehend korrigiert werden, dass die Waffengleichheit gewahrt bleibt, beispielsweise, indem auch dem deutschen Urteil diejenigen Wirkungen beigemessen werden, die ein vergleichbares französisches hätte. Wenn der Schutzmechanismus des ordre public versagt, kann eine Korrektur nur über das weiterhin ergänzend anwendbare nationale Recht erfolgen. Zu prüfen ist, welchen Grenzen die Grundrechte bei ihrer internationalen Anwendung unterliegen. Dabei sind zwei Ebenen zu trennen: Auf der Ebene des nationalen Rechts stellt sich die Frage, inwieweit das eigene Kollisionsrecht und das durch

[18] BT-Drucks. 12/3338, S. 6; Sachs/Streinz: GG, Art. 24, Rz. 10.
[19] Nachweise bei Bungert: Das Recht der ausländischen Kapitalgesellschaften, S. 183 f.
[20] Kegel, RabelsZ 36 (1972), 27 (32 ff.).

die eigenen Kollisionsnormen berufene ausländische Recht an den Grundrechten zu messen ist. Auf einer zweiten Ebene ist zu prüfen, ob überhaupt und inwieweit die Grundrechte auf supranationale oder europarechtliche Vorschriften bzw. auf das durch europarechtliche Vorschriften zur Anwendung berufene Sachrecht einwirken können oder ob und in welchem Umfang die Grundrechte eine Korrektur des eigenen Zivilverfahrensrechts gebieten. Eine Parallele zur Dogmatik des internationalen Privatrechts bietet weitere Aufschlüsse.

a) Die Bindung der eigenen Kollisionsnormen sowie des zur Anwendung berufenen ausländischen Rechts an das Verfassungsrecht

Auf der ersten Ebene der Bindung der eigenen Kollisionsnormen sowie des zur Anwendung berufenen ausländischen Rechts an das Verfassungsrecht stehen sich zwei Meinungen gegenüber: Eine ältere lehnt eine Geltung der Grundrechte für Auslandssachverhalte grundsätzlich ab. Die Gegenmeinung leitet demgegenüber aus Art. 1 III GG unmittelbar eine umfassende Bindung der deutschen Staatsgewalt an die Grundrechte auch bei Sachverhalten mit Auslandsbezug ab.

aa) Territorialitätsprinzip

Nach einer älteren, früher in Rechtsprechung[21] und Literatur[22] überwiegend vertretenen Meinung sind die vom deutschen IPR berufenen ausländischen Normen nicht schlechthin auf ihre Vereinbarkeit mit deutschen Grundrechten zu überprüfen, weil die Anwendbarkeit der Grundrechte territorial auf das Gebiet der Bundesrepublik begrenzt sei. Eine Korrektur finde nur in Ausnahmefällen über den ordre public statt[23]. Nach dieser Auffassung wird die Anwendung des Verfassungsrechts durch die Kollisionsnormen des internationalen Privatrechts begrenzt.

Der BGH begründet diese These mit der Behauptung, nach der Intention des Grundgesetzes solle den Normen des IPR selbst die Aufgabe der Abgrenzung einer Anwendung von Verfassungsnormen zukommen, weil das Grundgesetz seinen internationalen Anwendungsbereich nicht selber explizit regele. Das internationale Privatrecht solle auch mit keiner "Grundrechtsideologie"

---

[21] BGHZ 41, 136 ff.; 42, 7 ff.

[22] Ferid: Wechselbeziehungen zwischen Verfassungsrecht und Kollisionsnorm, FS Dölle, Bd. II, S. 119 (143); Beitzke: Grundgesetz und IPR, S. 34 f.

[23] BGHZ 41, 136 ff.; 42, 7 ff; vgl. Kreuzer: IPR und BVerfG, in FS für Benda, S. 160; Elbing: Zur Anwendbarkeit der Grundrechte bei Sachverhalten mit Auslandsbezug, S. 220 ff.

befrachtet werden. Bis zum sog. *Spanier-Beschluss des BVerfG*[24] im Jahre 1971 kann diese Meinung sogar als herrschend bezeichnet werden[25]. Dieses Ergebnis wird überdies mit dem völkerrechtlichen Institut der Gebietshoheit im Hinblick auf die völkerrechtsfreundliche Haltung des Grundgesetzes begründet, die eine Beschränkung der Grundrechtsbindung auf das Inland fordere[26]. Letztlich lag dieser Einschätzung die Auffassung zugrunde, der Geltungsbereich der Grundrechte sei identisch mit dem in Art. 23 a GG a. F. geregelten Anwendungsbereich des Grundgesetzes.

bb) Der Wandel der Rechtsprechung durch den sog. Spanier-Beschluss des BVerfG

Die erste Entscheidung des Bundesverfassungsgerichts zu diesem Problemkreis ist der sog. *Spanier-Beschluss*[27]. In diesem Fall wurde einem Spanier von deutschen Behörden die Eheschließung mit einer Deutschen, deren frühere Ehe mit einem Deutschen bereits durch ein deutsches Gericht geschieden worden war, verweigert, weil das spanische Recht die Ehescheidung nicht anerkannte. Die Eheschließung richtet sich, verkürzt gesagt, nach den Rechten beider Verlobter. Nach spanischem Recht war der Mann nicht ehefähig, weil die Scheidung seiner deutschen Verlobten nach (früherem) spanischen Recht nicht anerkannt wurde. Das BVerfG hielt die Verweigerung der Eheschließung wegen Art. 6 I GG für verfassungswidrig, weil das durch die entsprechende Kollisionsnorm berufene ausländische Recht bei seiner Anwendung im Inland durch die deutsche Staatsgewalt an den Grundrechten zu messen sei. Art. 1 III GG binde alle staatliche Gewalt an die Grundrechte, welche als Kern der freiheitlich-demokratischen Grundordnung einen untrennbaren Teil der Verfassung bildeten. Ihre Reichweite könne eben nicht davon abhängen, in welcher Weise eine bestimmte Materie durch einfaches Recht geregelt sei. Daher sei der Anwendungsbereich der Grundrechte entgegen der bisherigen *Territorialitätslehre* nicht von der privatrechtlichen Kollisionsnorm, sondern aus den Grundrechten selbst zu erschließen. Das eigene Kollisionsrecht bzw. das zur Anwendung berufene ausländische Recht sei zu korrigieren, wenn es zu einem Ergebnis führe, dass gegen das Grundgesetz verstoße.

Seit dieser Entscheidung des BVerfG korrigiert die Rechtsprechung Grundrechtsverstöße, die bei der Anwendung ausländischen Rechts durch deutsche Gerichte oder der Anerkennung ausländischer Entscheidungen im Inland entstehen, durch eine ensprechende Anpassung der *eigenen*

---

[24] BVerfGE 31, 58 ff = BVerfG NJW 1971, 1509 ff.

[25] So Stern: Staatsrecht III/1, S. 1238.

[26] Kunig, DVBl. 1983, 38 f.

[27] BVerfGE 31, 58 ff. = BVerfG NJW 1971, 1509 ff.

Kollsionsnormen über den sog. ordre public[28]. Die aufgestellten Grundsätze haben auch in die Neufassung der Art. 6 EGBGB und des § 328 ZPO Eingang gefunden.

cc) Verfassungskollisionsrecht im neueren Schrifttum

Das neuere Schrifttum gibt das Territorialitätsprinzip auf und unterwirft das IPR/IZPR dem Geltungsbereich der Grundrechte, die grundsätzlich auch auf die eigenen Kollisionsnormen sowie die Anwendung ausländischen Sachrechts im Inland einwirken sollen. Der sog. *Spanier-Beschluss* ist in der Literatur weitgehend auf Zustimmung gestoßen[29]. Lediglich *Makarov*[30] kritisiert die Entscheidung, weil sie den internationalen Entscheidungseinklang gefährde. Seiner Meinung nach sei diese Gefährdung weder durch das Grundrecht des Art. 6 GG gerechtfertigt, noch wirke dieser Artikel über den deutschen ordre public auf spanisches Recht ein, eine Behauptung, die sich nach der Neufassung des Art. 6 EGBGB nicht mehr aufrechterhalten lässt. Seine Hauptkritik an der Entscheidung liegt bei der Anknüpfung der Vorfrage der Ehefähigkeit an spanisches Recht, eine Problematik, welche das Problem der Grundrechtswirkung bei Sachverhalten mit Auslandsbezug nicht berührt, sondern lediglich eine Frage des IPR darstellt.

Bernstein[31] griff das herrschende *Territorialitätsprinzip* bereits vor der Entscheidung des Bundesverfassungsgerichts an und forderte ein "Kollisionsrecht für die Verfassung". Ähnlich wie das BVerfG stützte er seine These auf Art. 1 III GG und die an Bedeutung gewinnende Lehre der Drittwirkung der Grundrechte. Auch *Stern*[32] hebt die sich aus Art. 1 Abs. 3 GG ergebende, umfassende Grundrechtsbindung hervor und wendet sich gegen "Freiräume in der Grundrechtsanwendung". Der Geltungsbereich der Grundrechte ließe sich nicht mit Hilfe der einfachrechtlichen Regeln des IPR bestimmen, sondern nur unmittelbar aus dem Geltungs- und Schutzbereich der jeweiligen Verfassungsnorm. Auch die ausländischen Sachnormen seien im IPR

---

[28] Nachweise bei Damm: Die Einwirkung des Grundgesetzes auf das nach deutschem internationalen Privatrecht anwendbare ausländische Sach- und Kollisionsrecht, S. 88f.

[29] Damm: Die Einwirkung des Grundgesetzes auf das nach deutschem internationalen Privatrecht anwendbare ausländische Sach- und Kollisionsrecht, S. 56 ff.; Stern: Staatsrecht III/1, S. 1230 f.; Hofmann: Grundrechte und grenzüberschreitende Sachverhalte, S. 28 ff.; Siehr, RabelsZ 36 (1972), 93 (110 ff.); Wengler, RabelsZ 36 (1972); 117 ff.; Neuhaus, RabelsZ 36 (1972), 127 (129 f.).

[30] Makarov, RabelsZ 36(1972), 54 ff.; ähnlich Kegel, RabelsZ 36 (1972), 27 (30 ff.).

[31] Bernstein, NJW 1965, 2273 (2275).

[32] Stern: Staatsrecht III/1, S. 1226 f.

grundsätzlich an den Grundrechten zu messen[33]. Ein "Grundrechtsoktroi" sei aber zu vermeiden.

Elbing[34] stützt anders als *Bernstein* und *Stern* sein Verfassungskollisionsrecht nicht auf Art. 1 III GG. Dieser Artikel stelle für ein Grundrechtskollisionsrecht ein zu grobes Raster dar, da er nur eine "Leitnorm" ohne materiellen Gehalt sei. Vielmehr habe die Verfassung einen Angebots- und "Appellcharakter" aufgrund der mangelnden Erzwingbarkeit im Ausland[35]. Andererseits habe der Grundrechtsberechtigte einen Einwirkungsanspruch gegen die öffentliche Gewalt, ihn vor Grundrechtsbeeinträchtigungen durch ausländisches Recht zu schützen, welcher sich unmittelbar aus den Grundrechten ableite [36]. Diesen Anspruch bezeichnet *Elbing* als Erweiterung der Grundrechtsanwendung.

b) Einschränkungen der Grundrechtsanwendung bei Sachverhalten mit Auslandsbezug

Die Annahme einer Grundrechtsbindung im deutschen internationalen Zivilverfahrensrecht bedeutet jedoch nicht, dass Grundrechte über die Generalklauseln der Art. 6 EGBGB, § 328 ZPO uneingeschränkt Geltung beanspruchen können. Die bei der Frage nach der Anwendbarkeit der Grundrechte bei Sachverhalten mit Auslandsbezug von Rechtsprechung und Literatur herausgearbeiteten Grundsätze zeigen bislang noch zu wenig Konturen. Das Spannungsverhältnis zwischen dem durch Art. 1 III GG konstituierten Absolutheitsanspruch der Grundrechte einerseits und ihrer Relativität im Hinblick auf die Geltungskraft allein für die deutsche Staatsgewalt wurde bislang nicht vollständig aufgelöst. Prinzipiell zeigt sich das Grundgesetz für die internationale Zusammenarbeit offen[37]; diese Offenheit äußert sich in der völkerrechtsfreundlichen Haltung des Grundgesetzes, die eine Rücksichtnahme auf das Völkerrecht fordert und gebieten kann, den Geltungsbereich der Grundrechte zurückzunehmen[38].

---

[33] Stern: Staatsrecht III/1, S. 1329 ff.; ähnlich Schroeder: Zur Wirkungskraft der Grundrechte bei Sachverhalten mit Auslandsbezug, in: Festschrift für Schlochauer, 1981, S. 137 ff.

[34] Elbing: Zur Anwendbarkeit der Grundrechte bei Sachverhalten mit Auslandsbezug, S. 72 ff.

[35] Elbing (Fn. 583), S. 89 f.

[36] Elbing (Fn. 583), S. 98 ff.

[37] Grundlegend: Bernhard, Rudolf: BVerfG und völkerrechtliche Verträge, in: Festgabe aus Anlaß des 25-jährigen Bestehens des BVerfG, Bd. II, S. 154 (184).

[38] Vgl. Stern: Staatsrecht III/1, S. 1231; Hofmann: Grundrechte und grenzüberschreitende Sachverhalte, S. 72.

aa) Rechtsprechung
Einschränkungen des Anwendungsbereichs eines Grundrechts können sich nach Ansicht des BVerfG aus dem Sinn des Grundrechts ergeben. Dabei sei durch Auslegung der jeweiligen Verfassungsnorm festzustellen, ob Wortlaut, Sinn und Zweck eine Geltung nur innerhalb der Bundesrepublik zulasse oder der Geltungsanspruch weiter reiche. Das BVerfG berücksichtigt dabei die völkerrechtsfreundliche Haltung des GG[39]. Deshalb bleibt der Grundrechtsschutz in Fällen mit Auslandsbezug hinter dem reiner Inlandssachverhalte zurück.

In der sog. *Zweitregister-Entscheidung*[40], in der es um die Frage ging, ob Matrosen auf unter deutscher Flagge fahrenden Schiffen durch § 21 IV S. 1 FlRG der Schutz des deutschen Arbeitsrechts entzogen werden darf, hat das BVerfG seine Auffassung weiter präzisiert. Zu klären war hier, ob sich Gewerkschaften zum Schutz ausländischer Matrosen in gleichem Umfang auf die Koalitionsfreiheit gem. Art. 9 III GG berufen können und ob § 21 IV S. 1 FlRG gegen diese Vorschrift verstößt. Das BVerfG lässt erkennen, dass in den Fällen mit Auslandsberührung die Grundrechte nicht den gleichen zwingenden Charakter haben und daher die Gestaltungsbefugnis des Gesetzgebers größer ist als bei reinen Inlandssachverhalten. Dem Gesetzgeber wird ein Ermessen eingeräumt, auf die Besonderheiten des internationalen Rechtsraums Rücksicht zu nehmen. Zwar sei die Verhältnismäßigkeit der angegriffenen Vorschrift zu prüfen, die Kontrolldichte bleibe aber hinter derjenigen reiner Inhaltssachverhalte zurück. Das Interesse der Allgemeinheit am Bestehen einer deutschen Handelsflagge gehe den Interessen der Gewerkschaften vor.

bb) Literatur
Die Entscheidung ist auf Kritik gestoßen, weil diese Interessenabwägung fehlerhaft sei und wirtschaftliche Belange wie der Fortbestand einer deutschen Handelsmarine keine Einschränkung der Grundrechte rechtfertigten[41]. Zu Recht geht *Puttfarken.*[42] davon aus, dass die Kollisionsnorm des § 21 Abs. 1 S. 4 FlRG nicht gegen die Verfassung verstoße, weil diese eben nur nicht festlege, in welchen Fällen ausländisches Recht zur Anwendung gelangt. Vielmehr sei das konkrete Ergebnis der Anwendung ausländischen Rechts zunächst anhand der Generalklauseln der Art. 6 EGBGB und § 328 ZPO zu prüfen und Konflikte mit

---

[39] BVerfG NJW 1971, 1509, 1512 (Spanier-Beschl.).
[40] BVerfG NJW 1995, 2339 ff.
[41] Geffken: Soziale Grundrechte unter Vorbehalt, NZA 1995, 504 ff.
[42] Puttfarken, RIW 1995, 617ff. kommt zu dem Ergebnis, dass § 21 Abs. 4 S. 1 FlRG mit der Anknüpfungsregel aus § 6 EVÜ nicht vereinbar sei und daher gegen Völkerrecht verstoße.

den Grundrechten in der Rechtsanwendung durch einen Ausgleich der verfassungsrechtlich geschützten Interessen zu lösen.

Dies schließt aber nicht aus, im Einzelfall den Auslandsbezug des Sachverhalts bei einer Interessenabwägung zu berücksichtigen. Demnach entfalten die Grundrechte keine uneingeschränkte Auslandswirkung. Bei Sachverhalten mit Auslandsbezug ist es verfassungsrechtlich zulässig, der Grundrechtsordnung nicht den gleichen Schutzumfang zuzusprechen wie bei reinen Inlandssachverhalten; der Geltungsbereich ist vielmehr durch Auslegung des jeweiligen Grundrechts zu ermitteln[43]. Leitlinien bilden aufgrund der besonderen Umstände des Einzelfalls der Inlandsbezug des Sachverhaltes sowie eventuelle völkerrechtliche Verpflichtungen bzw. eine Rücksichtnahme auf die Notwendigkeit der internationalen Zusammenarbeit[44]. Diese Leitlinien gilt es weiter zu einem systematischen Verfassungskollisionsrecht auszuarbeiten, und zwar sowohl im Hinblick auf das Zivilrecht als auch auf das Prozessrecht.

Der Einzelfallbezogenheit der Rechtsprechung entspricht im Schrifttum ein eher vorsichtiger Ansatz[45], die Grundrechte aufgrund der "Offenheit des Grundgesetzes für die internationale Zusammenarbeit"[46] mit Rücksicht auf völkerrechtliche Verträge und fremde Rechtsordnungen einzuschränken. Der Umfang der Grundrechtsbindung soll durch eine Abwägung der Interessen der Grundrechtsberechtigten auf der einen Seite und dem Interesse an der internationalen Kooperation auf der anderen Seite modifiziert werden. Ein "Grundrechtsoktroi" sei mit der Verfassungsentscheidung zugunsten der internationalen Zusammenarbeit unvereinbar[47]. Fehle ein Bezug zur deutschen Rechtsordnung, sei die Geltung der Grundrechte eingeschränkt[48]. Für die Generalklauseln der § 328 Nr. 4 ZPO und Art. 6 EGBGB ist diese

---

[43] Ebenso: Damm: Die Einwirkung des Grundgesetzes auf das nach deutschem internationalen Privatrecht anwendbare ausländische Sach- und Kollisionsrecht, S. 94; Hofmann: Grundrechte und grenzüberschreitende Sachverhalte, S. 63.

[44] Elbing: Zur Anwendbarkeit der Grundrechte bei Sachverhalten mit Auslandsbezug, S. 168 ff.

[45] Stern, Staatsrecht III/1, S. 1224 ff.; Bernhardt: BVerfG und völkerrechtl. Verträge, Festgabe zum 25-jährigen Bestehen des BVerfG, S. 154 ff.; ders.; Verfassungsrecht und internationale Lagen, DÖV 1977, 457 ff.; Schröder: Zur Wirkkraft der Grundrechte bei Sachverhalten mit grenzüberschreitenden Elementen, FS Schlochauer, S. 137 ff.; Bungert: Das Recht ausländischer Kapitalgesellschaften auf Gleichbehandlung im deutschen und US-amerikanischen Recht, S. 68 ff.

[46] Bernhard: BVerfG und völkerrechtliche Verträge, in: Festgabe zum 25-jährigen Bestehen des BVerfG, S. 184; Stern: Staatsrecht III/1, S. 1231.

[47] Stern: Staatsrecht III/1, S. 1242 f.

[48] Allg. Ansicht, vgl. Elbing: Zur Anwendbarkeit der Grundrechte bei Sachverhalten mit Auslandsbezug, S. 219.

Einschränkung von der Rechtsprechung und Literatur allgemein anerkannt[49]. Die weiteren Einzelheiten einer Einschränkung der Grundrechte im internationalen Rechtsraum werden dogmatisch unterschiedlich begründet.

Heintzen[50] vertritt die Auffassung, dass sich aus Art. 1 III GG nicht nur die Verpflichtungsadressaten der Grundrechte ergeben, sondern darüber hinaus ein territorial und personal definiertes *Statusverhältnis* zwischen Berechtigtem und Verpflichteten. Die Gestalt dieses Verhältnisses bei Sachverhalten mit Auslandsbezug, welches die Konstruktion des Art. 1 III GG antizipiere, ergebe sich aus der völkerrechtlichen Zuständigkeitslehre. Letztlich seien daher die kollisionsrechtlichen Anwendungsvoraussetzungen des Grundgesetzes nicht grundrechtlicher, sondern völkerrechtlicher Natur. Die Grundrechte entfalteten sich nur innerhalb des völkerrechtlichen Zuständigkeitsbereichs der Bundesrepublik. Sofern ein solcher völkerrechtlicher Anwendungsbereich der Grundrechte eröffnet sei, ergebe sich als Einschränkung nur die im Wege der herkömmlichen Grundrechtsprüfung anzuwendende Trias Tatbestand - Eingriff - Schranke.

Elbings begründet eine Einschränkung damit, dass es möglich sein müsse, in bestimmten Fällen einen Verzicht auf den Schutz der deutschen Grundrechtsordnung annehmen zu können, sofern sich die Parteien bewusst der deutschen Rechtsordnung entzogen haben[51]. In diesem Fall sei kein Grund ersichtlich, ihnen diese aufzudrängen. "Wer in eigener Verantwortung in einen fremden Rechtskreis eintritt, verzichtet damit auch auf die Segnungen der heimatrechtlichen Rechtsordnung und nimmt das Risiko der Einordnung in einen fremden Staat in Kauf".

Damm[52] will die Einschränkung der Anwendbarkeit der Grundrechte bei Sachverhalten mit Auslandsbezug durch den allgemeinen Gleichheitssatz aus Art. 3 I GG rechtfertigen. Dabei sieht er den "Faktor Auslandsberührung" als gleicheitssatzrelevant an[53]. Weiter führt er aus, dass sich der allgemeine Gleichheitssatz in der "Sitzregel" konkretisiere, d. h. dem Recht, zu dem der Sachverhalt die engste Verbindung aufweise: "Die materiell-privatrechtliche

---

[49] BGHZ 28, 375 ff. (385); 31, 168 ff. (172 f.); 39, 220 ff. (232); 118, 312 ff. (330); BGH JR 1965, 258; Stein/Jonas/Roth: ZPO, Bd. 4/1, § 328, Rz. 133; MüKo/Sonnenberger: BGB, Bd. 10, Art. 6 EGBGB, Rz. 81 ff.; Staudinger/Blumenwitz (1996): Art. 6 EGBGB, Rz. 104; Palandt/Heldrich: Art. 6 EGBGB, Rz. 6.

[50] Heintzen: Auswärtige Beziehungen privater Verbände, S. 97 ff.

[51] Elbing: Zur Anwendbarkeit der Grundrechte bei Sachverhalten mit Auslandsbezug, S. 282 ff.

[52] Damm: Die Einwirkung des Grundgesetzes, S. 130 ff.

[53] Damm: Die Einwirkung des Grundgesetzes, S. 150 ff.

Gerechtigkeit wird erst dann vollständig erreicht, wenn gesichert ist, dass der konkrete, heterogen verknüpfte Sachverhalt überall nach demselben Recht beurteilt wird, unabhängig davon, welcher Staat gerade Forumstaat ist"[54]. Wenn das fremde Recht dem unverzichtbaren Rechtsgehalt der Rechtsordnung der lex fori widerspreche, finde eine Korrektur nur über den ordre public statt, der ebenfalls auf dem allgemeinen Gleichheitssatz beruhe. Daher kommt er zu dem Schluss, dass es sich um eine Kollision zweier Verfassungsprinzipien handle, nämlich der Grundrechte auf der einen Seite und dem auf dem allgemeinen Gleichheitssatz beruhenden IPR auf den anderen Seite; diese sei im Rahmen einer Abwägung dieser beiden Verfassungsprinzipien aufzulösen.

Isensee[55] hat zu diesem Problemkreis eine "Zweistufenlehre" entwickelt, die i. E. besagt, dass ein Ausländer keinen Grundrechtsschutz genieße, solange er sich im Ausland aufhalte und erst Gebietszulassung begehrt. Dabei unterscheidet er Gebietszulassung und Gebietszugehörigkeit.

c) Stellungnahme und Zwischenergebnis

Die Lehre *Isensees*, die in erster Linie die Besonderheiten des Ausländerrechts zu erfassen versucht, erscheint bei der Beurteilung der hier zugrunde liegenden zivil- und zivilprozessrechtlichen Problematik ungeeignet. Allen übrigen Auffassungen ist im Wesentlichen gemeinsam, dass das eigene Kollisionsrecht in vollem Umfang der Prüfung anhand der Grundrechte unterliegt, die Prüfungsintensität in Bezug auf die zur Anwendung berufenen ausländischen Norm sich jedoch nach dem Grad des Inlandsbezuges bestimmt. Gegenstand der Prüfung ist in der Regel die vom eigenen Kollisionsrecht zur Anwendung berufenen Folge des ausländischen Rechts, wenn nicht schon die Kollisionsnorm selbst grundrechtswidrige Anknüpfungsmerkmale aufweist.

3. Die Überprüfbarkeit supranationalen Rechts anhand der Verfassung

Auf eine Evidenzkontrolle beschränkt ist dagegen auf der zweiten Ebene die Überprüfung des "supranationalen" Rechts der Europäischen Union[56]. In einer Reihe von Entscheidungen schließt das Bundesverfassungsgericht zwar die Prüfung supranationalen Rechts am Maßstab der Verfassung nicht völlig aus, schränkt diese aber in Bezug auf die Europäische Union praktisch ganz ein.[57]. Das Bundesverfassungsgericht hat den Vorrang des Gemeinschaftsrechts seit der Solange-II-Entscheidung grundsätzlich anerkannt, dass der ausschließliche

[54] Damm: Die Einwirkung des Grundgesetzes, S. 153.
[55] VVDStRL 32 (1974), 49 (67 ff.).
[56] Vgl. Bleckmann: EuropaR, Rz. 128.
[57] Vgl. BVerfGE 27, 271 ff ("Solange"); 52 187 ff. ("Vielleicht"); 89, 155 ff. ("Maastricht").

Herrschaftsanpruch der Bundesrepublik zurückgenommen und der unmittelbaren Geltung und Anwendbarkeit eines Rechts aus anderer Quelle Raum gelassen wird[58]. Die Übertragung sei gem. Art. 24 Abs. 1 GG a. F. und jetzt gem. Art. 23 Abs. 1 S. GG zulässig.

Im Hinblick auf den hier in Rede stehenden Grundrechtsschutz sieht sich das Bundesverfassungsgericht in einem Kooperationsverhältnis zum Europäischen Gerichtshof[59]. Mangels eines geschlossenen Systems kann der EuGH bei der Auslegung des EuGVÜ/Brüssel-I-VO die internationale Entscheidungskohärenz nicht wahren, ohne die Bedeutung der Regelungen im nationalen Recht zu verschieben, auf die er keinen Einfluss hat.

Es gilt daher auch weiterhin zu untersuchen, über welche Normen die verfassungsmäßig abgesicherten Grundsätze der prozessualen Waffengleichheit und der Justizgewährungsanspruch Geltung beanspruchen, ohne dass in das Normgefüge des EuGVÜ/Brüssel-I-VO einseitig selbst eingegriffen wird. Denn die Offenheit des Grundgesetzes für internationale Sachverhalte gebietet es, das Normgefüge des EuGVÜ/Brüssel-I-VO auf Kosten des internationalen Entscheidungseinklangs mit dem deutschen Recht zu harmonisieren, und das eigene Prozessrecht den Anforderungen des internationalen Zivilverfahrensrechts anzupassen.

IV. Die Wirkungsweise des Justizgewährungsanspruchs und der prozessualen Waffengleichheit

Justizgewährungsanspruch und prozessuale Waffengleichheit werden im autonomen internationalen Zivilverfahrensrecht durch die Missachtung ausländischer Rechtshängigkeit bei fehlender Anerkennungsprognose oder durch eine Begrenzung der Urteilswirkungen ausländischer Entscheidungen nach der Kumulations- oder Gleichstellungstheorie gewahrt. Auch bewirkt die Prüfung der Zuständigkeit des ausländischen Gerichts, dass Entscheidungen nicht anerkannt werden, die unter Missachtung der Zuständigkeitsinteressen der Parteien ergangen sind. Fraglich erscheint, welche Schutzmechanismen das europäische Zivilverfahrensrecht bietet. Auch wenn die zu erwartende ausländische Entscheidung nicht anerkennungsfähig ist, muss die Rechtshängigkeit des Verfahrens beachtet werden. Die Zuständigkeit des ausländischen Gerichts darf nicht nachgeprüft werden. Ausländische Urteilswirkungen müssen in weitem Umfang anerkannt werden. Daher ist zunächst die Frage zu untersuchen, über welche Vorschriften der

---

[58] BVerfG 37, 271 ff. (280).

[59] Vgl. BVerfGE 73, 339 ff (387); 89, 155 ff.

Justizgewährungsanspruch und der Grundsatz der prozessualen Waffengleichheit auf das Verfahren einwirken.
Der verfahrensrechtliche ordre public stellt grundsätzlich eine Ausnahme zu dem Verbot der révision au fond im EuGVÜ/Brüssel-I-VO dar. Schutzgut der Klausel ist der Gedanke der materiellen Gerechtigkeit[60]. Fraglich erscheint, ob die aufgezeigten Grundsätze durch eine Abwehr ausländischer Verfahrens- und Urteilswirkungen zur Geltung gebracht werden können, ohne die Struktur des europäischen Zivilverfahrensrechts zu verändern.

1. Die Schutzwirkung des ordre public im europäischen Zivilverfahrensrecht

Über den ordre-public-Vorbehalt wird die Anerkennung ausländischer Verfahrens- und Urteilswirkungen, die mit den eigenen Prozessmaximen unvereinbar sind, abgewehrt. War nach Art. 27 Nr. 1 EuGVÜ jeder Widerspruch zum ordre public ein Versagungsgrund der Anerkennung der Entscheidung, ist nach der Neufassung des Art. 34 Nr. 1 Brüssel-I-VO ein "offensichtlicher" Widerspruch erforderlich. Die Festlegung der wesentlichen Grundsätze der eigenen öffentlichen Ordnung ist zwar grundsätzlich Sache der einzelnen Mitgliedsstaaten, die Abgrenzung des Umfanges des Vorbehalts ist jedoch gemeinschaftsrechtskonform zu bestimmen[61]. Allerdings gehören auch nach der Rechtsprechung des EuGH die Grundrechte zu den allgemeinen Rechtsgrundsätzen, die der Gerichtshof zu wahren hat. Dabei orientiert sich der Gerichtshof an der gemeinsamen Verfassungstradition der Mitgliedsstaaten und der EMRK; ausdrücklich anerkannt wird in diesem Zusammenhang das Recht auf ein faires Verfahren[62]. Die auf diese Weise geschützten Rechte erwachsen aus dem "Gemeinschaftsrecht", dasselbe bestimmt auch mögliche Einschränkungen.

Die Ungleichbehandlung entsteht jedoch nicht durch die Anwendung des EuGVÜ/Brüssel-I-VO selbst, sondern erst durch die ergänzende Anwendung der nationalen Rechtsvorschriften. Schützt das Gemeinschaftsrecht nicht vor einer Inländerdiskriminierung, erscheint es unter dem Blickwinkel einer gemeinschaftsrechtskonformen Auslegung der Art. 27 Nr. 1 EuGVÜ/Art. 34 Nr. 1 Brüssel-I-VO offensichtlich unzulässig, die widerspruchsfreie Anwendung des eigenen Rechts durch die Verweigerung der Anerkennung ausländischer Urteile sicherzustellen. Schon Art. 27 Nr. 1 EuGVÜ war nach der Rechtsprechung des EuGH einschränkend auszulegen, insbesondere war über Art. 27 Nr. 1 eine Prüfung der Zuständigkeit des Erstgerichtes oder eine Überprüfung auf

---

[60] Stein/Jonas/Roth: ZPO, Bd. 4/1, § 328, Rz. 125.

[61] EuGH Urt. v. 11.5.2000 - Rs. C-38/98 "Renault/Maxicar" - IPRax 2001, 328 ff.

[62] EuGH Urt. v. 28.3.2000 - Rs 7/98 ZIP 2000, 859 ff. unter Verweis auf Art. F Abs. 2 EUV.

Rechtsfehler unzulässig[63]. Die weitreichende Anerkennung ausländischer Urteilswirkungen dient im europäischen Zivilverfahrensrecht gerade der Vermeidung widersprechender Entscheidungen. Die Beseitigung von Widersprüchen zwischen europäischem und nationalen Zivilverfahrensrecht ist eben keine Aufgabe des europäischen ordre public.

2. Die Schutzwirkung des ordre public im autonomen deutschen Zivilverfahrensrecht

In Bezug auf die Anerkennung ausländischer Entscheidungen ist hier zunächst auf die ordre-public-Vorbehalte gem. § 328 I Nr. 4 ZPO und Art. 34 Nr. 1 Brüssel-I-VO/Art. 27 Nr. 1 EuGVÜ hinzuweisen. Die Vorschriften bilden das verfahrensrechtliche Gegenstück zu der international-privatrechtlichen Bestimmung des Art. 6 EGBGB, die wörtlich die gleichen Voraussetzungen aufstellt[64]. § 328 I Nr. 4 ZPO entspricht trotz unterschiedlicher Formulierung im Wesentlichen Art. 34 Nr. 1 Brüssel-I-VO und der Vorgängerreglung des 27 Nr. 1 EuGVÜ.

Im Wortlaut des § 328 I Nr. 4 ZPO und des Art. 6 EGBGB besonders hervorgehoben sind die Grundrechte, so dass der Grundsatz der prozessualen Waffengleichheit zunächst über diese Vorschrift einfließen könnte. Schutzgut der Klausel ist nicht die Autorität deutscher Staatlichkeit, sondern der Gedanke individueller Gerechtigkeit. Ein ausländisches Urteil darf jedoch nur dann nicht anerkannt werden, wenn es in einem für deutsche Gerechtigkeitsvorstellungen unerträglichem Maße von der deutschen Rechtsordnung abweicht[65]. Demgegenüber sind die Grundrechte der deutschen Verfassung in den international vorrangig geltenden Regelungen der Art. 34 Nr. 1 Brüssel-I-VO/Art. 27 Nr. 1 EuGVÜ nicht erwähnt, weil diese erst einmal Ausfluss der nationalstaatlichen Gesetzgebung sind. Art. 34 Nr. 1 Brüssel-I-VO schränkt darüber hinaus den Anwendungsbereich des ordre-public-Vorbehalts im Verhältnis zu der Vorgängerreglung ein. Auch eine Anknüpfung über § 328 I ZPO scheidet wegen des Vorrangs der Regelung des EuGVÜ/Brüssel-I-VO aus. Ein verfahrensrechtlicher Schutz über den ordre public besteht demnach nicht.

Wenn beispielsweise einer Verfahrenskonzentration am Gerichtsstand der negativen Feststellungsklage Bedenken in Bezug auf die wohlverstandenen Zuständigkeitsinteressen der Parteien entgegenstehen, bedeutet dies keinesfalls, dass das ausländische Urteil nicht anerkennungsfähig ist. Ebenso sind die im

---

[63] Zuletzt EuGH Urt. v. 28.3.2000 - Rs 7/98 "Krombach/Bamberski" - ZIP 2000, 859 ff. m. Anm. Geimer.

[64] Stein/Jonas/Roth: ZPO, Bd. 4, § 328, Rz. 123.

[65] Stein/Jonas/Roth: ZPO, Bd. 4, § 328, Rz. 126 m. w. N.

autonomen deutschen Zivilverfahrensrecht gezogenen Grenzen der Rechtskraft oder materiellen Wirkungen der Rechtshängigkeit offensichtlich keine verfassungsrechtlich geschützten Güter, die einen unabdingbaren Bestandteil des eigenen ordre public darstellen und dem Zweck des europäischen Verfahrensrechts, der ungehinderten Anerkennung und Vollstreckung ausländischer Urteile entgegenstehen könnten. Ausländische Staatsgewalt und deren Gerichte sind eben nicht an deutsche Grundrechte gebunden. Daher stellt es aus ihrer Sicht auch keinen Verstoß gegen die prozessuale Waffengleichheit dar, dass ihre Grenzen der Rechtskraft weiter gezogen oder das Verfahren in einem eigenen Forum konzentriert wird. Vielmehr deuten die Überlegungen darauf hin, die verfahrensmäßige Ungleichbehandlung der inländischen Gerichtsstände über eine Anpassung des nationalen Rechts mit Blick auf die Grundrechte zu bereinigen.

3. Der Schutz der Prozessmaximen durch eine Anpassung des eigenen Verfahrensrechts

Die Literatur blickt bei der Frage der verfassungsrechtlichen Garantie prozessualer Gerechtigkeit im Rahmen eines europäischen Zivilverfahrensrechts in erster Linie auf das Diskriminierungsverbot aus Art. 6 EGV[66]. Zwar sei das Zuständigkeitsrecht schon durch Art. 3 Abs. 1 GG an das Gebot der Rechtsgleichheit gebunden; Gleichheit des Zugangs zum Gericht könne insofern als Teilgarantie des allgemeinen Justizgewährungsanspruchs gelten; dies schließe aber andere sachgerechte Anknüpfungsmomente nicht aus. Im Europarecht erlange die Gleichbehandlung insofern Gewicht, als Art. 6 Abs. 1 EGV jede Diskriminierung aus Gründen der Staatsangehörigkeit verbiete und damit ein über Art. 3 GG hinausgehendes, von der Staatsangehörigkeit unabhängiges Gleichbehandlungsgebot begründe.

Das ist insoweit richtig, als Staatsangehörige aus anderen EU-Mitgliedsstaaten betroffen sind. Ein europarechtliches Verbot der *Inländerdiskriminierung* oder *discrimination à rebours* beinhaltet Art. 6 Abs. 1 EGV dagegen nicht[67]. Die Vorschrift behandelt lediglich - kurz gesagt - den umgekehrten Fall, dass EU-Ausländer aufgrund ihrer Staatsangehörigkeit benachteiligt werden. Der Schutz

---

[66] Z. B. Pfeiffer: Internationale Zustängigkeit und prozessuale Gerechtigkeit, S. 680 f.

[67] EuGH, 16.2.1995 - Jean-Louis Aubertin, C-29-35/94 - Slg. 1995, I-316 (317), st. Rspr.; Bleckmann: Europarecht, Rz. 1760; Bröhmer, in Calliess/Ruffert (Hrsg.): EUV/EGV, Art. 43 43, Rn. 5; Ehlers in: EuGR, § 7, S. 154 f. Rz. 20; S.183, Rn. 86; Kadelbach in: EuGR, § 20 S. 497, Rz. 89; a. A. White, European Law Rev. 1993, 537 ff.; Kewening, JZ 1990, 20 ff.; die der Auffassung sind, dass die Grundfreiheiten auch im Falle der sog. Inländerdiskriminierung (Discrimination à rebours) Anwendung finden; differenzierend: Epiney: Umgekehrte Diskriminierung, S. 115 ff.

der eigenen Justiz vor den nachteiligen Folgen der Internationalisierung obliegt demnach dem autonomen Zivilprozessrecht, das nach dem Gebot der prozessualen Waffengleichheit daraufhin wirken muss, dass die Parteien bei einer Konkurrenz von Gerichtsständen nicht ins Hintertreffen geraten. Die Frage, ob eine Schlechterstellung der eigenen Staatsangehörigen oder anderer Inländer gegenüber denen anderer Mitgliedsstaaten der Europäischen Union durch einen Wertungswiderspruch zwischen nationalem Recht und den Rechtsfolgen einer europarechtlichen Regelung gegen Art. 3 Abs. 1 GG verstößt, wurde vom Bundesverfassungsgericht bisher umgangen[68].
Eine im Vordringen befindliche Ansicht in der Literatur[69] folgert jedoch aus dem Diskriminierungsverbot des Art. 3 Abs. 1 GG auch das Verbot der Schlechterstellung von Inländern durch den Gesetzgeber. Diese Auffassung kommt zu dem Ergebnis, dass jede gemeinschaftsrechtlich veranlasste Schlechterstellung von Inländern gegen Art. 3 Abs. 1 GG verstoße und durch eine Anpassung des nationalen Rechts zu beheben sei. Angesichts des gegenüber deutschem Verfassungsrecht höheren Rangs des Gemeinschaftsrechts erlange der Gleichheitssatz Bedeutung, wenn durch das Gemeinschaftsrecht derselbe Tatbestand eine andere Rechtsfolge auslöse als bei der Anwendung (nur) des nationalen Rechts auf vergleichbare inländische Sachverhalte, was zu Angleichung der Rechtsfolge führe. Die so geschaffene Norm schreibe vor, dass für einen rein inländischen Sachverhalt eben dieselbe Regelung gelte, die das Gemeinschaftsrecht für einen entsprechenden Sachverhalt mit Auslandsbezug getroffen hätte. Auf diese Weise sollen insbesondere Ungleichbehandlungen, die entstehen, wenn das Europarecht nach dem Ursprungslandprinzip die Geltung einer dritten Rechtsordnung eines anderen Mitgliedsstaates anordnet, beseitigt werden.

Eine damit verbundene Deregulierung nimmt die Meinung ausdrücklich in Kauf; die Staatsgewalt sei kraft Gemeinschaftsrechts für EU-Ausländer und kraft des Gleichheitssatzes für Gebietsansässige an den jeweils günstigeren Rechtssatz gebunden. Insbesondere der nationale Gesetzgeber müsse sich die gemeinschaftsrechtlich veranlasste Inländerdiskriminierung zurechnen lassen, weil er diese durch den Aufbau supranationaler Organisationen (mit)veranlasst habe. Sei er einmal in ein solches supranationales Rechtsgefüge einbezogen,

---

[68] Offen gelassen in BVerfG NJW 1990, 1033 mit der Begründung, es fehle hier für die Anwendung von Art. 3 Abs. 1 GG an der Vergleichbarkeit der Sachverhalte; BGH RIW 1985, 588 f. gesteht dem Gesetzgeber einen weiten Ermessenspielraum zu, so dass es nur in Ausnahmefällen überhaupt zu einer Verletzung des Art. 3 GG kommt.

[69] Grundlegend: Epiney: Umgekehrte Diskriminierung; Schilling, JZ 1994, 8 ff.; nun auch Sachs/Osterloh: Art. 3 GG, Rn. 71 m. w. N.); Lenz: EGV, Art. 12, Rz. 3, allesamt ohne Blick auf die Schranken des Anwendungsbereichs durch ein noch zu entwickelndes Verfassungskollisionsrecht.

könne er in den betroffenen Bereichen nicht mehr Rechtspolitik zulasten der Gebietsansässigen betreiben, sondern müsse für eine Anpassung des nationalen Rechts zugunsten der Inländer sorgen. Wenn sich der Gesetzgeber freiwillig bei dem Aufbau supranationaler Organisationen beteilige, rechtfertige dies eine zurückhaltende Anwendung der Grundrechte gerade nicht.

Die geschilderte Auffassung ist zwar nicht ohne weiteres auf das Prozessrecht übertragbar, weil sie in erster Linie materiellrechtlicher Ungleichbehandlung[70] im Rahmen des freien Warenverkehrs oder der Dienstleistungsfreiheit Rechnung tragen will, bringt aber die richtige Einsicht zum Ausdruck, dass Systembrüche, die gemeinschaftsrechtlich durch die Anwendung von ausländischem Recht oder Gemeinschaftsrecht veranlasst sind, soweit wie möglich durch die Anpassung der eigenen Rechtsordnung korrigiert werden müssen. Die Diskriminierung wird nämlich auch bei materiellrechtlicher Ungleichbehandlung gerade durch eine fehlende Harmonisierung des nationalen Rechts durch das Gemeinschaftsrecht veranlasst[71]. Werden Nachteile auf der Ebene des eigenen Kollisionsrechts über den ordre public durch das Anwendungsverbot der ausländischen Rechtsfolge kompensiert, erfolgt diese Kompensation auf der Ebene des europäischen Zivilverfahrensrechts durch eine Anpassung des eigenen Rechts. Kann die Rechtsfolge auf der zweiten Ebene nicht korrigiert werden, muss die Korrektur eben auf der ersten Ebene erfolgen.

Die Überlegungen deuten darauf hin, dass es verfassungsrechtlich geboten erscheint, in den Bereichen, die durch das EuGVÜ/Brüssel-I-VO nicht geregelt sind, das eigene Prozessrecht, die lex fori, grundrechtskonform auszulegen und entsprechend anzupassen, um den freien Verkehr der Urteile zu gewährleisten. Der Gesetzgeber muss sich Wertungswidersprüche zwischen europarechtlichen und nationalen Normen wie eigene Grundrechtsverletzungen zurechnen lassen. Im Rahmen eines staatenübergreifenden, aber nicht geschlossenen Systems verfahrensrechtlicher Regelungen sind diesem zur Erhaltung der Funktionsfähigkeit die eigenen Vorschriften, die wegen seiner Lückenhaftigkeit ergänzend zur Anwendung gelangen, anzupassen und nicht umgekehrt. Dabei ist der allgemein geforderte Inlandsbezug schon deshalb gegeben, weil es um die Anerkennung und Durchsetzung ausländischer Verfahrens- und Urteilswirkungen durch ein deutsches Gericht geht.

---

[70] Beispiele bei Epiney: Umgekehrte Diskriminierung, S. 1 ff., 23 f., 140 ff.

[71] Epiney: Umgekehrte Diskriminierung, S. 36 f.

V. Konsequenzen für Rechtskraft, Rechtshängigkeit und Aussetzung

Die Untersuchung hat gezeigt, dass der Einwand der Rechtshängigkeit im europäischen Zivilverfahrensrecht gem. Art. 21 EuGVÜ/Art. 27 Brüssel-I-VO zugunsten einheitlicher Anwendung über das zur Vermeidung echter Rechtskraftkonflikte Notwendige hinausgeht und auch solche Verfahren eliminiert, bei denen nach nationalem Recht kein solcher Konflikt zu erwarten ist. "Unvereinbare Entscheidungen" sollen auch dann zu erwarten sein, wenn sich die Urteilswirkungen nach der jeweiligen lex fori nicht ausschließen. Durch die Erweiterung der Rechtshängigkeitssperre werden unerwünschte Parallelverfahren vermieden und die Möglichkeit widersprechender Entscheidungen eingeschränkt, aber nicht gänzlich ausgeschlossen. Eine Aussetzung des Verfahrens gem. Art. 22 EuGVÜ/Art. 28 Brüssel-I-VO kommt in solchen Fällen nicht in Betracht, weil eine nur ermessensgesteuerte Verfahrenskoordination die Gefahr widersprechender Entscheidungen nicht zu bereinigen vermag. Selbst wenn der vom EuGH als Kernpunkt bezeichnete Streitgegenstand sämtliche Vorfragen erfasst, ist jedoch der Streit über Folgeansprüche nach Abschluss des ersten Verfahrens nicht ausgeschlossen. Um nicht entgegen den Zuständigkeitsinteressen der Parteien sämtliche Folgeansprüche - soweit überhaupt möglich - an diesem ersten Gerichtsstand zu konzentrieren, erscheint zum einen eine Anpassung der Verjährungsvorschriften, aber auch eine Neubestimmung der Grenzen der Rechtskraft im nationalen Recht nötig zu sein. Denn die Grenzen der Rechtskraft selbst werden durch die Regelungen des EuGVÜ/Brüssel-I-VO nicht berührt, auch wenn diese das Anerkennungshindernis "unvereinbare Entscheidungen" aufstellen.

1. Konsequenzen für den Streitgegenstandsbegriff und den Umfang der Rechtskraft

Durch die in anderen Mitgliedsstaaten weiter gezogenen *Grenzen der Rechtskraft*, die auch Entscheidungen über Vorfragen mit einschließen, gerät der eigene Gerichtsstand ins Hintertreffen. Die Kohärenz der Entscheidungsbefugnis zwischen in- und ausländischem Gericht wird zugunsten des ausländischen Gerichts verschoben. Es liegt mit Ausnahme der Anwendung unterschiedlicher Rechtsvorschriften kein sachliches Differenzierungsmerkmal vor, warum in dem einen Gerichtsstand dieselbe Vorfrage rechtskräftig mitentschieden werden kann und in dem anderen nicht. Die unterschiedlichen Grenzen der Rechtskraft beruhen allein auf einem unterschiedlichen Verständnis des Streitgegenstands und der Rechtskraft. Im autonomen deutschen Zivilverfahrensrecht wird dieser Wertungswiderspruch durch die Gleichstellungs- oder Kumulationstheorie bereinigt, indem das Wirkungsmaß des ausländischen Urteils auf inländische

Maßstäbe begrenzt wird. Im europäischen Zivilverfahrensrecht fehlt diese Möglichkeit der Angleichung.
Um die notwendige Entscheidungskohärenz wieder herzustellen, bietet sich ein *relatives Streitgegenstandsverständnis* an, das auf die Besonderheiten der jeweiligen Prozessrechtsordnungen der Gerichtsstände abstellt, zu denen der Sachverhalt eine Verbindung aufweist. Anderenfalls werden die eigenen Urteilsfeststellungen zum Teil entwertet, weil sie zwar den Einwand der Rechtshängigkeit auslösen und die Anerkennung der ausländischen Entscheidung gem. Art. 27 Nr. 3 EuGVÜ/Art. 34 Nr. 3 Brüssel-I-VO wegen der Unvereinbarkeit der getroffenen Feststellungen verhindern, eine Bindung des Zweitrichters an diese Feststellungen im Gegensatz zu dem ausländischen Urteil, dass den Streitstand fixiert, fehlt. Wegen der gebotenen Anpassung der lex fori an eine gemeinschaftsrechtlich veranlasste Ungleichbehandlung erscheint es daher billig, die Grenzen der Rechtskraft auch auf Entscheidungen über Vorfragen zu erweitern, wenn ein Gerichtsverfahren in einem Staat zu erwarten ist, welcher die Grenzen der Rechtskraft weiter zieht als das nationale Recht und rechtskräftige Feststellungen über präjudizielle Rechtsverhältnisse zulässt. Anderenfalls ist eine Verfahrenskoordination nur zugunsten ausländischer Gerichte möglich: Durch die Einrede der Rechtshängigkeit wird ein Folgeprozess verzögert; nachdem die Einrede der Rechtshängigkeit nach Abschluss des Verfahrens entfällt, bestünde aber zulasten des inländischen Urteils die Gefahr, dass es in einem Staat mit weiten Rechtskraftgrenzen nicht anerkannt und vollstreckt werden kann, weil zwischenzeitlich in einem Parallelverfahren abweichende Feststellungen über ein präjudizielles Rechtsverhältnis getroffen wurden.

Dieser Gefahr kann nicht mit dem Argument begegnet werden, der Gläubiger könnte im inländischen Verfahren durch die Erhebung der Zwischenfeststellungsklage gem. § 256 Abs. 2 ZPO dieselbe Bindung des Zweitrichters an Feststellungen über vorgreifliche Rechtsverhältnisse herbeiführen wie bei der hier vorgeschlagenen Erweiterung der objektiven Grenzen der Rechtskraft. Der Gläubiger wird in der Regel während des Prozesses nicht absehen können, ob er aus dem Urteil in einem anderen Mitgliedsstaat vollstrecken will. Auch können sich nach Abschluss des Verfahrens die Vermögensverhältnisse des Beklagten ändern, indem dieser Vermögen in einen anderen Mitgliedsstaat transferiert oder dort erwirbt. Für den Gläubiger ist es daher während des Verfahrens nicht vorhersehbar, in welchem Mitgliedsstaat das Urteil vollstreckt werden kann. Dementsprechend kann er auch nicht vorhersehen, ob er durch eine Zwischenfeststellungsklage abweichenden Feststellungen über ein vorgreifliches Rechtsverhältnis in einem anderen Mitgliedsstaat in einem möglichen Zweitverfahren zuvorkommen muss.

2. Konsequenzen für Tatbestands-, Streitverkündungs-, Interventionswirkungen und die Rechtskrafterstreckung auf Dritte

Werden in dem Mitgliedsstaat, in dem das Urteil anzuerkennen ist, Wirkungen, die nach autonomem deutschen Zivilverfahrensrecht "nur" als Tatbestandswirkungen zu qualifizieren sind, als "echte" Rechtskraftwirkungen behandelt, muss auch der entsprechende Teil der inländischen Entscheidung in Rechtskraft erwachsen. Wirkt beispielsweise nach französischem Prozessrecht das gegen den Hauptschuldner erwirkte Zahlungsurteil auch zulasten des Bürgen, müssen dem inländischen Urteil gleiche Wirkungen zukommen. Das widerspricht zwar der h. M., eine solche Rechtskrafterstreckung auf Dritte ist aber auch dem autonomen deutschen Zivilverfahrensrecht nicht fremd, wie die Lehre von *Blomeyer* und *Schwab* zeigt[72].

Weiterhin steht inländische Streitverkündung und Nebenintervention der Möglichkeit der Gewährleistungs- und Interventionsklagen gem. Art. 6 Nr. 2 EuGVÜ/Brüssel-I-VO gegenüber. Wesentliche Unterschiede nach Abschluss des Verfahrens bezüglich der Bindungswirkung nachfolgender Prozesse ergeben sich hier nicht. Bei letzteren handelt es sich um "echte" Klagen, die eine Parteistellung des Dritten begründen.

Während die Streitverkündung den Anspruch aber nicht rechtshängig macht, gilt das Gegenteil für Gewährleistungs- und Interventionsklagen. Zum Teil führt nach den Verfahrensrechten einiger Mitgliedsstaaten auch die Streitverkündung zur Rechtshängigkeit der Forderung[73]. Kann derselbe Anspruch dennoch in einem anderen Mitgliedsstaat eingeklagt werden, drohen wegen der stets zu beachtenden Streitverkündungswirkungen "unvereinbare Entscheidungen". Im Zweifel ist daher davon auszugehen, dass auch der Regressanspruch im Rahmen der Streitverkündung entgegen autonomem deutschen Zivilverfahrensrecht rechtshängig wird, um unvereinbare Entscheidungen zu verhindern. Dieselbe Rechtsfolge löst nämlich auch eine Gewährleistungs- oder Interventionsklage vor einem ausländischen Gerichtsstand aus.

---

[72] Vgl. S. 60 ff.

[73] Vgl. z. B. LG Frankfurt/M. IPRax 1990, 234 f. In diesem Verfahren war die Frage, ob die ausländische Streitverkündung auf Grund Art. 21 EuGVÜ zur Unzuständigkeit des inländischen Gerichts wegen des entsprechenden Schadensersatzanspruchs führen kann, relevant geworden. Dem Schädiger war in Italien der Streit verkündet worden. Die Streitverkündung bewirkte gem. art. 107 C.p.c., dass der Schädiger Parteistellung erlangte. Das Gericht ließ hier die Einrede entgegenstehender Rechtshängigkeit eingreifen.

3. Konsequenzen für die Wirkungen der Rechtshängigkeit

Auch den Nachteilen durch den im Vergleich zum autonomen deutschen Zivilverfahrensrecht erweiterten Anwendungsbereich der Rechtshängigkeitssperre muss durch eine teilweise Korrektur derjenigen Vorschriften begegnet werden, deren Tatbestand selbst die Rechtshängigkeit eines Rechtsstreites voraussetzt. Zum einen wird der Vorrang der negativen Feststellungsklage den Zuständigkeitsinteressen der Parteien nicht gerecht, wenn der Gläubiger aufgrund der *Verjährungsvorschriften* gezwungen wird, Leistungswiderklage zu erheben. Dagegen entspricht es den Zuständigkeitsinteressen der Parteien, wenn der Gläubiger nach Abschluss des Verfahrens über die negative Feststellungsklage an einem Gerichtsstand seiner Wahl Leistungsklage erheben kann. Um diese zu ermöglichen, erscheint es notwendig, eine Verjährungsunterbrechung entgegen § 204 BGB schon mit Erhebung der negativen Feststellungsklage anzunehmen. Die Wirkungen der Rechtshängigkeit sind im Rahmen eines relativen Verständnisses des Begriffes unter Zweckmäßigkeitsgesichtspunkten aufzuspalten. Während sich die prozessualen Wirkungen nach Art. 30 Brüssel-I-VO und, soweit dieser keine Regelung trifft, nach § 281 ZPO, richten, stellt allein die Erhebung der negativen Feststellungsklage eine Rechtshandlung dar, die die Verjährung unterbricht.

Anders sind jedoch die übrigen *materiellrechtlichen Wirkungen* der Rechtshängigkeit zu behandeln. Der auf Herausgabe einer Sache verklagte Schuldner haftet ab Rechtshängigkeit verschärft nach §§ 292, 818 IV, 987, 989, 994 Abs. 2, 996 BGB. Es gelten zahlreiche Ausschlussfristen, §§ 801, 804, 864, 977, 1002 BGB. Art. 30 Brüssel-I-VO regelt den Zeitpunkt des Eintrittes dieser Wirkungen nicht. Hier kommt es allein auf die Kenntnis des Beklagten von der Rechtshängigkeit der Sache an, so dass das Erfordernis der Zustellung gem. § 261 ZPO bestehen bleibt.

VI. Zusammenfassung der Ergebnisse

1. Der im autonomen deutschen Zivilverfahrensrecht herrschende prozessuale Streitgegenstandsbegriff bestimmt sich nach dem klägerischen Antrag und dem hierzu vorgetragenen Sachverhalt. Dagegen zeigt der europäische Streitgegenstandsbegriff des EuGH deutliche Parallelen zu der Bestimmung des Streitgegenstandes nach den neueren materiellrechtlichen Lehren und rückt von der formalen Anknüpfung an den Klageantrag ab, um stattdessen die jeweiligen Rechtsbegehren schwerpunktmäßig zu betrachten. Kann im autonomen deutschen Zivilprozessrecht dem zweigliedrigen Streitgegenstandsbegriff ohne weiteres gefolgt werden, ist dies im europäischen Zivilverfahrensrecht nach der Rechtsprechung des EuGH nicht mehr möglich. Vielmehr ist hier von einem

variablen Streitgegenstandsbegriff auszugehen, der durch die Abgrenzung der Kernpunkte des jeweiligen Rechtsverhältnisses der Veränderung unterliegt. Nur bei einer variablen Bestimmung des Gegenstandes des Verfahrens kann durch die Institute der Rechtskraft, Rechtshängigkeit und Aussetzung eine kohärente Abstimmung paralleler Verfahren erreicht werden.

Die Parteien haben ein Anrecht auf ein faires Verfahren, frei von Systembrüchen, das die prozessuale Chancen- und Waffengleichheit gewährleistet und den Anforderungen des Verfassungsrechts genügt. Gemeinschaftsrechtlich veranlasste Systembrüche sind so weit wie möglich durch die Anpassung der eigenen Rechtsordnung zu korrigieren. Es ist verfassungsrechtlich geboten, in den Bereichen, die durch das EuGVÜ/Brüssel-I-VO nicht geregelt sind, die lex fori, das eigene Prozessrecht, nach diesen Grundsätzen auszulegen und soweit nötig anzupassen, um den freien und reibungslosen Verkehr der Entscheidungen zu gewährleisten. Um die notwendige Verfahrenskohärenz wiederherzustellen, ist im Rahmen des europäischen Verfahrensrechts von einem relativen Streitgegenstandsbegriff auszugehen, der auf die Besonderheiten der jeweiligen Prozessordnungen der Gerichtsstände abstellt, zu denen der Sachverhalt eine Verbindung aufweist.

2. Im autonomen deutschen Zivilverfahrensrecht sind enge Rechtskraftgrenzen vorzuziehen. Feststellungen über Vorfragen erwachsen nicht in Rechtskraft. Die Rechtskraft bleibt - mit Ausnahme der Tatbestände des § 325 Abs. 1 ZPO - auf die Prozessparteien beschränkt. Die vom EuGH in den Entscheidungen "Gubisch" und "Tatry" getroffene Auslegung des Begriffes "unvereinbarer Entscheidungen" aus Art. 27 Nr. 3 EuGVÜ/Art. 34 Nr. 3 Brüssel-I-VO[74] kann mit dieser Grenzziehung der Rechtskraft nicht mehr in Einklang gebracht werden. "Unvereinbarkeit" liegt bereits dann vor, wenn sich die Rechtsfolgen der Entscheidungen gegenseitig ausschliessen. Dies ist nicht nur dann der Fall, wenn kein direkter Rechtskraftkonflikt besteht, sondern auch, wenn nur von einer Feststellung über ein präjudizielles Rechtsverhältnis abgewichen wird.

Vor dem Hintergrund der Rechtsprechung des EuGH ist davon auszugehen, dass im europäischen Zivilverfahrensrecht auch solche Rechtskraftwirkungen anzuerkennen sind, die über die eigenen Grenzen der Rechtskraft hinausgehen (Theorie der Wirkungserstreckung). Die Grenzen der Rechtskraft einer Entscheidung bestimmen sich allein nach dem Rechtskraftbegriff des Urteilsstaates. Um die Vereinbarkeit und Anerkennung von Entscheidungen im europäischen Rechtsraum zu sichern, erscheint es daher geboten, die objektiven Grenzen der Rechtskraft eigener Urteile auch auf Feststellungen über Vorfragen

---

[74] Vgl. S. 21 ff.

zu erweitern, wenn die Anerkennung in einem Staat zu erwarten ist, welcher die Grenzen der Rechtskraft weiter zieht als das eigene nationale Recht und in dem auch die Urteilsgründe in Rechtskraft erwachsen. Ist in einem solchen Staat eine parallele Entscheidung zu erwarten, die eine abweichende Feststellung über eine identische Vorfrage enthalten könnte, wäre sonst zu befürchten, dass die eigene Entscheidung wegen ihrer Unvereinbarkeit gem. Art. 27 Nr. 3 EuGVÜ/Art. 34 Nr. 3 Brüssel-I-VO dort nicht anerkannt werden kann. Daher ist es notwendig, durch die Erweiterung der eigenen Grenzen der Rechtskraft den ausländischen Richter in gleicher Weise an die Urteilsfeststellungen zu binden, wie er nach seinem eigenen Prozessrecht an eine vorhergehende Entscheidung gebunden wäre. Im Verhältnis zu einem Staat mit engen Rechtskraftgrenzen bleibt es dagegen bei diesen. Eine Erweiterung ist nicht notwendig, weil bei Zugrundelegung des beiderseitigen Rechtskraftverständnisses widersprechende Entscheidungen nicht zu erwarten sind.

3. Rechtshängigkeit und Rechtskraft dienen demselben prozessualen Schutzzweck, nämlich widersprechende Entscheidungen zu vermeiden. Durch die Einrede der Rechtshängigkeit soll ein in der Zukunft möglicher Rechtskraftverstoß vermieden werden. Während die Rechtshängigkeit die direkten Rechtskraftwirkungen schützen soll, dient die Aussetzung des Verfahrens gem. § 148 ZPO dem Schutz präjudizieller Rechtskraftwirkungen, die bei materiellrechtlichen Zusammenhängen zwischen verschiedenen Rechtsfolgen bestehen können. Die Rechtsschutzziele von positiver Feststellungsklage und Leistungsklage sind im autonomen deutschen Zivilverfahrensrecht nicht identisch. Daher greift in diesem Verhältnis der Einwand anderweitiger Rechtshängigkeit nicht. In Betracht kommt aber eine Aussetzung des Leistungsprozesses zugunsten der früher erhobenen Feststellungsklage gem. § 148 ZPO, in keinem Fall jedoch eine Aussetzung des Feststellungsprozesses, weil die Entscheidung über den Leistungsantrag keine rechtskräftige Feststellungen über das zugrundeliegende Rechtsverhältnis trifft. Folgt die Feststellungsklage der Leistungsklage nach, wird aber in der Regel das Feststellungsinteresse fehlen, weil der Kläger Zwischenfeststellungsklage erheben kann. Im Verhältnis von negativer Feststellungsklage und Leistungsklage greift der Rechtshängigkeitseinwand nach der h. M. nur, wenn die Feststellungsklage der Leistungsklage nachfolgt. Hier erscheint es allerdings dogmatisch richtiger, entweder das Feststellungsinteresse der Klage entfallen zu lassen oder die Klage auszusetzen, wenn z. B. mangels Fälligkeit eine abschließende Sachentscheidung nicht zu erwarten ist. Folgt die Leistungsklage der Feststellungklage nach, entfällt das Feststellungsinteresse der negativen Feststellungsklage.

Entgegen den Grundsätzen des autonomen deutschen Zivilverfahrensrecht greift im europäischen Zivilprozessrecht im Verhältnis von Leistungs- und Feststellungsklage die Rechtshängigkeitssperre ein, weil in diesen Fällen stets ein Rechtskraftkonflikt zu erwarten ist. Eine Koordination paralleler Verfahren über die Aussetzung des Zweitverfahrens gem. Art. 22 Abs. 1 EuGVÜ/Art. 28 Abs. 1 Brüssel-I-VO ist wegen der fehlenden Ermessensbindung des Richters und dem im Gegensatz zum autonomen deutschen Zivilverfahrensrecht starren Prioritätsprinzip nicht möglich. Auch kann eine Koordination nicht durch den Wegfall des Feststellungsinteresses der Feststellungsklage erfolgen, weil dieses durch das EuGVÜ und die Brüssel-I-VO nicht geregelt wird und eine einheitliche Handhabung nicht gesichert ist. Um den Gläubiger entgegen seinen möglichen Zuständigkeitsinteressen nicht zu einer Leistungswiderklage am Gerichtsstand der negativen Feststellungsklage zu zwingen, unterbricht daher entgegen den Grundsätzen des autonomen deutschen Rechts auch die Erhebung der negativen Feststellungsklage die Verjährung.

4. Im europäischen Zivilverfahrensrecht kommen der Nebenintervention und Streitverkündung rechtskraftgleiche Wirkungen zu. Auch bei einer Missachtung der Interventions- und Streitverkündungswirkungen durch ein ausländisches Gericht drohen unvereinbare Entscheidungen. Während die Streitverkündung den Anspruch im autonomen deutschen Zivilverfahrensrecht nicht rechtshängig macht, ist im Zweifel im europäischen Zivilverfahrensrecht davon auszugehen, dass auch die Nebenintervention und Streitverkündung den Einwand anderweitiger Rechtshängigkeit begründen, um unvereinbare Entscheidungen zu verhindern. Werden in einem Mitgliedsstaat, in dem das Urteil anzuerkennen ist, Wirkungen, die nach autonomen deutschen Zivilverfahrensrecht "nur" als Tatbestandswirkungen zu qualifizieren sind, als Rechtskraftwirkungen behandelt, muss auch der entsprechende Teil der inländischen Entscheidung in Rechtskraft erwachsen.

Literaturverzeichnis

American Law Institute, Restatement of the Law (second), Judgements (2d), Vol. 1, Washington/St. Paul 1982

Ankermann, Ernst, Alternativkommentar zur Zivilprozeßordnung, Neuwied 1987

Bachmann, Anm. zu OLG Frankfurt/Main, Beschl. v. 15.04.1971, StAZ 1972, S. 69

Baltzer, Johannes, Die negative Feststellungsklage aus § 256 I ZPO, Köln 1980

v. Bar, Christian, Internationales Privatrecht, Bd. 1, Allg. Lehren, München 1987

Baumbach, Adolf/Lauterbach, Wolfgang u. a., Zivilprozessordnung, 61. Aufl., München 2003

Baumann, Peter, Leistungs- und Abänderungsklage bei früherem Auslandsurteil (zu OLG Stuttgart, 18.8.1988 - 17 WF 205/88), IPRax 1990, S. 28 ff.

Baumgärtel, Gottfried, Zur Lehre vom Streitgegenstand, JuS 1974, S. 69 ff.

Baur, Fritz, Vereinbarungen der Parteien über präjudizielle Rechtsverhältnisse im Zivilprozeß, in: Festschrift für Eduard Bötticher, Hrsg. Karl August Bettermann und Albrecht Zeuner, Berlin 1969, S. 1 ff.

Bäumler, Annette, Die ausländische Rechtshängigkeit und ihre Auswirkungen auf das internationale Zivilverfahrensrecht, Diss., Köln 1999

Beisler, Karl, Parteidisposition in Ehescheidungssachen, DRZ 1950, 31 ff.

Beitzke, Günther, Grundgesetz und internationales Privatrecht, Berlin 1961

Bergerfurth, Bruno, Die internationale Scheidungszuständigkeit im EU-Bereich, FF 2001, S. 15 ff.

Ders., Erledigung der Hauptsache im Zivilprozeß, NJW 1992, S. 1655 ff.

Bergmann/Ferid/Henrich, Internationales Ehe- und Kindschaftsrecht, Loseblatt, Berlin, Stand 1.1.2000

Bernhard, Rolf, Bundesverfassungsgericht und völkerrechtliche Verträge, in: Festgabe aus Anlaß des 25-jährigen Bestehen des Bundesverfassungsgerichts, Hrsg. Christian Starck, Bd. II, Tübingen 1976, S. 154 ff.

ders., Verfassungsrecht und internationale Lagen, DÖV 1977, 457 ff.

Bernheim, Marc, Rechtshängigkeit und im Zusammenhang stehende Verfahren nach Lugano-Übereinkommen, SZJ 90 (1990), S. 133 ff.

Bernstein, Herbert, Ein Kollisionsrecht für die Verfassung, NJW 1965, S. 2273 ff.

Bettermann, Karl August, Rechtshängigkeit und Rechtsschutzform, Detmold, 1949

Ders., Die Vollstreckung des Zivilurteils in den Grenzen seiner Rechtskraft, Hamburg 1948

Ders, Anm. zu BGH, 6.11.1962 - VI ZR 30/62, ZZP 77 (1964), S. 311 f.

Ders., Anm. zu BGH, 11.11.1971 - VII ZR 57/70, ZZP 85 (1972), S. 486 ff.

Bleckmann, Albert, Europarecht - Das Recht der Europäischen Union und der Europäischen Gemeinschaften, Köln 1997

Blomeyer, Arwed, Rechtskrafterstreckung infolge zivilrechtlicher Abhängigkeit, ZZP 75 (1962), S. 1 ff.

Ders., Zivilprozeßrecht - Erkenntnisverfahren, 2. Aufl., Berlin 1985

Ders., Zum Urteilsgegenstand im Leistungsprozeß, in: Festschrift für Friedrich Lent, Hrsg. v. Leo Rosenberg u. a., München 1957, S. 43 ff.

Blomeyer, Jürgen, Zum Streit über Natur und Wirkungsweise der materiellen Rechtskraft, JR 1968, 407 ff.

Bötticher, Eduard, Kritische Beiträge zur Lehre von der materiellen Rechtskraft im Zivilprozeß, Berlin 1930

Ders., Die Bindung der Gerichte an Entscheidungen anderer Gerichte, in: Hundert Jahre deutsches Rechtsleben, Festschrift zum hundertjährigen

Bestehen des Deutschen Juristentages, Hrsg. v. Ernst v. Caemmerer, Bd. 1, Karlsruhe 1960, S. 511 ff.

Ders., Blomeyer, Arwed - Zivilprozeßrecht, Erkenntnisverfahren, ZZP 7 (1964), S. 477 ff.

Borges, Georg, Doppelexequatur von Schiedssprüchen. Die Anerkennung ausländischer Schiedssprüche und Exequaturentscheidungen, Berlin 1997

Bosch, Wolfgang, Rechtskraft und Rechtsabhängigkeit im Schiedsverfahren, Diss., Konstanz 1989

Brox, Hans, Die objektiven Grenzen der materiellen Rechtskraft im Zivilprozeß, JuS 1962, S. 121 ff.

Ders., Zur Problematik von Haupt- und Hilfsanspruch, in: Recht im Wandel, Festschrift 150 Jahre Carl Heymanns Verlag, Hrsg. Hermann Ule u. a., Köln 1965.

Bruns, Rudolf, Zum Problemkreis des Wiederaufnahmerechts, FamRZ 1957, S. 201 ff.

Bungert, Hartwin, Das Recht ausländischer Kapitalgesellschaften auf Gleichbehandlung im deutschen und US-amerikanischen Recht, München 1994

Ders., Rechtskrafterstreckung eines österreichischen Einantwortungsbeschlusses (zu LG Hamburg, 11.7.1991 - 302 O 49/91), IPRax 1992, S. 225 ff.

Bülow, Absolute Rechtskraft des Urtheils, AcP 83 (1894), S. 1 ff.

Bülow/Böckstiegel/Geimer/Schütze, Der internationale Rechtsverkehr in Zivil- und Handelssachen, Bd. II, Loseblatt, München, Stand Oktober 2001

Calliess, Christian/Ruffert, Matthias, Kommentar des Vertrages über die Europäische Union und des Vertrages zur Gründung der Europäischen Gemeinschaft, Neuwied 1999

Carbone, Sergio, Il regime della listispendenza nelle Convenzioni dell'Aja e di Bruxelles, Riv.dir.int.priv.proc. 1969, S. 7 ff.

Dahlmann, Gerhard J., Neudrucke zivilprozessualer Kodifikationen und Entwürfe des 19. Jahrhunderts, Bd. 2, Aalen 1971

Damm, Karl-Dieter, Die Einwirkung des Grundgesetzes auf das nach deutschem internationalen Privatrecht anwendbare ausländische Sach- und Kollisionsrecht, Mannheim, 1993

Damrau, Jürgen, Fortdauer der internationalen Zuständigkeit trotz Wegfalls ihrer Voraussetzungen, in: Festschrift für Bosch, Hrsg. Walther J. Habscheid u. a., Bielefeld 1976, S. 103 ff.

Doderer, Hans-Joachim, Auswirkungen der materiellen Rechtskraft auf Einwendungen und Einreden, NJW 1991, S. 878 ff.

Dohm, Christian, Die Einrede ausländischer Rechtshängigkeit im deutschen internationalen Zivilprozeßrecht, Diss., Berlin 1996

Dörr, Dieter, Faires Verfahren. Gewährleistung im Grundgesetz der Bundesrepublik Deutschland, Kehl 1984

Ehlers, Dirk, Die Grundfreiheiten der Europäischen Gemeinschaft in: Europäische Grundrechte und Grundfreiheiten, Hrsg. Dirk Ehlers, Berlin 2003, S. 147 ff. (zitiert Ehlers in: EuGR)

Eidenmüller, Horst, Europäische Verordnung über Insolvenzverfahren und zukünftiges deutsches internationales Insolvenzrecht, IPRax 2001, S. 2 ff.

Elbing, Gunther, Zur Anwendbarkeit der Grundrechte bei Sachverhalten mit Auslandsbezug, Berlin 1992

Epiney, Astrid, Umgekehrte Diskriminierung: Zulässigkeit und Grenzen der discrimination à rebours nach europäischem Gemeinschaftsrecht und nationalem Verfassungsrecht, Köln 1995

Fenn, Herbert, Anm zu BGH, Urt. v. 26.3.1987 - VII ZR 122/86 und XI ZR 69/86, in: JZ 1987, S. 1036 f.

Ferid, Murad, Wechselbeziehungen zwischen Verfassungsrecht und Kollisionsnorm, in: Festschrift für Dölle, Bd. II, Hrsg. Caemmerer u. a., Tübingen 1963, S. 119 ff.

Fichtner, Heike, Grenzen des richterlichen Ermessens bei der Aussetzung und Ruhen des Verfahrens in der ZPO, Frankfurt 1996

Fischer, Gerfried, Objektive Grenzen der Rechtskraft im internationalen Zivilprozeßrecht, in: Festschrift für Wolfram Henckel, Hrsg. Walter Gerhardt u.a., Berlin 1995, S. 199 ff.

Fitting, Hermann, Der Reichs-Civilprozeß, 12./13. Aufl., Berlin 1907

Foerste, Ulrich, Zur Rechtskraft in Ausgleichszusammenhängen, ZZP 107 (1995), S. 167 ff.

Furtak, Oliver, Die Parteifähigkeit in Zivilverfahren mit Auslandsberührung: Prozeßrecht zwischen Kollisionsrecht, Fremdenrecht und Sachrecht, Heidelberg 1995

Gaudemet-Tallon, Helène, Anm. zu EuGH 8.12.1987 (Rs. 144/86), Revue critique de droit international privé, 1988, S. 374 ff.

Gaul, Hans Friedhelm, Die Entwicklung der Rechtskraftlehre seit Savigny und der heutige Stand, in Festschrift für Werner Flume, Hrsg. Horst Heinrich Jakobs u. a., 1978, S. 443 ff.

Ders., Möglichkeiten und Grenzen der Rechtskraftdurchbrechung unter Berücksichtigung neuerer Tendenzen im deutschen Zivilprozeßrecht, Athen 1986

Ders., Die "Bindung an die Tatbestandswirkung des Urteils, in: Festschrift für Zeuner, Hrsg. Karl August Bettermann u. a.., Tübingen 1994., S. 317 ff.

Gebauer, Martin, Internationale Zuständigkeit und Prozeßaufrechnung, IPRax 1998, S. 79 ff.

Geffken, Rolf, Soziale Grundrechte unter Vorbehalt, NZA 1995, 504 ff.

Geimer, Gregor, Neuordnung des internationalen Zustellungsrechts - Vorschläge für eine neue Zustellungskonvention, Diss., Berlin 1999

Geimer, Reinhold/Schütze, Rolf, Internationale Urteilsanerkennung, Bd. I/1, Das EWG-Übereink. Über die gerichtliche Zuständigkeit und die Vollstreckung gerichtlicher Entscheidungen in Zivil- und Handelssachen, München 1983

Geimer, Reinhold/ Schütze, Rolf, Europäisches Zivilverfahrensrecht - Kommentar zum EuGGVÜ, EuEheVO, EuZustellungsVO, zum Lugano-Übereinkommen und zum nationalen Kompetenz- und Anerkennungsrecht, 2. Aufl., München 2004

Geimer, Reinhold, Anerkennung gerichtlicher Entscheidungen nach dem EWG-Übereinkommen vom 27.9.1968, RIW 1976, 139 ff.

Ders., Internationales Zivilprozessrecht, 4. Aufl., Köln 2001

Ders., Beachtung ausländischer Rechtshängigkeit und Justizgewährungsanspruch, NJW 1984, 527 ff.

Ders., Anm. zu EuGH Urt. v. 28.3.2000 - Rs C-7/98, ZIP 2000, S. 863 f.

Ders., Anm. zu BGH Urt. v. 8.2.1995 - VIII ZR 14/94, EuZW 1995, 379 ff.

Ders., Entscheidungsharmonie in Europa per Entscheidungsstopp - zu OLG Frankfurt/M., 19.6.2000 - 22 W 5/00, IPRax 2001, S. 191 ff.

Ders., Anm. zu BGH Urt. v. 20.2.1972 - VIII ZR 113/71, NJW 1973, S. 951 ff.

Ders., EuGVÜ und Aufrechnung: Keine Erweiterung der internationalen Entscheidungszuständigkeit - Aufrechnungsverbot bei Abweisung der Klage wegen internationaler Unzuständigkeit, IPRax 1986, S. 208 ff.

Georgiades, Apostolos, Die Anspruchskonkurrenz im Zivilrecht und Zivilprozeßrecht, München 1967

Gottwald, Peter, Grundfragen der Anerkennung und Vollstreckung ausländischer Entscheidungen in Zivilsachen, ZZP103 (1990), S. 257 ff.

Gruber, Urs Peter, Die neue europäische Rechtshängigkeit bei Scheidungsverfahren, in: FamRZ 2000, 1129 ff.

Grunsky, Wolfgang, Grundlagen des Verfahrensrechts. Eine vergleichende Darstellung von ZPO, FGG, VwGO, FGO, SGG, Bielefeld 1974

Ders., Grenzen des Gleichlaufs von Hauptsache- und Kostenentscheidung - Zugleich ein Beitrag zur einseitigen Erledigungserklärung, in: Festschrift für K. H. Schwab, Hrsg. Peter Gottwald und Hanns Prütting, München 1990

Grunsky, Wolfgang, Zivilprozessrecht, 11. Aufl., Neuwied 2003

Gutknecht, s. Rauscher

Habscheid, Walther J., Der Streitgegenstand im Zivilprozeß und im Streitverfahren der freiwilligen Gerichtsbarkeit, Bielefeld 1956.

Ders., Zur Berücksichtigung der Rechtshängigkeit eines ausländischen Verfahrens, RabelsZ 31 (1967), 254 ff..

Ders., Non-licet bei ausländischer Rechtshängigkeit, FS Lange, 1970, S. 429 ff.

Ders., Die materielle Rechtskraft des die negative Feststellungsklage aus Beweislastgründen abweisenden Urteils, NJW 1988, 2641

Ders., Zeuner, Albrecht: Die objektiven Grenzen der Rechtskraft im Rahmen rechtlicher Sinnzusammenhänge, FamRZ 1963, S. 381 f.

Ders, Die Lehre vom Streitgegenstand - Geschichtliche Entwicklung und gegenwärtiger Stand, ZfVglRWiss 75 (1976), S. 210 ff.

Hahn-Stegemann, Die gesammten Materialien zur Civilprozeßordnung und dem Einführungsgesetz vom 30.01.1877, 1. Abteilung, 2. Aufl., Berlin 1881

Halsbury's Laws of England, 4th. Ed., Vol. 26, London 1979

Häsemeyer, Ludwig, Drittinteressen im Zivilprozeß, ZZP 101 (1988), S. 385 ff.

Ders., Die Interventionswirkung im Zivilprozeßrecht - prozessuale Sicherung materiellrechtlicher Alternativverhältnisse, ZZP 84 (1971), S. 179 ff.

Ders., Die sogenannte Prozeßaufrechnung - eine dogmatische Fehlakzentuierung, in: Festschrift für Friedrich Weber, Hrsg. Erhard Bökelmann u. a., Berlin 1975

Hau, Wolfgang, Zum Verhältnis von Art. 21 zu Art. 22 EuGVÜ (zu BGH, 8.2.1995 - VIII ZR 14/94), IPRax 1996, 177 ff.

Ders., Positive Kompetenzkonflikte im Internationalen Zivilprozeßrecht: Überlegungen zur Bewältigung von multi-fora disputes, Diss.,Frankfurt/M. 1996

Ders., Internationales Eheverfahrensrecht in der Europäischen Union, FamRZ 1999, S. 484 ff.

Hausmann, Rainer, Die kollisionsrechtlichen Schranken der Gestaltungskraft von Scheidungsurteilen, Diss., München 1980

Hazard, Geoffrey, s. James, Fleming.

Heintzen, Markus, Auswärtige Beziehungen privater Verbände, Berlin 1988

Hellwig, Konrad, Anspruch und Klagerecht, Jena 1900

Ders.:, System des deutschen Zivilprozeßrechts, Leipzig 1912

Henckel, Wolfram, Parteilehre und Streitgegenstand im Zivilprozeß, Heidelberg 1961

Ders., Prozeßrecht und materielles Recht, Göttingen 1970.

Henckelmann, Dieter, Die Rechtshängigkeit bei der Prozeßaufrechnung, NJW 1972, S. 1350 ff.

Herrmann, Ulrich, Die Grundstruktur der Rechtshängigkeit: entwickelt am Problem des Rechtshängigkeitseinwandes bei Rechtskrafterstreckung auf Dritte, Köln 1988

Heß, Burkhard, Die Zustellung von Schriftstücken im europäischen Justizraum, NJW 2001, S. 15 ff.

Hesselberger, Dieter, Die Lehre vom Streitgegenstand - Geschichtliche Entwicklung und gegenwärtiger Stand, Köln 1970

Heward, Edmund, Judgments and Orders, in: Halsbury`s Laws of England, 4. ed., Vol. 26, para 501 ff., London 1979

Hogan, Gerad, Article 22 of the Brussels Convention and the concept of "first seisin", European Law Review (ELR) 1992, S. 555 ff.

Hoffmann, Bernd von, Internationales Privatrecht einschließlich der Grund-züge des Internationalen Zivilverfahrensrecht, 7. Aufl., München 2002

Hofmann, Rainer, Grundrechte und grenzüberschreitende Sachverhalte, Berlin 1994

Hohloch, Gerhard, Internationales Verfahrensrecht in Ehe- und Familiensachen, FF 2001, S. 45 ff.

Holleaux, Dominique, Anm. zur Entscheidung des EuGH v. 7.6.1984, Rev. crit. d. i. p. 1985, S. 374

Huber, Peter, Internationales Insolvenzrecht in Europa - Das internationale Privat- und Verfahrensrecht der europäischen Insolvenzordnung, ZZP 114 (2001), S. 133 ff.

Ders., Anm. zu BGH Urt. v. 11.12.1996 - VIII ZR 154/95, JZ 1997, S. 799 f.

Ders., Fragen zur Rechtshängigkeit im Rahmen des EuGVÜ - Deutliche Worte des EuGH, JZ 1995, S. 603 ff.

Huber, Ulrich, Rechtskrafterstreckung bei Urteilen über präjudizielle Rechtsverhältnisse, JuS 1972, S. 621 ff.

Huet, André, Anm. zu EuGH, 7.6.1984, Journal de droit international (Clunet) 112 (1985), S. 165 ff.

Ders., Anm. zu EuGH, 8.12.1987, Journal de droit international (Clunet) 115 (1988), S. 537 f.

Isenburg-Epple, Sabine, Die Berücksichtigung ausländischer Rechtshängigkeit nach dem Europäischen Gerichtsstands- und Vollstreckungsübereinkommen vom 27.9.1968, Diss., Frankfurt a. M., 1992, m. Besprechung Linke, RabelsZ 58 (1994), S. 129 ff.

Isensee, Josef, Die staatsrechtliche Stellung der Ausländer in der Bundesrepublik Deutschland, VVDStRL 32 (1974), S. 49 ff.

James, Fleming/Hazard, Geoffrey/Leubsdorf, John, Civil Procedure, 4. ed., Boston 1992

Jauernig, Othmar, Zivilprozeßrecht, 28. Aufl., München 2003

Ders., Subjektive Grenzen der Rechtskraft und Recht auf rechtliches Gehör, ZZP 101 (1988), S. 361 ff.

Ders., Verhandlungsmaxime, Inquisitionsmaxime und Streitgegenstand, Tübingen 1967.

Jayme, Erik, Scheidung und Wiederheirat von Italienern, NJW 1973, S. 945 f.

Ders., Grundrecht der Eheschließung und Wiederheirat geschiedener Ausländer, RabelsZ 36 (1972), S. 19 ff.

Jayme, Erik/ Kohler, Christian, Europäisches Kollisionsrecht 1998: Kulturelle Unterschiede und Parallelaktionen, IPRax 1998, 417 ff.

Kadelbach, Christoph, Die europäischen Bürgerrechte, in: Europäische Grundrechte und Grundfreiheiten, Hrsg. Dirk Ehlers, Berlin 2003, S. 467 ff. (zitiert Kadelbach in: EuGR)

Kähler, Lorenz, Verfahrensaussetzung bei zu erwartender Leitentscheidung?, NJW 2004, S. 1132 ff,

Kallmann, Francois, Anerkennung und Vollstreckung ausländischer Zivilurteile und gerichtlicher Vergleiche, Basel 1946

Kannengießer, Matthias,Die Aufrechnung im internationalen Privat- und Verfahrensrecht, mit vergleichender Darstellung ausgewählter europäischer Aufrechnungsrechte, Tübingen 1998

Kapp, Thomas, Kaninchen aus dem Zylinder? Zum Scheinproblem der materiellen Rechtskraft des abweisenden Urteils bei der negativen Feststellungsklage, MDR 1988, 710 ff.

Kaser Max/Knütel, Rolf Römisches Privatrecht, 17. Aufl., München 2003

Kegel, Gerhard/Schurig, Klaus, Internationales Privatrecht, 8. Aufl., München 2000

Kegel, Gerhard, Embarras de Richesse, RabelsZ 36 (1972), S. 27 ff.

Kerameus, Konstantin, Die Rechtskraftwirkungen der Entscheidungsgründe nach gemeinem und partikularem Recht, AcP 167 (1967), S. 241 ff.

Kleinfeller, G., Der Begriff "Anspruch", AcP 137 (1933), S. 129 ff.

Ders., Das Wesen der Rechtshängigkeit, ZZP 55(1930), S. 193 ff. und ZZP 56 (1931), S. 128 ff.

Knütel, Rolf, s. Kaser, Max

Koch, Matthias, Unvereinbare Entscheidungen i. S. d. Art. 27 Nr. 3 und 5 EuGVÜ und ihre Vermeidung, Diss., Frankfurt/M. 1993

Kohler, Christian, Internationales Verfahrensrecht für Ehesachen in der Europäischen Union: Die Verordnung "Brüssel II", NJW 2001, S. 10 ff.

Ders., s. Jayme, Erik

Kohler, Josef., Prozeßrechtliche Forschungen, Berlin 1889

Ders.,Der Prozeß als Rechtsverhältnis - Prolegomena zu einem System des Civilprozesses, Mannheim 1888

Koussoulis, Stelios, Beiträge zur modernen Rechtskraftlehre, Diss., Köln 1986

Kraemer, Wilhelm:, Besprechung von Bettermann, Rechtshängigkeit und Rechtsschutzform, ZZP 64 (1951), S. 90 ff.

Kratzsch, Susanne, s. Schütze, Rolf

Kreuzer, Karl, Internationales Privatrecht und Bundesverfassungsgericht, in: Grundrechte, soziale Ordnung und Verfassungsgerichtsbarkeit, Festschrift für Benda, Hrsg. E. Klein, Heidelberg 1995

Kropholler, Jan, Europäisches Zivilprozessrecht, Kommentar zum EuGVO und LugÜ, 7. Aufl., Heidelberg 2002

Ders., Internationales Privatrecht, 4. Aufl., Tübingen 2001

Kunig, Philip, Anm. zu OVG NRW, 26.11.1981,DVBl. 1983, S. 38 f.

Künzl, Reinhard, Zur Rechtskraft von Urteilen über negative Feststellungsklagen, JR 1989, S. 57 f.

Kuttner, Georg, Die privatrechtlichen Nebenwirkungen der Zivilurteile, München 1908

Leipold, Dieter, Internationale Rechtshängigkeit, Streitgegenstand und Rechtsschutzinteresse - Europäisches und Deutsches Zivilprozeßrecht im Vergleich, in: Gedächtnisschrift für Peter Arens, Hrsg. Dieter Leipold, München 1993, S. 227 ff.

Ders., Wege zur Konzentration von Zivilprozessen: Anregungen aus dem europäischen Zivilprozeßrecht; Vortrag vor der Juristischen Gesellschaft zu Berlin am 21.10.1998; Berlin 1999

Lenenbach, Markus, Die Behandlung von Unvereinbarkeiten zwischen rechtskräftigen Zivilurteilen nach deutschem und europäischem Zivilprozeßrecht, Berlin 1997

Lent, Friedrich, Zur Lehre vom Streitgegenstand, ZZP 65(1952), S. 315 ff.

Ders., Die Gesetzeskonkurrenz im bürgerlichen Recht und Zivilprozeß, Bd. II, Leipzig 1916

Ders., Bespr. v. Albrecht Zeuner: Die objektiven Grenzen der Rechtskraft im Rahmen rechtlicher Sinnzusammenhänge, ZZP 73 (1960), S. 316 ff.

Lenz, Carl Otto, Kommentar zu dem Vertrag zur Gründung der Europäischen Gemeinschaften, 2. Aufl., Köln 1999

Lepp, W., Zwang zum Fehlurteil, NJW 1988, 806 ff.

Leubsdorf, John, s. James, Fleming

Lindacher, Walter F., Europäisches Zustellungsrecht - Die VO (EG) Nr. 1348/2000: Fortschritt, Auslegungsbedarf, Problemausblendung, ZZP 114 (2001), S. 179 ff.

Ders., Prozessaufrechnung und "Rechtshängigkeit" - Bemerkungen zum Urt. d. BGH v. 11.11.1971 - VII ZR 57/70, JZ 1972, 429 ff.

Linke, Hartmut, Anm. zu EuGH 8.12.1987 - Rs. 144/86 - Gubisch, RIW 1988, 822 ff.

Ders., Anderweitige Rechtshängigkeit im Ausland und inländischer Justizgewährungsanspruch, IPRax 1994, S. 17 ff.

Lüderitz, Alexander, Die Ehescheidung nach dem Gesetz zur Neuregelung des Internationalen Privatrechts, IPRax 1987, S. 74 ff.

Lüke, Gerhard, Zum zivilprozessualen Klagesystem, JuS 1969, 301 ff.

Lüpfert, Johanna Adelheid, Konnexität im EuGVÜ: Rechtsvergleichende Studie mit einem Vorschlag zur Weiterentwicklung des deutschen Rechts, Berlin 1997

Luther, Gerhard, Die Grenzen der Sperrwirkung einer ausländischen Rechtshängigkeit - zu BGH, 26.1.1983, IPRax 1984, S. 141 ff.

Mädrich, Matthias, Rechtskraftprobleme bei Klagen aus dem Eigentum, MDR 1982, S. 455 f.

Makarov, Alexander, Art. 6 I Grundgesetz und die Anwendung spanischen Eherechts, RabelsZ 36 (1972), S. 54 ff.

v. Mangoldt/Klein/Starck, Grundgesetz, Bd. 1, Art. 1 bis 19, 4. Aufl., München 1999

v. Mangoldt/Klein/Starck, Grundgesetz, Bd. 3, Art. 79-146, 4. Aufl., München 2001

Mankowski, Peter, Anm. zu EuGH Urt. v. 13.7.1995, Rs. C-341/93 (Danavaern Production ./. Schuhfabriken Otterbeck), ZZP 109 (1996), S. 376 ff.

Mansel, Heinz-Peter, Inländische Rechtshängigkeitssperre durch ausländische Streitverkündung, Anm. zu LG Frankfurt/M. Urt. v. 22.2.1988 - 2/22 O185/86 in: IPRax 1990, 214 ff.

Ders., Streitverkündung (vouching in) und Drittklage (third party complaint)im US-Zivilprozeß und die Urteilsanerkennung in Deutschland, in: Herausforderungen des Internationalen Zivilverfahrensrechts, Hrsg. Andreas Heldrich und Toshiyuki Kono, Tübingen 1994, S. 63 ff.

Martens, Joachim, Rechtskraft und materielles Recht, ZZP 79 (1966), S. 404 ff.

Martiny, Dieter, Handbuch des Internationalen Zivilverfahrensrecht, Hrsg. Max-Planck-Institut für Ausländisches und Internationales Privatrecht, Bd. III/1, Tübingen 1984, Bd. III/2, Tübingen 1984

Maunz, Theodor/Dürig, Günter, Grundgesetz, Bd. I, Art. 1-11, Loseblatt, München (Stand Oktober 2002), Grundgesetz, Bd. V, Art. 89-146, Loseblatt, München (Stand Oktober 2002).

Maunz, Theodor/Schmidt-Bleibtreu, Bruno, Bundesverfassungsgerichtsgesetz, Kommentar, Loseblatt, Stand Juni 2001; München

Mauro, Jaques, Contrariété des jugements et inconciliabilité des jugements, Gaz. Pal. 1980, 1, Doctr. 144 ff.

Messer, Herbert, Anm. zu BGH, Urt. v. 17.2.1983, JZ 1983, 396 f.

Mittenzwei, Ingo, Die Aussetzung des Prozesses zur Klärung von Vorfragen, Diss., Berlin 1971

Ders., Rechtshängigkeit der im Prozeß zur Aufrechnung gestellten Forderung?, ZZP 85 (1972), S. 466 ff.

Mitzkus, Frank, Internationale Zuständigkeit im Vormundschafts-, Pflegschafts- und Sorgerecht, Diss., Frankfurt 1982

Müller, Klaus, Zum Begriff der "Anerkennung" von Urteilen in § 328 ZPO, ZZP 79 (1966), S. 199 ff.

Münchener Kommentar, Zivilprozeßordnung, Hrsg. Gerhard Lüke und Peter Wax,, 1.Band., 2. Aufl., München 2000

Münchener Kommentar, Zivilprozeßordnung, Hrsg. Gerhard Lüke und Peter Wax, 3. Band , 2. Aufl., München 2001

Münchener Kommentar, Bürgerliches Gesetzbuch, Bd. 10, Hrsg. Kurt Rebmann u.a., München 1998

Musger, Gottfried, Zur "Abänderung" von Unterhaltstiteln in Sachverhalten mit Auslandsbezug (zu OGH, 17.10.1990 - 3 Ob 82/90), IPRax 1992, S. 108 ff.

Musielak, Hans-Joachim, Kommentar zur Zivilprozessordnung, München 2002

Ders., Die Aufrechnung des Beklagten im Zivilprozess, JuS 1994, S. 816 ff.

Nagel, Heinrich/Gottwald, Peter, Internationales Zivilprozeßrecht, Münster, 5. Aufl. 2002

Nelle, Andreas, Anspruch, Titel und Vollstreckung im internationalen Rechtsverkehr: Einwendungen gegen einen titulierten Anspruch im deutschen und europäischen Zivilprozess; im Vergleich zum englischen, französischen, schweizerischen und US-amerikanischen Recht, Tübingen 2000

Neuhaus, Heinrich, Bundesverfassungsgericht und IPR, RabelsZ 36 (1972), S. 127 ff.

Nikisch, Arthur, Der Streitgegenstand im Zivilprozeß, Tübingen 1935

Otte, Karsten, Umfassende Streitentscheidung durch Beachtung von Sachzusammenhängen, Tübingen 1998

Ders., Verfahrenskoordination im EuGVÜ: Zur angemessenen Gewichtung von Feststellungs- und Leistungsklage, in: Festschrift für Schütze, Hrsg. Reinhold Geimer, München 1999, S. 629 ff.

Ders., Anm. zu EuGH, Urt. v. 6.12.1994 - Tatry, EWiR 1995, 463 f.

Pagenstecher, Max, Zur Lehre von der materiellen Rechtskraft, Berlin 1905

Palandt, Otto, Bürgerliches Gesetzbuch - Kommentar, 64. Aufl., 2005

Pfeiffer, Thomas, Internationale Zuständigkeit und prozessuale Gerechtigkeit, Frankfurt/M. 1995

Picone, Paolo, s. Wengler, Wilhelm

Pirrung, Jörg, Europäische justizielle Zusammenarbeit in Zivilsachen - insbesondere das neue Scheidungsübereinkommen, ZEuP 1999, S. 834 ff.

Planck, Gottlieb, Planck's Kommentar zum Bürgerlichen Gesetzbuch nebst Einführungsgesetz, Hrsg. E. Strohal, Bd. 4/1, 4. Aufl., Berlin 1928

Planck, Julius Wilhelm, Die Mehrheit der Rechtsstreitigkeiten im Prozeßrecht, Göttingen 1844

Pohle, Rudolf, Aussetzung der Zwangsvollstreckung nach § 148 ZPO, MDR 1955, S. 210

Ders., Gedanken über das Wesen der Rechtskraft, Estratto dagli scritti giuridici in memoria di Piero Calamandrei (GS Calamandrei), Padova 1957, S. 377 ff.

Prölss, Erich/Martin, Anton, Versicherungsvertragsgesetz, 26. Aufl., München 1998

Prütting, Hanns, Die Rechtshängigkeit im internationalen Zivilprozessrecht und der Begriff des Streitgegenstandes nach Art. 21 EuGVÜ, in: Gedächtnisschrift für Alexander Lüderitz, Hrsg. Haimo Schack u. a., München 2000, S. 623 ff.

Puttfarken, Hans-Jürgen, Grundrechte im internationalen Wirtschaftsraum, RIW 1995, 617 ff.

Putzo, Hans, s. Thomas, Heinz

Puszkajler, Karl Peter, Das internationale Scheidungs- und Sorgerecht nach Inkrafttreten der Brüssel-II-VO, IPRax 2001, 81 ff.

Rauscher, Thomas, Europäisches Zivilprozeßrecht - Kommentar, München 2004

Rauscher, Thoma /Gutknecht, Uta, Teleologische Grenzen des Art. 21 EuGVÜ - zu EuGH 27.6.1991 - Rs. 351/89 (Overseas Ins. Ltd. ./. New Hampshire Insurance Co., IPRax 1993, S. 21 ff.

Redeker, R., Der Streitwert im Verwaltungsprozeß nach der MRVO Nr. 165, MDR 1953, 277 f.

Reischl, Klaus, Die objektiven Grenzen der Rechtskraft im Zivilprozeß, Tübingen 2002

Riezler, Erwin, Internationales Zivilprozeßrecht, Berlin 1949

Rimmelspacher, Bruno, Materiellrechtlicher Anspruch und Streitgegenstandsprobleme im Zivilprozeßrecht, Göttingen 1970

Ritter, Ulf, Die Bestimmung der objektiven Rechtskraftgrenzen in rechtsvergleichender Sicht, ZZP 87 (1974), S. 138 ff.

Rosenberg/Schwab/Gottwald, Zivilprozessrecht, 16. Aufl., München 2004

Roth, Herbert, Die Vorschläge der Kommission für ein europäisches Zivilprozeßgesetzbuch - das Erkenntnisverfahren, ZZP 109 (1996), S. 271 ff.

Ders., Gerichtsstandsvereinbarung nach Art. 17 EuGVÜ und kartellrechtliches Derogationsverbot, IPRax 1992, 67 ff.

Ders., Aufrechung und internationale Zuständigkeit nach deutschem und europäischem Prozeßrecht, RIW 1999, S. 819 ff.

Rüßmann, Helmut Die Streitgegenstandslehre und die Rechtsprechung des EuGH - nationales Recht unter gemeineuropäischem Einfluß? ZZP 111 (1998), S. 399 ff.

Ders., Negative Feststellungsklage und Leistungsklage sowie der Zeitpunkt der endgültigen Rechtshängigkeit im Rahmen des EuGVÜ - Entscheidungs- und Klärungsbedarf durch den EuGH (zu OLG Hamm Urt. v. 3.12.1993 - 12 U 18/92), IPRax 1995, S. 76 ff.

Sachs, Michael, Grundgesetz, 3. Aufl., München 2003

Savigny, Friedrich Carl v., System des heutigen Römischen Rechts, Bd. VI, Berlin 1847

Schack, Haimo, Internationales Zivilverfahrensrecht - ein Studienbuch, 3. Aufl. München 2002

Ders., Wechselwirkungen zwischen europäischem und nationalem Zivilprozeßrecht, ZZP 107 (1994), 279 ff.

Ders., Widersprechende Urteile - Vorbeugen ist besser als Heilen – zu EuGH Urt. v. 8.12.1987 - Rs 144/86; EuGH Urt. v. 4.2.1988 - Rs 145/86; IPRax 1989, S. 139 ff.

Ders., Gerechtigkeit durch weniger Verfahren (zu EuGH, 6.12.1994 - Rs. C-406/92 - The Tatry ./. The Maciej Rataj, IPRax 1996, 80 ff.).

Schilken, Eberhard, Zivilprozeßrecht, 4. Aufl., München 2002

Ders., Veränderungen der Passivlegitimation im Zivilprozeß, Köln 1987

Ders., Gerichtsverfassungsrecht, 3. Aufl., Köln 2003

Ders., Zur Bedeutung der "Anhängigkeit" im Zivilprozeß, JR 1984, S. 446 ff.

Ders., Zur Aussetzung des Zivilprozesses gemäß und analog § 148 ZPO, in: Gedächtnisschrift für Meinhard Heinze, hrsg. v. Alfred Söllner u. a., München 2005, S. 763 ff.

Schilling, Theodor, Gleichheitssatz und Inländerdiskriminierung, JZ 1994, S. 8 ff.

Schlosser, Peter, EuGVÜ, Europäisches Gerichtsstand und Vollstreckungsübereinkommen mit Luganer Übereinkommen und den Haager Übereinkommen über Zustellung und Beweisaufnahme, München 1996

Schmidt, Richard, Lehrbuch des deutschen Zivilprozeßrechts, 2. Aufl., Leipzig 1910

Schneider, Egon, Über die Interventionswirkungen im Folgeprozeß, in: MDR 1961, S. 3 ff.

Ders., Wann ist die Rechtshängigkeit ausländischer Verfahren zu beachten? NJW 1959, S. 88.

Schroeder, Meinhart, Zur Wirkungskraft der Grundrechte bei Sachverhalten mit Auslandsbezug, in: FS für Schlochauer, 1981, S. 137 ff.

Schumann, Ekkehard, Der Einwand internationaler Rechtshängigkeit am Beispiel paralleler deutsch-türkischer Ehescheidungsverfahren (zu OLG Düsseldorf, 20.3.1985 - 3 WF 36/85), IPRax 1986, S. 14 f.

Schütze, Rolf A., Die Wirkung ausländischer Rechtshängigkeit im inländischen Verfahren, ZZP 104 (1991); 136 ff.

Ders., Rechtsverfolgung im Ausland / Prozeßführung vor ausländischen Gerichten und Schiedsgerichten, 3. Aufl., Heidelberg 2002

Ders., Deutsches Internationales Zivilprozeßrecht, Berlin 1985

Ders., Die Berücksichtigung der Rechtshängigkeit eines ausländischen Verfahrens, RabelsZ 31(1967), S. 233 ff.

Ders., Zur Berücksichtigung der Rechtshängigkeit eines ausländischen Verfahrens, MDR 1973, S. 905 f.

Ders., Die Berücksichtigung der Rechtshängigkeit eines ausländischen Verfahrens nach dem EWG-Übereinkommen über die gerichtliche Zuständigkeit und die Vollstreckung gerichtlicher Entscheidungen, RIW 1975, 78 ff.

Ders., Zur Vollstreckung ausländischer Zivilurteile bei Zweifeln an der Verbürgung der Gegenseitigkeit, DB 1977, 2129 f.

Ders., s. Geimer

Schütze, Rolf A./Kratzsch, Susanne, Aussetzung des Verfahrens wegen konnexer Verfahren nach Art. 22 EuGVÜ - Anm. zu OLG Stuttgart, 24.11.1999, RIW 2000, S. 939 ff.

Schurig, Klaus, s. Kegel, Gerhard

Schwab, Karl-Heinz, Bespr. v. Zeuner, Albrecht: Die objektiven Grenzen der Rechtskraft im Rahmen rechtlicher Sinnzusammenhänge, in: JZ 1959, S. 786 f.

Ders., Die einseitige Erledigungserklärung, ZZP 72 (1959), S. 127 ff.

Ders., Der Streitgegenstand im Zivilprozeß, München 1954

Ders., Rechtskrafterstreckung auf Dritte und Drittwirkung der Rechtskraft, ZZP 77 (1964), S. 124 ff.

Ders., Die prozessrechtlichen Probleme des § 407 II BGB, in: Gedächtnisschrift für Rudolf Bruns, Hrsg. Johannes Baltzer u.a., München 1980

Ders., Die Lehre vom Streitgegenstand im Zivilprozeß, JuS 1965, 81 ff.

Siehr, Kurt, Grundrecht der Eheschließungsfreiheit und IPR, RabelsZ 36 (1972), S. 93 ff.

Ders., Rechtshängigkeit im Ausland und das Verhältnis zwischen staatsvertraglichen sowie autonomen Anerkennungsvorschriften, IPRax 1989, 93 ff.

Spellenberg, Ulrich, Der ordre public im internationalen Insolvenzrecht, in: Stellungnahmen und Gutachten zur Reform des deutschen internationalen Insolvenzrechts; im Auftrag der Sonderkommission "Internationales Insolvenzrecht" des Deutschen Rates für Internationales Privatrecht, Hrsg. Hans Stoll, Tübingen 1992, S. 183 ff.

Spencer-Bower, George/Turner, Sir Alexander, The Doctrine of Res Judicata, 3. Aufl., London 1996

Staudinger, J. von, Kommentar zum Bürgerlichen Gesetzbuch, Einleitung zum IPR; Art. 3-6 EGBGB, 13. Bearb. / von Dieter Blumenwitz, Berlin 1996.

Stein/Jonas, Kommentar zur Zivilprozeßordnung, Bd. 1, 20. Aufl., Tübingen 1984

Ders., Kommentar zur Zivilprozessordnung, Bd. 2, 21. Aufl., Tübingen 1994

Ders., Kommentar zur Zivilprozessordnung, Bd. 3, 21. Aufl., Tübingen 1997

Ders., Kommentar zur Zivilprozeßordnung, Bd. 4/1, 21. Aufl., Tübingen 1998

Stickelbrock, Barbara, Inhalt und Grenzen richterlichen Ermessens im Zivilprozeß, Köln 2002

Stetter-Lingemann, Andrea, Die materielle Rechtskraft eines die negative Feststellungsklage abweisenden Urteils - insbesondere bei unrichtiger Beweislastverteilung, Diss., Tübingen 1992

Stern, Klaus, Das Staatsrecht der Bundesrepublik Deutschland, Bd. III/1, Allgemeine Staatslehre der Grundrechte, München 1988 (zitiert: Stern: Staatsrecht III/1)

Thomas, Heinz/Putzo, Hans, Zivilprozessordnung, 25. Aufl., München 2003.

Tiedtke, Klaus, Zur Rechtskraft eines die negative Feststellungsklage abweisenden Urteils, NJW 1983, 2011 ff. und NJW 1990, 1697 ff.

Tiefenthaler, Stefan, Die Streitanhängigkeit nach Art. 21 Lugano-Übereinkommen, ZfRV 1997, S. 67 ff.

Unger, Joseph, System des allg. österreichischen Privatrechts, Bd. II, Leipzig 1892

Vogel, Hans-Josef, Internationales Familienrecht - Änderungen und Auswirkungen durch die neue EU-Verordnung, MDR 2000, S. 1045 ff.

Wach, Adolf, Zur Lehre von der Rechtskraft - 3 Rechtsgutachten, Leipzig 1899

Wagner, Rolf, Die Anerkennung ausländischer Entscheidungen nach der Brüssel-II-Verordnung, IPRax 2001, 73 ff.

Wagner, Gerhard, Die Aufrechnung im Europäischen Zivilprozess, IPRax 1999, S. 65 ff.

Walchshöfer, Alfred, Die deutsche internationale Zuständigkeit in der streitigen Gerichtsbarkeit, ZZP 80 (1967), S. 165 ff.

Walker, Wolf-Dietrich, Die Streitgegenstandslehre und die Rechtsprechung des EuGH - nationales Recht unter gemeineuropäischem Einfluß, ZZP 111 (1998), S. 429 ff.

Weismann, Jakob, Lehrbuch des deutschen Zivilprozeßrechts, Bd. I, Stuttgart 1905

Wengler, Wilhelm, Die Bedeutung der verfassungsrechtlichen Bestimmungen über die Eheschließung und den Schutz der Familie für das IPR, RabelsZ 36 (1972), S. 117 ff.

Ders., Anm. zu BGH Beschl. v. 12.2.1964 - IV AR (VZ) 39/63, JZ 1964, S. 621 ff.

Wengler, Wilhelm/Picone, Paolo, Internationales Privatrecht, Darmstadt 1974

Wernecke, Frauke, Die Einheitlichkeit des europäischen und des nationalen Begriffs vom Streitgegenstand, Berlin 2003

Ders., Anm. zu BGH, 12.2.1964 - IV AR (VZ) 39/63, JZ 1964, 621 ff.

White, Robin, A fresh look at reverse discrimination? European Law Review 1993, S. 527 ff.

Wieczorek, Bernhard, Zivilprozeßordnung, Bd. 1, Berlin 1976

Winkler v. Mohrenfels, Peter, Hinkende Doppelehe, Vorfragenanknüpfung und Gestaltungswirkung inländischer Scheidungsurteile (zu OLG München, 23.9.87 - 12 UF 789/87, IPRax 1988, 341 ff.

Wittibschlager, Martina, Rechtshängigkeit in internationalen Verhältnissen, Diss., Basel 1994

Wolf, Christian, Rechtshängigkeit und Verfahrenskonnexität nach dem EuGVÜ - Besprechung der Entscheidung EuGH, EuZW 1995, 309, The owners of the cargo lately laden on board of the ship Tatry ./. The owners of the ship Maciej Rataj, EuZW 1995, S. 365 ff.

Wolf, Manfred, Einheitliche Urteilsgeltung im EuGVÜ, in: Festschrift für Schwab, Hrsg. Peter Gottwald und Hanns Prütting, München 1990, S. 561 ff.

Zeiss., W., Anm. zu BGH Urt. v. 11.11.1971 - VII ZR 57/70, JR 1972, S. 337 f.

Zeuner, Albrecht, Zum Verhältnis zwischen internationaler Rechtshängigkeit nach Art. 21 EuGVÜ und Rechtshängigkeit nach den Regeln der ZPO, in: Festschrift für Lüke, Hrsg. Hanns Prütting und Helmut Rüßmann, München 1997, S. 1003 ff.

Ders, Die objektiven Grenzen der Rechtskraft im Rahmen rechtlicher Sinnzusammenhänge. Zur Lehre über das Verhältnis von Rechtskraft und Entscheidungsgründen im Zivilprozeß, Tübingen 1959

Zöller, Richard, Zivilprozeßordnung, 24. Aufl, 2004, Köln.

FSC
www.fsc.org
MIX
Papier | Fördert gute Waldnutzung
FSC® C083411

Kolibri 360 GmbH
Ferdinand-Jühlke-Straße 7
99095 Erfurt, Deutschland
produktsicherheit@kolibri360.de

Druck:
CPI Druckdienstleistungen GmbH
im Auftrag der
Kolibri 360 GmbH
Ferdinand-Jühlke-Str. 7
99095 Erfurt